编委会

主　任：张凤山

编　委：邹　敏　黄　飞　赵金法　周爱国　赵邦六
　　　　吕文军　张　宏　仲文旭　吴世勤　王行义
　　　　喻著成　李崇杰　刘生瑶

主　编：邱少林

副主编：李　伟　黄薛冰

成　员：孙　静　张海静　赵　焱　秦　云

石油员工职业心理健康读本

家庭篇

中国石油天然气集团有限公司
质量安全环保部 ◎ 编

石油工业出版社

图书在版编目（CIP）数据

石油员工职业心理健康读本：家庭篇 / 中国石油天然气集团有限公司质量安全环保部编．—北京：石油工业出版社，2019.7

ISBN 978-7-5183-1618-2

Ⅰ．①石… Ⅱ．①中… Ⅲ．①职业－应用心理学－通俗读物 Ⅳ．① C913.2-49

中国版本图书馆 CIP 数据核字（2018）第 274899 号

出版发行：石油工业出版社
（北京市朝阳区安华里2区1号楼　100011）
网　　址：www.petropub.com
电　　话：（010）64222241
经　　销：全国新华书店
印　　刷：北京晨旭印刷厂

2019年7月第1版　2019年7月第1次印刷
710×1000毫米　开本：1/16　印张：22
字数：270千字

定价：52.00元
（如发现印装质量问题，我社图书营销中心负责调换）
版权所有，翻印必究

序

员工是企业最宝贵的财富，员工健康是企业长远发展的基础和保障。长期以来，中国石油天然气集团有限公司（以下简称公司）坚持以人为本的理念，始终高度重视员工健康管理，多角度、全方位地关心关爱员工，努力提升员工健康质量和生活水平。

心理健康是人体健康重要的组成部分，世界卫生组织甚至认为心理健康比身体健康更重要。心理健康的人群能保持性格稳定、智力正常、认知准确、情感融洽、适应良好，在这种良好的心理状态支配下，能积极工作、享受生活。反之，就会充满烦恼、抱怨、愤恨等负面情绪。在当今快节奏的社会，焦虑抑郁等心理疾病发生率持续增高。石油员工由于工作环境的特殊性，工作场所大多地处偏远、远离城市和家庭，造成许多两地分居、离多聚少等问题，心理健康问题近年持续增多，给员工个人、家庭及单位都带来不同程度的影响。受传统文化的桎梏，患病人群仅有极少数咨询过专业人士，而大多数人却不了解心理健康问题的应对策略。往往避而不谈、独自忍受。

为有效解决员工心理健康的现实需求，切实将健康管理从身体健康向心理健康、从 8 小时内向 8 小时外延伸，公司质量安全环保部组织国际勘探开发有限公司、石油工业出版社、北京大学第六医院临床医生、北京大学医学部教科研专家组成研究团队，通过多次调研分析、专题研究讨论，确定了"以真实案例为核心、以专家点评为重点、以接近实际为目标"的思路，编制了两本图书——《石油员工职业心理健康读本 职场篇》《石油员工职业心理健康读本 家庭篇》。每本书的内容包括案例及分析、心理健康促进方法、心理测评三部分。其中，案例部分将真实的临床案例以故事的形式展现，以临床心理专家提出的核心问题为指引，给出解决对策和心理疏导。这种写作形式在国内心理类书籍中属首次。

希望石油员工能够从本书获得所需的健康知识、汲取营养，在家庭中获得幸福与归属感，在职场中获得尊重与成就感，与公司同成长、共发展。平安健康是福，祝愿石油员工健康、平安和幸福！

中国石油天然气集团有限公司安全副总监
质量安全环保部总经理

2019 年 4 月

家庭是社会最基本的组成单元，对每个人的生活具有重要的意义。俗话说"家家有本难念的经"，可见家庭关系的复杂性。若家庭环境和谐美好，家庭便是栖息的港湾；若处理不好家庭关系，家人便成了人生羁绊和痛苦的根源。家原本的样子应该既是担当和责任，也是温馨和美满。如何让家成为补充"燃料"的地方，每个人都希望找到解决问题的方法和钥匙，拿着这把钥匙去打开家庭幸福之"门"。

石油员工由于工作原因，经常远离家庭，夫妻分居、子女隔代抚养等现象比比皆是，因家庭问题导致的心理疾病时有发生，严重者甚至家庭破裂。如何帮助员工解决家庭问题，提升人生幸福感，同时促进企业科学合理安排工作时间，更好地执行国家工作时间标准、休假制度，保障员工得到充分的休息，避免疲劳作业，是本书写作的初衷和目的。

本书选取了涵盖夫妻关系、亲子关系、婆媳关系（翁婿关系）、家庭突发事件、准家庭恋爱等多个方面的真实案例，这些案例具有代表性和典型性，是每个人在日常生活中都可能遇到的。本书对每个案例给予客观详细的点评，并提供一些解决问题或缓解冲突的方法、处理家庭关系的技巧和原则，以促进家庭关系和谐。

本书语言通俗易懂，所述问题清晰明了，分析由浅入深，适合现代化的碎片阅读。可随身携带，在地铁上阅读；可放置床头，睡前翻阅。每个人或许能从某个案例中找到自己的影子，再随着作者一步步抽丝剥茧，拨开迷雾，从"问题聚焦"中发现问题的本质，从"心灵鸡汤"得到心灵深处的安慰和温暖，最后在"黄老师点评"中找到答案。

本书第三部分为调查问卷，读者可以将其作为测试工具，以了解自己情感生活和身心健康，进而根据自身情况采取适合自己的方式去处理各种家庭关系。

衷心祝愿读者能从本书获益！

作　者
2018 年 12 月

目录 Contents

第一章　家庭问题面面观

夫妻关系

1. 哪个前任都比丈夫强 — 002
2. 45岁的空巢家庭 — 006
3. 休假后空荡荡的家 — 011
4. 全职主妇的烦恼 — 015
5. 婚前的浪漫与婚后的平淡 — 019
6. 走不出婚外情困局的女人 — 023
7. 女主内男主外，天经地义吗 — 026
8. 变心的丈夫 — 030
9. 堕落的丈夫 — 034
10. 老公出轨，该何去何从 — 038
11. 老公是"同志" — 041

亲子关系

12. 舍不得女儿读大学的父亲 — 045
13. 强势爸爸的苦恼 — 050
14. 总是不满意的博士妈妈 — 054
15. 寻求关注的孩子 — 058
16. 孩子只要成绩好就行 — 061
17. 缺位父亲，叛逆女儿 — 066
18. 严父出"才女" — 069
19. 当孩子的优越感不再存在时 — 073
20. 是爱还是伤害 — 077

| 21 | 你剪掉我的翅膀，却怪我不会飞翔 | 082 |
| 22 | 看不见风景的窗户 | 085 |

婆（翁）媳（婿）

23	农村婆婆，城市媳妇	090
24	面对强势的婆婆	094
25	婆媳是天敌	098

家庭事件

26	高调的单亲妈妈	102
27	妻子重病于海外升职前	106
28	腹中的孩子最重要	111
29	产后妈妈多烦忧	115
30	妈妈和新爸爸生了个妹妹	119
31	被放大的不幸	123
32	丈夫突然离世	126
33	抑郁的新妈妈	129
34	谁能给我一个好的睡眠	133
35	被离婚的高富帅	136

准家庭恋爱

36	十年相亲路	141
37	失恋后陷入痛苦的深渊	144
38	"萝莉"爱上"大叔"	147
39	要步入婚姻殿堂，她却犹豫不前	153

第二章　家庭问题巧解决

夫妻关系和谐之法

| 1 | 夫妻相处基本原则 | 160 |

2	夫妻和睦的三要素	161
3	爱的艺术	163
4	把握婚姻的五大重要时期	170
5	婚姻关系中的禁忌	181

亲子关系优良之策

1	亲子关系的重要性	183
2	常见的不良亲子关系类型	185
3	协调亲子关系的认识前提	186
4	营造良好的家庭环境	187
5	父母对孩子的引导模式	189
6	孩子心智发展的五个阶段及其成长需要	193
7	处理孩子情绪的技巧	196
8	良好而有效的亲子沟通技巧	203

婆媳关系调和之法

1	婆媳关系分析	207
2	对于婆婆的理解	207
3	婆媳关系失调的原因	209
4	婆媳关系协调方法	210
5	媳妇应该懂得的九大原则	213
6	把握好八大关键时间点	214
7	媳妇应如何做好预防	216
8	男人如何处理婆媳关系	220
9	婆媳之间相处禁忌	222

与父母沟通之道

1	什么是沟通	225
2	沟通的三个要素	226
3	沟通的五种模式	226

4	与父母沟通技巧	231
5	成年子女如何与父母沟通	235
6	成年子女与父母沟通注意事项	237

健康生活

1	合理膳食	239
2	适量运动	244
3	戒烟限酒	245
4	心理健康	247

第三章　家庭问题测一测

了解你自己

1	测测你产生自卑感的原因	256
2	测测你对新事物的态度	260
3	测测你对别人的信任度	264
4	测测你的时间管理水平	265

情感生活测试

1	测测你的婚姻是否美满	269
2	测测你是不是好男人	273
3	测测你的嫉妒心理	277
4	测测你的婚姻关系怎么样	280
5	你最容易获得什么样的幸福	281
6	你为什么活得那么累	283

身心健康测试

1	测测你的生物节奏类型	284
2	测测你的心理年龄	287
3	你如何管理自己的情绪	293

4	你是直觉型还是理智型	294
5	测测你的生活方式是否健康	296
6	测测你的睡眠质量	299
7	抑郁自评量表（SDS）	302
8	焦虑自评量表（SAS）	304
9	生活事件量表（LES）	306
10	艾森克人格问卷（EPQ）	311
11	应对方式评定量表（CSQ）	318
12	PDP职业性格测试	321

附1　石油行业职业病危害和健康风险 —— 331

附2　员工如何看懂体检报告 —— 335

第一章
家庭问题面面观

夫妻关系

1. 哪个前任都比丈夫强

李女士是中国石油某驻外项目北京办事处员工，今年38岁，结婚2年。

李女士是北京外国语大学法语专业的高才生，毕业后一直在法国工作。初恋男友是法国人，谈了10年恋爱。李女士说法国男友跟她求了几次婚，但李女士觉得还年轻不着急结婚，就迟迟没有答应。期间，李女士有过一次怀孕的经历，但因为当时年轻还不想成家和被束缚，就没要这个孩子。一次偶然的机会，李女士在酒吧认识了某石油单位的负责人，因为一口流利的法语得到了青睐，对方希望她能到中国石油国外的一个法语项目中工作。在法国工作了10年的李女士也很想回国，找个企业稳定下来，这确实是一个很好的机会。于是，她拒绝了法国男友的再三挽留，回到了国内并长期担任某个海外项目的法语翻译。李女士熟练的法语沟通能力和认真的工作态度得到了领导的赏识和肯定。

石油行业男多女少，李女士人长得漂亮、会打扮，在各类外事活动上都很活跃，因此项目部的年轻男同事都很喜欢她，经常有人给她送花、送巧克力、送香水，这些男同事都年轻有为，还有2个年纪比李女士小。李女士也跟项目上的这些男同事关系不错，若即若离地谈了几场不痛不痒的恋爱，但没有一个能让她动心到愿意结婚的程度。

转眼5年过去了，李女士因工作需要调回了北京。35岁的李女士在家人的催促下也觉得应该有个稳定的家了，于是在同事和亲友的介绍下开始相亲，1年后李女士跟一个北京本地人结婚了，丈夫有过一次婚史，没有孩子。刚开始的时候两个人的感情还是很好的，经常一起出去游玩，但两年过去了，两个人一直没有孩子。丈夫倒不是很在意有没有孩子，觉得两个人生活也很好，但李女士喜欢孩子，在这两年内，四处求医，怀孕过两次但都没能保住，而且身体也越来越差。李女士在一个偶然的机会爱上了养猫，现在家里已经养了3只猫。李女士说丈夫像个孩子，一点儿也不承担家庭责任，就知道吃喝玩乐，对理财、家务以及其他事情都不过问，对于李女士想要孩子的事情也并不积极。李女士面对种种的不如意，一直心烦气躁，没事就在家里发脾气，再加上工作上的压力，单位事务庞杂烦琐，领导也并不体谅她身体不适的现状，而且身边80后、90后的同事也不乏法语优秀、办事机灵的，都在领导面前展现优势，李女士感觉内忧外患，忧心忡忡。在跟同事和朋友聊天中，她总是反复唠叨"早知道当初和法国男友结婚了""早知道第一个孩子就该留下""早知道就在项目中找一个男朋友了""哪个都比现在的丈夫强，没见过这么幼稚又不承担责任的男人"……其实，见过李女士丈夫的朋友都觉得她丈夫不错，工作稳定收入很好，成熟稳重，对李女士也很体贴，跟李女士描述的完全不一样。

李女士最近很焦虑，甚至想要离婚，可是因为没有孩子，她又不想就这样离婚，家人也都不同意，所以李女士就这样纠结着……

● **问题聚焦**：与其怀念，不如活在当下

"人有悲欢离合，月有阴晴圆缺，此事古难全。"昨天一去不复返，明天充满了说不清道不明的未知数，最正确的人生态度是脚踏实地把握好今天。

● **心灵鸡汤**

人生无常，世事难料。与其在每一个今天忏悔昨天，等待明天，不如认认真真地把今天活好。

人生就好比在黑夜里行走，既看不到后面走过的路，也看不到前面要走的路。

每一个今天的逝去，都意味着我们的生命又减少了一天。珍惜每一个今天，就是珍惜我们有限的生命。

● **黄老师点评**

"但愿人长久，千里共婵娟"终究只是一个美好的愿景，与其一味地期待明天，怀念过去，想象美好，在假想中浪费今天，不如把握今天，抓住珍贵的机缘，用心度过每一个今天的美好时光。用力感受今天、感受当下的生活，不论它与想象是否相符，这就是现实和现在。每一个女人或者男人，都会有一段刻骨铭心的爱情，既然当时没能相伴终生，必定有不能在一起的缘由，就意味着那一定不是最适合

自己的。当我们怀念那段美好爱情的时候，并且给怀念插上想象的翅膀，憧憬着不可能发生的美好婚姻生活，就会觉得现实生活有种种不如意。

李女士就是典型的例子。当李女士做结婚决定的那个时刻，现在的先生就一定是她认为最适合自己的。但李女士的烦恼来自用现实的老公和想象中的初恋或者曾经的追求者来比较，那当然会出现种种不如意，毕竟现实不可能比想象更加美好。

珍惜现在可能是我们每个人都知道的一句话，常常挂在嘴边。但真正能明白和做到这一点的人却是凤毛麟角。在林徽因让人津津乐道的纷繁多彩的爱恋中，徐志摩是最出名的一个。在我们后人的印象里，徐志摩是那么深情地、热烈地、执着地爱着林徽因，但林徽因却理性地拒绝了徐志摩。林徽因为什么不选择热烈如火的才情诗人徐志摩呢？她曾冷静地对自己的儿子梁从诫说："徐志摩当时爱的并不是真正的我，而是他用诗人的浪漫情绪想象出来的林徽因，可我其实并不是他心目中所想的那样一个人。"

回忆也一样，记忆像一把筛子，筛去的是痛苦和不愉快，留下的是美好，因此我们总觉得过去是幸福的。而对于将来，我们通常会把它想象得很美好，而难以预见一些不太愉快的事情。这样，我们就会对现在不满意而去追求那些还没有来到或者永远不可能再来的东西。我们总是在怀念过去和憧憬未来，其实，过去和未来也未必比现在好。心理学家建议我们，正确的做法应该是，拿出20%的心思给过去，10%的心思策划将来，其余70%用来很好地把握现在。当然，十几岁的中学生，可能憧憬未来的比例会大一些，而耄耋老人则会把心思大部分都给了过去，因为他们已经来日不多。

心理学家说：人对自己未能实现的东西，总是心存遗憾，而人的欲望是无止境的，得到了第一件东西，就会向往第二件。现实生活中，总有些东西是别人有而自己没有的，因此，我们心底强烈的欲望驱使我们去渴望那些自己还没有得到的东西。只是，我们看不到，我们同样拥有别人没有的东西。

"逝者如斯夫，不舍昼夜"，过去已经过去了，纵然有许多遗憾和后悔，也已经无法改变什么了，唯一能够做的就是把握好现在，好好珍惜现在，不要等到现在美好的光阴过去了，再去后悔和遗憾。抛开想象，其实，现实生活中的爱情无处不在。关键在于，我们有没有发现。比如：一次病中的照顾，一场因在乎而发生的争吵，一通关怀的电话，一顿团圆饭……爱总会点点滴滴地流淌在波澜不惊的生活中。只要客观地、以不同的视角去看待爱，你会发现，爱就在生活中。

当李女士认识到现在的生活就是她应该面对和维护的生活时，那么她将快乐地、用心地生活，为了更美好的或者更期望的生活而努力，也就没有了心中的烦忧。

2. 45岁的空巢家庭

小贾和老董是他们夫妻之间的称呼，夫妇二人是初中同学，大庆人。两个人在大学毕业几年后的一次同学聚会再次相遇，才知道原来都在石油系统工作，都借调到北京，在不同的石油分公司工作。聚会后两人交往了两年就结婚了。婚后8年两个人才生了宝贝儿子小董。小贾和老董分别在石油系统不同公司的财务和勘探部门工作，一个做金融、一个做开采，两人事业都做得不错，经常去国外出差，见多识广。他们觉得欧洲和美国这些发达国家的教育和生活环境远远优于国内，因此，他们对儿子的培养非常在意，对孩子要求也很高，希望能让孩子到国外发展。

由于两人都是借调，没有北京户口，孩子一直在私立学校上学，而且从初中开始就读住宿学校了，每个周末才能回家。就这样，虽然学费昂贵，但夫妻二人也都咬牙挺过来了，好在孩子还算优秀。读到初中的时候，孩子就面临着在国外读高中还是在国内读高中的问题，由于受同学和私立学校老师的影响，孩子自己也想到国外读高中，考虑到学费国内外差异不是很大，夫妻二人决定送孩子出国。

转眼孩子出国一年了，因为在石油系统中类似的情况比较多，大家也都很关心孩子在国外的求学情况。每当提起此事，孩子父亲老董的声音中都透着些许犹豫和伤感，说孩子在国外生活得很不错，适应得也很快，除了学费昂贵其他倒也还好。这个时候，大家也会半开玩笑地说，现在就剩你们夫妻二人了，生活应该很舒适，没有负担，想去哪里就去哪里，二人世界很惬意吧……听到这些话，老董的眼神里总是透着一丝落寞和淡淡的忧伤，欲言又止地轻叹一声，回答总是那一句："还好，还好，谢谢，谢谢！"其实他们并不是很好，孩子出国后，两个人每天回家交流的不多，各自拿着电脑和手机刷屏。有时候在家聊天都用微信和QQ，两人之间的谈话越来越少了。最近听说，孩子的妈妈小贾，半年前开始看心理医生。说是孩子出国后一直焦虑，心神不宁，偏头疼，心脏也不舒服，失眠和食欲不振很长一段时间了，经过几个月的治疗和调养都不见效果，又觉得可能跟更年期有关系，但经过诊断后，确定也不完全是更年期的问题。于是，在医生的建议下，两个人决定去看看心理医生。

其实，石油系统双职工不少都面临孩子如何培养的问题，许多职工都认为应该把孩子送出国，早点出国学习对孩子的教育更有利，确实也有很多夫妇在孩子大学甚至中学的时候选择送孩子出国留学，那么留在国内的父母是否应该得到关注呢？

● **问题聚焦**：家庭生活的支点是什么

良好的夫妻关系，是为了白头偕老。良好的亲子关系，是父母得体地退出，去成全孩子的相聚相守。爱与分离，是生命中两个永恒的主题。健康的家庭，充盈着爱，也懂得分离。健康家庭的父母，深爱孩子，将他养大，然后将他推出家门，推向一个更宽广的世界，去过独立自主的生活。他/她必会找一个伴侣，有自己的孩子。爱，就在这样的循环中不断地传递，从原生家庭传递到新生家庭。而原生家庭的我们，则延续其中断了20余年的恋爱与夫妻生活，回归到原本的生活，重新找到那时的生活支点，在生命的新阶段中前行。

● **心灵鸡汤**

好的婚姻里，夫妻关系一定高于亲子关系，让孩子成为你们婚姻幸福的见证人，是一个家庭最好的状态。

● 黄老师点评

本文中的案例属于普遍的社会现象——中年空巢。伴随着中国第一代独生子女走出家庭，以往出现在老年人群的"空巢现象"正呈现"中年化"趋势，这种现象被称之为"中年空巢"。"中年空巢"的群体面临很多问题，"中年空巢"家庭中的个体既要经历个人从中年期到老年期的转变，还要经历从核心或主干家庭到"空巢"家庭的转化，同时带来不同的经济压力、人际交往等多重问题，过早"空巢"给部分中年人、特别是中年妇女带来巨大心理压力，她们过去20年一直围着孩子转，一旦"空巢"，便感到精神压力增大、产生或轻或重的焦虑情绪，不能适应没有孩子的生活，当夫妻之间发生矛盾时，也没有孩子给予调节和缓冲，更增加了很多心理负担。"记得女儿去年刚上大一时，我的心就像被掏空了，生活好像没有了重心""孩子不在身边，我的生活节奏被打乱了""我和丈夫长时间情绪低落，有时候还会因为小事发生口角""女儿去年国庆不愿意回家，要去跟同学一起旅游，我和她大吵了一架，因为已经有一个月没见到她，太想她了"。这些都是父母和孩子分离后比较普遍的心理和行为问题，那么我们应该如何去面对呢？

第一，仪式感是必要的环节。孩子离开家的一刻，父母最好组织亲朋好友给孩子做一个"成人礼"，告诉孩子他长大了，也告诉自己："使命达成"。通过这样的仪式，使父母与孩子都能够建立起一个阶段性的意识。自此，孩子独立并离开父母独自生活，而父母也同样离开孩子，重归二人世界的夫妻生活，这也将是这一家人结束20年左右的三人生活，迎接未来几十年要各自独立生活又互相关心的新生活模式的开端。从准备仪式开始，每个人就开始慢慢接纳这样的变化了，对于进入新的角色有着重要的里程碑式的作用。

第二，父母要意识到家庭的改变，进而对自己进行改变，不能仍按照三人的方式生活。作为父母，首先应调整生活重心，抛开以往的"一切围着孩子转"的心态和生活模式，重新建立二人世界的生物钟。培养自己的兴趣爱好，在生活中寻找快乐，让自身的精神寄托得到转移。尤其是休息日，可以把两天日程安排得紧凑些，比如早晨去早市买菜，回家后分工合作，一个人负责准备午餐，另一个人负责打扫家庭卫生。吃完午饭，可以约几个亲朋好友去散步、游泳、锻炼或者打牌，尽量充分利用闲暇时间。一旦过上了这种之前向往、期待而羡慕的生活之后，也就找到了生活的乐趣，重新建立起新的对生活的热爱焦点。

第三，夫妻间要加强沟通，建立新的交流模式。身边有一些比较好的例子，在这里跟大家分享。"转移注意力"式的过渡——宋女士夫妇在儿子出国留学后，有一段时间很不适应，虽然夫妻二人都在家，但两口子还是孤独、寂寞，感到家里空落落的，两人常常相对无言，一起思念孩子，但却不能经常打扰孩子。通过与有相同经历的夫妻沟通，经过一段时间的过渡、磨合，宋女士夫妇渐渐调整了心态，认识到孩子总有一天要长大、迟早要离开父母独自生活，也真正接纳了儿子不在身边的事实。就像大家常说的："孩子有孩子的理想、事业和家庭，孩子只能陪伴你一段时间，真正能长久陪伴你的只有爱人。"于是，夫妻二人重新回归二人世界，不用再每天围着孩子转，换个角度看，反而有一种解脱的轻松。于是，宋女士和丈夫开始慢慢享受二人世界的甜蜜，每天一起晨练、逛公园、喝咖啡、听音乐，看电影，去西餐厅吃一顿浪漫的烛光晚餐……重新找到新的生活乐趣。

第四，父母要寻找新的兴趣点，包括各自的兴趣点以及共同的兴趣点。子女不在身边，不少父母通过体育爱好让他们的日常生活有了更多的欢乐。扩大自己的交际圈，培养更多兴趣爱好等。可以把很久没联系的朋友圈重建起来，扩大社会交往；可以重拾自己的业余爱好等等。还有些夫妻回归二人世界后，增加了探亲、访友的频率，周末与朋友聚会，回老家看望双方父母，节假日与老朋友一起自驾旅游等自己20年来想做却没有时间和精力做的事情。还有些夫妻这个时候就把生活重点转移到照顾和陪伴四位年迈的父母身上，有些人觉得照顾年迈的父母很像自己小时候被父母照顾，像是一种回归。不管怎样，只要父母调整好生活状态，做子女的也会很安心。

3. 休假后空荡荡的家

老张是铁岭人，45岁。国字脸，宽宽的下巴，厚厚的眼皮，大而圆的眼睛，戴着一副黑框眼镜，高鼻梁，厚嘴唇，1米8的身高，笔挺健壮，老张年轻的时候也是单位里抢手的帅小伙。老张性格内向，为人厚道，工作耐心而细致，在单位不争不抢，老实人一个，一直从事人事工作。老张的妻子是当年单位的"厂花"，长得很漂亮，白白的皮肤上面镶着一双明亮的丹凤眼，俊俏的鼻子配上一张樱桃小口，秀气可人，1米6的个头，身材纤细苗条。老张是妻子"倒追"来的，恋爱两个月就结婚了，尽管有些风言风语说妻子是被以前的男朋友抛弃了，一气之下才嫁给老张的，但老张不在意。时间长了,大家都很羡慕这对幸福的小夫妻。

老张和妻子结婚一年后,儿子就出生了。一家三口过着平淡的生活,但老张觉得很幸福。妻子在单位工会工作,工作不是很忙,就是接触人比较多。老张从事人事工作,也是波澜不惊。在家里,除了说说孩子的事情,少言寡语的老张跟妻子话不多,晚饭后就是看看电视,管管儿子。结婚五年后,老张要被调到北京工作,跟妻子商量后,由于工资待遇和工作前景都不错,妻子丝毫没有反对,平静地答应了。开始的几年,老张每两周都要回家一次,但是随着儿子渐渐长大,妻子周末也能陪儿子,老张回家的频率就少了,最后确定每两个月回家一次,住上一个星期。

时光飞逝,转眼十年过去了,由于工作需要,老张已经长驻海外石油项目部工作三年了。因为路途遥远,老张都是每半年才回家一次,每次回家住上一个月。当然,回家的生活也是平平静静,夫妻两个人除了说说孩子的发展,简单说几句工作情况,就是各自拿着手机刷屏。

老张第四次回家探亲的日子定了,自从跟妻子说了回家日子后,就再也没有联系上妻子。老张虽然有些奇怪,但这也符合他们夫妻交流的状况,老张没有在意。像往常一样,老张打开了家门,让他震惊的是,家里不但空无一人,连妻子和儿子的衣物都不翼而飞。老张震惊之余,第一时间给妻子打了电话。

电话接通了,妻子只说了三个字"离婚吧"。妻子发来短信说:"存款和儿子归我,房子归你。离婚协议在抽屉里,签好了就快递到单位。"老张机械地按照妻子指示签字、快递了离婚协议。离婚手续办好的一周后,老张回到了项目部。大家都觉得老张变了,背弯得很深,工作再也没了劲头,经常出错,时时发呆,很少跟大家说话,喜欢打乒乓球的他也再没有去过一次健身房。后来,大家才知道老张离婚的事情,为了老张能正常工作和生活，单位特地为老张请来了心理咨询师，但效果并不理想。一个月后，老张因为抑郁症住进了医院。出院后的老张回到国内，在单位挂个闲职，有人给老张介绍对象，他也一副事不关己的样子。这让老张的老母亲和单位的领导同事都很着急。

● **问题聚焦**：婚姻中的沟通：自我表露

> 夫妻保持愉快、畅通的沟通，是婚姻持久的重要条件。主动向对方诉说自己内心的感受、情绪体验、工作事业上的打算等，心理学上称为"自我表露"。越是亲密的关系，我们对彼此的了解越深刻。换而言之，关系的渐渐深入伴随着的是我们渐进式的自我表露。

● **心灵鸡汤**

> 珍惜那个总是能和你聊到一起去的人，这辈子，能遇到一两个知己该有多么难得；愿我们都有人陪伴畅谈，一路走来不再孤单。人活一世，一定要有个能陪你说话的人。把话说出来，也许事情并不会有什么转变，心安定了，人也轻松了。其实有时候我们需要的并不多，只要有个人能明白自己，就会觉得好过很多。

● 黄老师点评

夫妻之间之所以存在沟通障碍,是因为男性和女性的"自我表露"程度不同。主动向对方诉说自己内心的感受、情绪体验、工作事业上的打算,心理学上称为"自我表露",简单说就是与他人分享私人信息。比如,男女首次见面时,先从天气、食物、工作逐渐谈到了各人的喜好、幼年的经历等,就表示他们已经开始"自我表露"了。

一般情况下,我们会把自己表露给我们喜欢的人,并且我们也喜欢那些把自己表露给别人的人。因为只有在两个人感到相互吸引和信任时,才有比较多的"自我表露"。因为夫妻关系也是一种人际关系,所以同样需要"自我表露"。很多研究已经证明,婚姻中自我表露的程度,是婚姻满意度的一个强有力的指标。夫妻间谈自己谈得越多,对婚姻的感觉就越好。

自我表露的程度与性别有关。女性更倾向于向别人坦白私人情感,对他人的情绪变化也察觉得很快,能及时给予对方回应。但男性就不大习惯"自我表露",这是受到了社会文化的影响。如果一个男人经常把内在感受表达出来,尤其是抑郁、难过等负面情绪,别人就会觉得这人女气、软弱、自控能力差。久而久之,男性就被训练得比较"情感迟钝"了。

夫妻双方对"自我表露"的需要和期望不同,就不免造成家庭矛盾。常见的两种情况:一种是丈夫在外不如意,回家后心事重重,敏感的妻子很快就有所察觉,按照女性的习惯,她希望就此事与丈夫进行讨论,认为这样能够给予丈夫帮助或解脱,可丈夫偏偏不肯说,妻子就会认为丈夫不希望自己介入他的事情,这是对自己的不信任和疏远,就会有挫折感;另外一种是在妻子需要安慰的时候,丈夫却视若无睹,"连话都不说一句""好像不关他的事",从而认为丈夫自私、不体贴自己。另一方面,当妻子以自己的方式来表达自我时,丈夫又常常会觉得妻子像个多嘴的鹦鹉,成天说个没完而不胜其烦。

可见这种矛盾完全是男女双方对彼此的不了解和误会造成的。如果长期都是妻子单方面表露,又得不到丈夫的回应,妻子也可能逐渐从亲密关系中退缩,两人的感情就会越来越远。解决办法是了解男女的心理差异,双方有意识地调整:首先丈夫要了解"自我表露"在婚姻中的重要性,主动地向妻子敞开心扉,不必担心自己的形象在妻子心目中会因此受影响;妻子也要给丈夫一段时间来学习,并可作亲身示范。

4. 全职主妇的烦恼

晓晓大学毕业后留在中国石油一家分公司工作,工作期间认识了现在的丈夫张勇,两人一见钟情,迅速坠入爱河,半年之后就结婚了。

婚后的两人很享受二人世界,并商量着过两年再要孩子,反正也还年轻,所以先享受当下的生活。但是刚过了一年,晓晓就忍不住了,看着别人家的孩子那么可爱,尤其在自己的朋友圈中,都是同事各种晒娃的照片和视频,晓晓心中就开始蠢蠢欲动了。她和丈夫商量后,决定要个孩子。

此时的张勇,事业一帆风顺,进步比晓晓大很多,晋升很快,工资更是比之前翻了好几倍。张勇觉得没必要让妻子继续那么受累地工作,自己完全可以养活一家人,于是张勇和妻子商量之后,决定让妻子辞职,安心待在家里休养。

自从辞职在家,晓晓把生活的重心完全放在了家庭中,丈夫每天回家总能吃到热腾腾的饭菜,这让他感觉很温暖。没过多久,他们的孩子就出生了,孩子出生之后,晓晓更是没了自己的时间,几乎把所有的精力都给了孩子和丈夫。一日三餐晓晓都为丈夫准备好,家里大大小小的事情也都是晓晓操持。有时候家里的灯泡坏了,马桶堵了也都是晓晓自己解决,实在解决不了的就花钱请人帮忙,因为丈夫正处于事业的上升期,晓晓不想耽误丈夫的工作。丈夫每天加班回来,晓晓都会煲好汤,给他盛好端到面前,为了让孩子不影响丈夫晚上休息,丈夫在隔壁的房间睡觉,这样一来,孩子晚上哭闹的声音就不会打扰到张勇了。晓晓睡眠一向就不是很好,现在孩子每天晚上吃几次奶,这样一来她就更睡不好了,有时候太疲倦,也只能趁着白天孩子睡觉的时候补一觉。

除了照顾丈夫和孩子,逢年过节的时候晓晓还要准备给公公婆婆的礼物。晓晓觉得公公婆婆毕竟上了年纪,自己作为儿媳妇理应多多照顾。这样的日子持续了四年多,转眼间孩子要上幼儿园了,但是晓晓发现丈夫对自己的态度跟之前相比差太多了。以前因为在一个公司上班,就算不在一个部门,两个人还是有很多话题可以交流,现在丈夫几乎一天都不怎么说话。有时候晓晓也会尝试去和丈夫沟通,问问他今天公司发生了什么事,有没有特别开心的事情,但是丈夫表现得非常不耐烦:"你就管好家里的事情,工作方面你就不要操心了,我跟你说你也不懂。"

晓晓觉得自己很累,家里很多事情都是自己一个人承担,她不明白为什么自己那么无私地为这个家庭付出,丈夫却看不到她的辛苦,反而觉得自己一天在家就是看看孩子,做做饭,能有什么累的。更让她难受的是,上次遇到原来的同事,同事依旧显得年轻,自己却憔悴得让同事都认不出来了。

● **问题聚焦**：女性婚后个人发展

> 个人发展是指个体渴望成为什么样的人。个人发展可以是提高自我认识、制定符合自己的规划和努力实现梦想；也可以是发展自己的潜力和专业技能；还可以是发展个人能力，不断在工作中学习等等。但是对于女性来说，很多人只关注婚前的个人发展，忽视了婚后的发展，从而导致婚后生活出现巨大落差，甚至会出现婚姻问题。因此，注重女性的婚后自我发展非常有必要。

● **心灵鸡汤**

> 地不耕种，再肥沃也长不出果实；人不学习，再聪明也目不识丁。

● **黄老师点评**

在女性嫁为人妇、初为人母后，家庭和事业的选择常常摆在女性的面前，要事业还是要家庭？这个问题常常困惑着无数女性。随着女性地位的逐渐提高以及教育的普及，婚前女性大多有自己的事业，但是婚后因为照顾孩子，有一部分女性就选择将事业放到了一边，一切都以家庭为重。

中国有句俗话：男主外，女主内。传统观念认为，男人在外忙着事业忙于应酬，女人就应在家照顾好家庭，上得了厅堂，下得了厨房，把家庭里里外外打理得井井有条，这才是一个称职的女人。重男轻女的封建社会，男尊女卑、男权至上，女人裹小脚闭不出门，两耳不闻窗外事，丝毫没有家庭和社会地位。现代社会妇女得到解放，观念虽已改变，但男主外女主内的影响延续至今，这种家庭结构模式在现实生活中依旧极为普遍。这就造成了很多女性在婚后放弃自己的事业，只专注于家庭，每天围着丈夫和孩子转，这样对女性的自我发展其实是非常不利的。

丈夫、孩子是多数已婚妇女最热衷的一个话题，女性对于婚姻家庭幸福美满的愿望，远比男性更强烈。爱情婚姻的长久和谐，需要夫妻双方的努力调适和磨合。作为女人，其实更应该学会关心自己，并在婚姻中发展自己，这样才不会被时代淘汰，才不会成为生育孩子、养育孩子的机器。

那么女性在婚后应该如何发展自己呢？以晓晓为例。

首先，晓晓应该学会关心自己，懂得接纳自己、欣赏自己、信任自己。一个懂得关心自己的人，就会不断地通过种种努力使自己变得更富有涵养、更受人欢迎。婚后女人关心自己主要表现为：经常关心自己的身体和心理健康，不忘记梳妆打扮，保护自己独特的个性，培养多种兴趣、爱好，充实自己的生活、陶冶自己的性情等等。

其次，晓晓应该要注意提高自己。晓晓要想在家庭中和丈夫平等交流沟通，就不要明显落后于自己的丈夫。婚后的女性既要学习书本知识、提高自己的文化素质，也要勤于参加社会实践，不断丰富自己的生活阅历，跟上社会前进的步伐，这样才不会被社会所淘汰、被家庭抛弃。如果女性只在原地踏步，甚至出现倒退，而丈夫是个进取心极强的人，那么彼此间的距离就会被拉开，双方在沟通上就会有很多不便，在家庭生活中就会出现矛盾。

最后，建议晓晓选择一份适合自己的工作，并且踏实做好自己的工作。经济上的不独立，或者长期脱离社会，使有些女性对丈夫产生强烈的依赖，会对丈夫百依百顺、言听计从，变得没有主见，缺乏个性。不要因为丈夫有钱能养活自己，就坐享其成，女性不管自己赚多赚少，都一定要有自己的经济能力，因为经济独立是人格独立的必要前提。只有经济独立，才能有自己的话语权。而女性参加工作，不仅可以给家庭带来收入，也能给个人带来满足和快乐，在工作上结交一些朋友，有了自己的朋友圈，也就有了自己的娱乐活动。

晓晓不妨从以上几点开始努力，开始注重婚后的个人发展。

5. 婚前的浪漫与婚后的平淡

小梦是家里唯一一个走出来的大学生，因为条件艰苦，他们村子里能够上学的孩子并不多，小梦是家人的骄傲，也是村子的骄傲。

高中毕业的暑假，一个名叫李峰的男生开始追求小梦，这个男生很有毅力，不管小梦拒绝多少次，他都不放弃。小梦刚开始并不喜欢他，主要的原因是这个男生高中毕业就不上学了。自从小梦上大学，这个男生就直接去了小梦大学旁边的一家公司上班。面对男生整天送饭送水地殷勤，小梦还是心软了。在这个男生追求她的第三年，小梦终于接受了他。毕业之后的小梦，马上就面临自己的人生大事——结婚生子。尽管家人非常反对他们两个在一起，但是男朋友对小梦一直细心照顾、疼爱有加，小梦和男朋友还是义无反顾地在一起了。她相信自己一定会嫁给爱情，如果错过了这个男生，以后再也不会遇到对自己这么好的人了。

小梦是一个性格比较强势的人，恋爱的这段时间里，因为觉得自己在学历、外貌上都比李峰优秀，所以在李峰面前，她总是觉得高人一等；而李峰也觉得自己配不上小梦。因此两个人在一起时，小梦说一，李峰不敢说二。李峰不断的忍让和退步，在小梦看来是李峰爱她的表现，她觉得男朋友会一直这么宠爱她；而李峰也觉得自己很爱小梦，因此甘愿为她付出、不求回报。

但是真正结婚过日子之后，他们才发现一切与恋爱时并不一样，家里打扫卫生、做饭、洗衣服等很多家务，总是需要两个人来做。刚开始的时候，李峰承担了绝大部分家务，小梦也仗着李峰对她的爱，几乎什么都不做。可时间一长，李峰就感觉到生活的艰辛和不易，但想到自己曾经答应给小梦一个美好的未来，他便无论在工作还是生活上都很用心、也很卖力，经常加班到很晚，回家之后再拖着疲惫的身体做家务。而小梦对此一句关心的话也没有，一杯热水也没有，这让李峰很失落。有时候，李峰也会把事情搞砸，比如做菜盐放多了，洗衣服忘记把衣服晾在阳台上了，小梦就会毫不留情地批评他："真后悔嫁给你，就知道像你这样没学历的人，注定什么事情都干不好！我把自己大好的青春给了你，你就是让我陪你过这种苦日子吗？"刚开始的时候，李峰总会道歉，告诉小梦自己以后会更加努力和认真，一定会通过自己的努力给小梦幸福的生活，买属于他们自己的房子和车子。而小梦总是看不到李峰的努力，她的眼里只有一个什么事情都会搞砸的笨蛋，于是争吵自然也就不断了。现在两个人已经很久没有像恋爱时那样，好好地谈谈心、吃饭、看电影了，家里每天充斥的就是两个人的冷战和热吵。

● **问题聚焦**：婚后成长

长大，字面上的含义就是长成大人，泛指动物或事物走向成熟的过程，简而言之，就是自身不断变得更好、更强、更成熟的一个过程。我们在成长的过程中，会逐渐学会感恩、学会团结、学会自立，我们也会逐渐学会分辨是非。其实在婚姻中也是如此，夫妻双方都要努力成长，没有人天生就会做一个好的丈夫或者妻子。

● **心灵鸡汤**

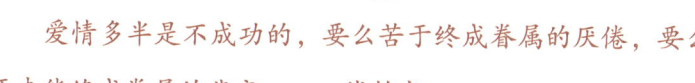

爱情多半是不成功的，要么苦于终成眷属的厌倦，要么苦于未能终成眷属的悲哀。——钱钟书

爱情是需要双方共同经营的。

● **黄老师点评**

婚姻其实是一所学校，教会夫妻两个人去成长。在小梦和丈夫的婚姻中，其实双方都应该努力去成长，好的婚姻会传递很多正能量，让夫妻双方拥有积极向上的心态。夫妻的婚姻生活总会由最初的热情走向平淡，夫妻之间会卸下婚前所有精致美好的"伪装"，完全展露真实的自我。因此必然会出现日常的磕磕绊绊，小吵小闹，其实这也是婚姻生活的调味品，会给平淡的日子增添一些乐趣，但是如果处理

不当，也可能给婚姻生活增加危机。

婚姻中双方应该如何成长呢？首先双方应该学会彼此尊重和宽容。当夫妻双方发生一些矛盾时，双方要冷静下来好好谈一谈。要知道两个人之间发生矛盾是正常的，因为两个人之前的生活环境、教育背景等都不会完全相同，双方有不同的看法属于正常现象，关键是彼此对待问题的态度和处理的方式。在日常生活中应该要懂得彼此尊重和宽容，对生活中的小事不要过于计较。出现问题时，试着从对方的角度考虑一下问题，如果只是单纯地为自己考虑，自私的婚姻肯定是不能长久的。除了双方要彼此宽容和尊重，更要学会心平气和地去沟通，在夫妻关系中，一个有效的沟通能够很快消除夫妻之间的误解，化解矛盾，一个有效的沟通像情感催化剂，能够迅速消除夫妻间的隔阂，令夫妻间的感情更加甜蜜，让婚姻关系更加牢固。

在小梦和丈夫的婚姻中，我们不能单纯地去责备小梦，认为小梦不懂事，不承担责任；也不能单纯认为丈夫能力不够。而应该告诉夫妻双方都应该努力成长，对于小梦来说，要学会承担自己的责任，不能把所有的家庭琐事全部交予丈夫，小梦在婚姻中的表现是不成熟的，缺乏对他人的关心和理解，忽略了自己内心的成长。结婚之前，小梦的父母对她疼爱有加，父母的爱可以是不求回报的，但是婚姻中的爱和父母的爱并不一样，在婚姻生活中，不可能只有一方付出，这样的婚姻肯定是不能长久的，好的婚姻关系是两个人都舍得为彼此付出，理解对方的付出，尊重对方的付出。其实丈夫已经为这个家庭付出了很多，小梦要试着去理解丈夫、尊重丈夫。对于丈夫来说，更多的应该是在自己的事业上有所成长。男人在事业上有所发展，也就会更加自信和从容，在婚姻关系中也能获得更多的支持和帮助。

6. 走不出婚外情困局的女人

吴颖从小外貌出众，聪明伶俐，多才多艺，小学时就担任班里文艺委员，是学校里出名的"小明星"。随着年龄的增长，吴颖更是出落得越发精致。出色的天赋再加上用功好学，吴颖顺利考入了当地艺术学院，毕业后进入当地文工团里工作。吴颖有良好的自身条件，当然不乏追求者。吴颖想过踏实的生活，于是与一位当地老师相恋并结婚，婚后丈夫对吴颖呵护有加，视若珍宝，很快就有了爱情的结晶，一个聪明可爱的儿子。一家人过着幸福美满的生活。

吴颖热爱舞蹈，从来不敢松懈。由于她的刻苦努力，在团里的地位逐渐提高，外出表演也较多，薪资也越来越多。慢慢地，吴颖开始嫌弃丈夫赚得少，觉得丈夫很窝囊，不求上进，她对当前的生活越来越不满意。在一次宴会上，吴颖认识了一位企业老总李龙，李龙是一家集团的董事长，年龄比吴颖大了10岁，有优越的经济条件，有过人的智慧，还有一个美满的家庭。但是当李龙第一眼见到吴颖时，便对吴颖产生爱意，觉得她就像自己年轻时梦寐以求的公主，他想呵护她，给予她爱。李龙控制不住自己的情感，对吴颖表达了自己的爱意。吴颖对李龙十分欣赏，再加上对丈夫的不满，很快两人就坠入了爱河。

明知道不应该，可是两人还是控制不住自己的情感。随着两人爱情的升温，吴颖想和丈夫离婚后与李龙结婚。可是吴颖没有想到，李龙直接回绝了吴颖的想法。吴颖觉得既然李龙深爱自己，为什么不能给自己一个完整的家。她果断与丈夫离婚以此来要挟李龙，可是适得其反，李龙越来越疏远吴颖，渐渐地不愿意再见到她。吴颖觉得自己没有了家，为李龙付出了一切,可是最后落得一场空。她无法走出困境,只能整日借酒消愁。一个人越想越痛苦,觉得自己失去了一切,生不如死。于是跑到河边欲投河自尽,幸好遇到好心人路过及时将她救下。

● **问题聚焦**:女性自爱

女性总是在追求一生的浪漫和爱情,但是却只知道从外在去追求,把价值感建立在外在的基础上,其实人生最深刻的需求是自我价值的实现,爱自己才是一生的浪漫。

● **心灵鸡汤**

女人永远要记住:长得漂亮是优势,活得漂亮是本事。

爱自己是万爱之源,学会爱自己,因为这是这个世界上最伟大的爱。

● **黄老师点评**

受中国传统文化的影响,在我国很多女人都是传统的相夫教子、贤妻良母型,她们的价值在被家人、被社会的认可中获得赞赏和肯定。也有一种女人的价值往往是要依附于男人才能体现出来,就像本例中的吴颖,嫌弃丈夫,通过寻找新的更有社会价值的伴侣来实现自己的人生价值。这种依靠外在资源获得的价值感,是脆弱的,不稳定的，容易坍塌的。所以说女人应该真正寻找的是自我价值，而不是通过男人或者家庭来展现价值。

回到感情问题上，一个没有核心的女人，必然是依赖心和托付心极重的女人，她偏离了自己的圆心，将男人定位成为她的重心，这样的女人，是完全没有自我的。就像本例中，吴颖刚开始嫌弃丈夫能力不足，和丈夫在一起不能满足自己外在的成就感、价值感。这样的失衡就容易导致她到外界去寻找平衡。所以当一个有身份有地位的男人出现时，她就容易出现感情的转移。将自己的情感都依附在那个男人身上，但是这种爱是错位的，充满了依赖性、控制性，将自己的价值借助于外物来实现，她的内心没有一个真正的自我存在，以至后来在失去时遍体鳞伤，甚至付出生命的代价。

试想一下，如果本例中的吴颖能明白，爱自己才是一生的浪漫，那么她就不会迷失自我，不至于精神崩溃。其实爱自己最根本之道就是提升自己的内在价值，构建一个核心自我。人生最深刻的需求是自我价值的实现，女性要从依附性需求中独立出来，不要一味依靠别人来实现价值，而要找到或者挖掘出真正自我价值的存在，这种内在价值的资本来源于自己不懈的努力，时刻的充实，永不停止给自己的心灵充电加油。当我们的内在足够强大时，气质自然就外泄出来。而这种能量仿佛就像光源一样，既点亮了自己，又照亮了他人。一个人不在于她经历了什么，而在于她怎么看待这段经历。心里有爱的人，看到的都是爱和感恩。

本例中的吴颖，可以从这种经历中成长，抛弃指责和伤痛，从另一个角度去对待，活出自己的生命。也只有这样，才能在社会竞争中生存，深知自己要什么，心中有自己的人生目标，不会迷失自己，深知自己值得更好的。我们要知道女人再漂亮总有衰老之日，有一些女人，虽然貌不惊人但却魅力十足，就是因为她们思想独立，自立自强，这样的女人才更自信，更有人格魅力，更能引起人们的青睐。一旦一个女人的核心自我形成，那么不管遇到什么内心冲击，它只会引起你一时的情绪反应，难以动摇你的根基，并且你还有从环境中跳出来观察的能力。自体心理学创始人科胡特说："在情绪的惊涛骇浪里，有一个核心自我稳稳地站在那里，它会摇晃，摇晃是一种呼应，但只摇晃，根基不会动摇。"所以女人们，我们总是在追求一生的浪漫和爱情，但其实人生中最大的浪漫，就是从爱自己开始的。赏心悦目的外表固然是每个人都喜爱的特质，但女性的最高价值绝不仅限于此，想要让自己成为优秀的女人，内外兼修才是王道。

7. 女主内男主外，天经地义吗

　　李洁和丈夫徐凯都是大学毕业后经过重重考验才进入石油企业工作的。两人在公司相遇相识，互相爱慕而相恋并喜结连理，于一年后诞下一枚可爱的男宝。徐凯为人处世稳重，工作能力强，成绩突出，年纪轻轻就成为公司的部门主管。李洁平时工作认真努力，得到领导的肯定，也是同事学习的榜样。

　　随着孩子的出生，李洁只能把精力都放在孩子身上，白天在单位忙工作，晚上在家照顾孩子，基本没有了自己的业余生活。再也没有精力参加社交活动，每次看到闺蜜出游的照片都羡慕不已，可是自己要照顾孩子，不能像以前一样自由自在。曾经的李洁也过着小女人的生活，喜欢打扮，喜欢美食、喜欢交友，可是现在什么都变了，包也由手拿包换成了大书包，里面全是孩子的尿不湿，湿纸巾等等。而丈夫呢，还是该社交就社交，该休息就休息，对妻子的付出都认为是理所当然的。李洁本想着在工作中加把劲，争取晋升高管。可是丈夫是一个大男子主义特别强的人，不理解自己，在徐凯看来，妻子的任务就是照顾孩子，没必要追求工作的晋升，孩子管不好，不管在事业上多有成就都是枉然。丈夫认为自己的任务就是工作赚钱养家，妻子的任务就是照顾好家里的孩子。

有一次孩子在家咳嗽了，李洁正在开会，本想着开完会后马上请假回家带孩子去医院，可是丈夫要求李洁马上回家，并且大声呵斥李洁，到底是孩子重要还是工作重要。李洁觉得丈夫从来不会站在她的角度看问题，不理解自己，过于强势，什么事情都得以他为标准，他觉得是对的，那就是对的，他觉得错的就是错的，李洁觉得在婚姻生活中没有了自己，凡事都必须听丈夫的。为此夫妻间时常争吵，夫妻关系越来越差，李洁感到自己身心疲惫，不知道该如何继续这样的生活。

● **问题聚焦**：女性自我价值

> 受中国传统的文化影响，封建时期女性的地位总是处在弱势，但是当代女人追求自我的发展是无可厚非的，女人也要实现自身的价值。

● 心灵鸡汤

　　家庭是一辆行驶在铁轨上的火车，两条铁轨要并行，如果一节铁轨断了，火车就会翻。

　　婚姻的纽带不是金钱，不是孩子，而是关于精神的共同成长。

● 黄老师点评

　　在中国，受几千年的封建制度，封建礼教的影响，认为"女子无才便是德"，使得那时候的女人不敢冲破束缚去学习，这样不公正的历史，不知道埋没了多少女人的聪明才智。而到现代，随着社会的发展，人们观念的改变，女人终于可以拥有和男人一样平等的地位。但是，就在男女经济地位同等的条件下，历史的前进也并没有改变部分男性对女性的传统要求，仍然有一些偏见及男权思想存在。在他们的观念里，认为男人就应该在外做大事，女人就应该贤良淑德，婚后就应该做一个贤惠的妻子，合格的母亲，把家里打理得井井有条，婚姻才会幸福。就像本例中的徐凯一样，坚决要求女人顺从自己，如果女人追求自己事业的成功，则会遭到指责。

　　的确，结婚最重要功能之一就是养育子女，传宗接代。婚后有了孩子，要面临的问题就是如何把养育孩子、工作与生活结合起来。孩子出生后，我们还是要工作，从事自己的职业，实现自己的人生价值，创造财富来供养家庭。与此同时，我们也要丰富自己的业余生活，培养自己的兴趣爱好，享受乐趣。可事实是，一旦有了孩子，女人大多数的时间和精力都不得不放在孩子身上。与之相对，做丈夫的通常为了工作，很少在家，这把养育孩子的重任几乎全部压在妻子身上。其实从心理学上来说，孩子的成长是需要父母双方给予爱和鼓励的，无论哪一方的缺失，对孩子心理的成长都是不健康的。特别是当孩子到3岁以后，需要同性和异性的父母来帮助他们产生对性别角色的认识与认同。所以要注重夫妻双方共同养育子女的基本职责，缺少哪一方的爱都不行。

在面对繁重的家务劳动和照顾家人时，有部分女人受到传统社会心理的影响，认为女人操持家务照顾孩子是分内的事，伺候丈夫家人是天经地义的，这样的女性一般也能在家人的满意、孩子的健康快乐中获得心理补偿。但是，有一部分女性有着很强的事业心和责任感，认为家庭和事业不应该是矛盾的，作为一个优秀的女人，既要事业也要生活。她们明白一个女人首先要有自己的世界，才会赢得他人的欣赏与尊重。无论如何，女人追求自我的发展是无可厚非的。追求自我发展的女性有着对人生正确的理解，有坚定的信念，对美好事物执着追求，敢于和社会偏见和习俗做斗争。对外，她能担负一定的社会角色，对内，又能做好母亲和妻子，她们既要承受生活的重负，又要找到实现自我价值的平衡点。其实只要科学合理地安排，是能够处理好家庭和工作的关系的。女性要学会心理调适，科学地计划管理家庭，争取让丈夫负担一点家务。要能够对家务进行宏观的管理，丈夫、孩子做什么都有一个分工，调动每个家庭成员的积极性。多与丈夫沟通，表达内心的想法，要让丈夫明白，健康的夫妻关系，一定是平等的、相互尊重的，能看到对方的需求。夫妻是长久的伴侣关系，不只是一起吃饭睡觉的同屋人，而是心理上的伙伴。能相互沟通，相互给予安慰、支持，可以相互督促、相互协助，帮助彼此成熟，促进心灵的成长。因此，夫妻才被称为最接近的心灵伴侣，不是别人可以替代和补充的。同时女性的发展和成长也需要社会的介入，生产和生活水平的不断提高，第三产业、生活服务事业得以发展，才有助于帮助女人解脱，去实现自身的价值。

8. 变心的丈夫

张兰出生在经济条件非常优越的家庭，父母都是私营企业公司的管理层。父亲开朗乐观，母亲性格温和。由于父亲忙于工作，照顾张兰的责任都落到母亲身上。张兰从出生后就是家里的小公主，从小锦衣玉食，受尽宠爱。父母从不打骂她，总是无条件满足她的所有要求。因此生活自理能力极低。张兰从小心直口快，说话不经大脑，想说什么就说什么，很少顾及他人的感受。依赖性极强，任何事情都要母亲帮忙解决，不会体恤母亲的辛苦。事实上平时她能自己完成的事情，比如削苹果、剥橙子等，她都拒绝亲自去做，以至于上了大学，还要母亲经常到学校来帮忙洗衣服，打扫卫生。

张兰和老公丁伟是在一次工作应酬中相识的。丁伟出生在一个普通的农村家庭，家境困难，但丁伟发奋图强，靠自己努力考上了理想的大学，勤工俭学完成学业后，在当地找了一份理想的工作。张兰喜欢丁伟憨厚老实的性格，让她觉得很有安全感，觉得这是自己可以托付一生的人。丁伟也对张兰心生爱慕，两人很快就坠入爱河。但是此事遭到张兰父母的极力反对，他们觉得两个家庭门不当户不对，两人从小生活环境差别太大，人生观、价值观肯定会有很大差异，因此担心以后生活会有矛盾。但是张兰还是努力说服父母，两人最终走到一起。

婚后的生活非常甜蜜，每逢各自生日，都要共聚晚餐，牵手漫步。丈夫丁伟的工作经常要出差，每次出差回来他都会给张兰带她喜欢的蛋糕。张兰喜欢吃草莓味的蛋糕，但是有一次，丈夫带了巧克力味的蛋糕回来，张兰非常不满，为此埋怨丈夫不把自己放心上。张兰在家里像个公主一样，从不会主动做家务，家里的家务活都由丈夫一人承担。慢慢地，丁伟发现张兰总是对他挑三拣四，埋怨自己对她不够好。即使已经满足了她的要求，她还是会觉得不满。张兰不会关心丈夫，凡事以自我为中心。丈夫对张兰的任性非常反感，心里逐渐感到厌烦，所以经常借加班为由，故意疏远她。这次丈夫也是和往常一样说去上海出差，可是离开一个月了，却很少给她打电话或发短信，张兰主动打电话过去，他只说很忙，要过些天回去，便匆匆挂了。张兰想说的话被堵了回来。终于等到丈夫回来，丈夫却对她很冷漠。凭借女人的直觉，张兰觉得丈夫一定是哪里出问题了。可是她不敢去想，只能整天茶饭不思，夜不能寐。终于有一天，在丈夫洗澡时，张兰偷看了丈夫的手机，才彻底明白为什么丈夫要冷淡自己了，原来丈夫在外面有了别的女人。怎么能够相信这是真的？张兰与丈夫吵闹，丈夫却不理睬她。张兰一直以为丁伟是一个可以托付终身的人，现在她感觉天塌了一半，整天郁郁寡欢，在不良的情绪中难以自拔。

● **问题聚焦**：夫妻关系失衡

在溺爱中长大的女性，通常患有"公主病"，"公主病"是指从小获得公主般的待遇的女性，自少受家人呵护、伺候，心态依赖成病态，行为娇纵，有问题只会从外界找原因，从不会反思自己。她们在原生家庭中依赖父母，到再生家庭中依赖丈夫，难免造成亲密关系的失衡，出现种种家庭问题。

● **心灵鸡汤**

真正的亲密关系，是非暴力的、平等的、接纳的、自由的、信任的。

婚姻需要搀扶，没有了彼此的关爱，谁也挺不过沙漠的风暴。

● **黄老师点评**

从本例中，我们可以看到，张兰是在父母的溺爱中长大的。现在很多父母把一切都给孩子安排好了，不鼓励孩子自己去解决问题，遇到任何困难都是父母帮助孩子，甚至直接帮孩子解决。父母这样把一切都帮孩子做好，长期包办、对孩子娇惯，孩子必然变得依赖他人，没有独立能力，遇到问题只会归因于外界，而不是好好地反思自己，这也就是我们平时所说的"公主病"。过去公主病只发生在贵族家女子，但随着经济的发展以及我国独生子女的增多，这个病症早已悄悄地遍布许多家庭之中。而患有这种公主病的女性，过度地依赖家人，长大后不知道怎么去处理家庭、社会关系，常常导致人际关系紧张，出现婚姻问题。

夫妻关系失衡是本例的主要问题。张兰就是典型的"公主病"女性，张兰婚后还是像以前一样扮演着自己在家里的公主角色，无论在精神上还是生活上，都对丈夫过分依赖。她在婚后没有进行一个自我角色的转换，在我们看来，张兰还是一个依赖父母的小公主，只会索取，不会付出，而丈夫仿佛就是在扮演着张兰父母的角色来满足她的依赖心理。这样的夫妻关系本来就是不平衡的，而这种关系持续下去，必然会导致两人内在心理的失衡。张兰只会一味地索取，要求丈夫对自己无条件地付出，而看不到丈夫内心真实的存在。其实丈夫对她的爱，早已在她的种种无理要求中慢慢消耗殆尽，此时丈夫对她是反感的。但是张兰看不到这点，还是一如既往地去要求丈夫，而自己从来不会去满足丈夫内心的需求。丈夫因为给张兰买的蛋糕口味错了，就认为丈夫是不爱自己的，不把自己放在心上，但她不知道去理解丈夫上班的劳累，只会满足自己的私欲。如果张兰能够懂得，丈夫是丈夫，他是一个独立的人，他不是我们的父母，只有父母才会无条件地满足我们的欲望，丈夫是伴侣，伴侣是需要相互扶持、相互成长的。她就会明白，正是自己造成了这个家庭感情的失衡，而这样的失衡必然造成丈夫到外面去找平衡，也就是丈夫变心的原因。

所以我们在婚姻出问题时，不要一味地在对方身上找原因，而是要先反思一下自己，在自己身上找问题。一个和谐的亲密关系一定是平等的，是需要双方付出的，有索取与付出才有平衡。而这种平衡，我们在本例中看不到，我们看到的都是丈夫在付出，妻子在索取，但是妻子还是觉得不满。试想一下，这样的亲密关系能长久吗？所以我们要认识到问题的所在，在婚姻中我们双方都不要做纯粹的付出者，也不要做纯粹的索取者，我们要学会付出与接受的平衡，学会体贴照顾对方，学会尊重、谦让和忍耐，这才是婚姻的保鲜之计。

9. 堕落的丈夫

李青自幼与父母一起生活，父母均为老师，父亲性格内向，知书达理，母亲较为强势，家里一切大小事务均由母亲做主。父亲为了不让家里有矛盾，尽量地顺从母亲，家里也就没有什么变故。由于父母都是老师，家庭收入稳定，家庭经济良好，作为家里的独生女，李青倍受宠爱。父亲一直尽最大能力来满足她的生活，不让她受任何委屈，只要有时间就陪伴她玩耍、学习等，李青与父亲非常亲密。母亲虽然比较强势，但是对李青也呵护有加，并没有对她造成什么压力。

李青从小性格好强，每次在孩子圈里玩耍时，都是娃娃王。上学后学习成绩好，得到老师的看重，和同学相处得也较好。李青有组织领导能力，在班里担任班干部。不仅如此，她还喜欢弹钢琴，钢琴考试顺利通过了十级，可以说是德、智、体、美全面发展。高考她以优异的成绩考入了理想的大学。大学期间依旧保持好胜心，勇争第一，若得不到第一名便倍感难受。

在一次学校组织的聚会中，李青认识了成绩优秀的师兄王强。王强比李青大一届，外表斯文，性格内向。李青对王强一见钟情，她喜欢他文质彬彬的外表，更仰慕他优秀的学习成绩，除此之外，王强还是学校有名的篮球健将，于是李青向王强表明了爱意。王强对李青这样学习优秀、才艺出众的女生也抱有好感，于是两人便在大学期间相知相恋，并在毕业后步入了婚姻的殿堂。

婚后刚开始的时期，两人的生活像其他新婚夫妇一样，海誓山盟，甜甜蜜蜜。可是好景不长，王强发现李青婚后变得越来越强势，总是要求满足她的一切需求，不满足便认为不爱她。李青要求王强除了工作时间，其他时间都要陪在自己身边,限制王强的自由。王强也曾试着和李青沟通,但是李青却说:"你爱我就要听我的,你爱我就要陪着我,否则就是不爱我。"慢慢地,王强觉得自己在家里特别压抑,开始疏远李青,不愿意多与她相处,他觉得与李青在一起,一切都要听从她,没有自我。李青感觉到了王强对自己的疏远,觉得王强变心了,只要王强下班回家,就会翻看他的手机,担心他是不是和别的女人有染,有时候甚至会跟踪王强,这让王强非常反感。对于王强来说,家就像一个牢笼,回到家里就是压抑、争吵。两人的感情越来越僵,王强因此整天情绪都不好,在单位工作时也爱发脾气,搞得同事关系非常差,领导也开始对王强的变化感到不满,渐渐地不再重用他,王强从此越来越堕落,一蹶不振。

● 问题聚焦:做一个聪明的女人

一个男人的成功后面都有一个坚实的后盾,这个后盾就是一个贤内助,一个聪慧的女人懂得给予丈夫力量前进,而不是阻碍他的进步。

● 心灵鸡汤

男人的一生,站得高不高,走得远不远,取决于能否遇到一个好女人。

困境和敌人只可能暂时阻碍男人前进的脚步,但是愚昧及刻薄的女人却足以毁掉他的一生。

● 黄老师点评

我们常说,每一个成功的男人背后都有一个伟大的女人。可见,一个好的贤内助对于一个男人的成功是多么重要,多少成功的男人身后都有一位与他同心同德的聪慧女人,所以说一个好妻子给丈夫带来的能量是难以估计的。可是在婚姻生活中我们看到有的妻子,不但不能帮助丈夫的发展,还可能阻碍他的进步。如本例中的李青,首先我们看到她的强势。这个需要我们先从李青的原生家庭说起,李青有一个知书达理的父亲,母亲强势,父亲为了维护家庭的和睦,对母亲比较退让,所以家庭并没有出现什么变故。这样的女孩从父亲那里获得足够的安全感及无条件的爱,长大以后就会喜欢像父亲一样上进优秀、文质彬彬的男孩。另外李青从原生家庭中习得的家庭模式,会让李青觉得只有妈妈强势,父亲去顺从才是和谐美满的,或者男人只有这样,才是爱自己的,才是安全的。这就不难解释李青为什么会喜欢王强,以及婚后为何对王强如此强势。其次,我们看到李青对丈夫的猜疑。总是翻看丈夫手机,甚至跟踪丈夫,让丈夫觉得没有自己的隐私。并且要求丈夫时刻陪伴自己,限制丈夫外出,让丈夫没有自己的个人空间等等。这些行为,都无疑是在破坏这段亲密关系,让丈夫感到压力。试问这样的妻子怎么能促进丈夫的成功呢?

怎么样才能做一个真正聪慧的好妻子呢?第一,要懂得给丈夫信任,女人在婚姻里不要多疑,多疑其实就是不安全感的一种体现,而产生不安全感的女人都是不自信的,是怕自己受到伤害而产生的一种不信任态度。女性在婚后往往出于家庭的需要和爱的专注,将自己的核心都放在家庭之中,放松了自我的成长,难免会有不自信的感觉。所以时刻都不要松懈对自己的提升，做一个内外兼修的女人，相信自己的魅力，相信丈夫，信任比控制来得更有吸引力。第二，懂得给丈夫关心。我们所说的关心不只是普通的关心，只关心丈夫的温饱冷暖，而应该是更高层次的关心，关心丈夫的情绪，理解丈夫的压力，能为他分忧解难。当你能做到这种精神上的共鸣时，丈夫才会觉得你是他的精神支柱，会离不开你。第三，懂得给丈夫空间。女人都有一种依赖心理，总希望丈夫能时刻陪伴在自己身边。但是就算结婚后，男人也要有自己的空间，希望和过去的朋友交往，保持过去的兴趣和各种爱好，有时候丈夫为了工作，也可能会占用一些业余时间。而好的妻子应该知道，既密切又独立的夫妻生活，才是融洽完美的，所以她们会理解丈夫，给丈夫留点个人自我空间。第四，懂得给丈夫尊严。好妻子总是明白自尊对一个男人的重要性，所以她们懂得给丈夫面子，从来不会当众羞辱丈夫。男人虽然总是表现出一个坚硬的外壳，其实内心比我们想象的要脆弱，所以我们应学会懂得用各种办法保护丈夫的人格尊严。最后，懂得适当的退让，不把自己的思想强加于丈夫。强势的女人都有一个特质，就是渴望控制配偶，进而在这段亲密关系中占据制高点，执着于自己爱的方式，还倔强地认为这是唯一正确的。在一个正常的亲密关系中，每个人都或多或少会有支配欲望，都渴望将自己的意志强加在爱人身上，但是这个支配欲望不会成为这个亲密关系的主旋律。更重要的是看到对方的真实存在，明白对方的需要，知道妥协让步来满足和实现对方。

西方哲学家赫拉克利特说过的一句话：太阳，每天都是新的。而妻子就像家中的太阳，具有使丈夫获得温暖的巨大能力，用内心的智慧鼓励自己的丈夫走得更远吧！

10. 老公出轨，该何去何从

王某，女，23岁，中专，公司文员。半年前老公出轨，现在回归家庭，自己心里有阴影，一直放不下，难以再信任老公，感到很痛苦。

王某与老公结婚两年，现在儿子1岁，在宝宝六个月的时候发现老公和一个女性（通过摇一摇加的好友）微信聊天比较频繁，心生怀疑。但老公一直否认，说和她没什么，就是随便聊聊。在她的要求下，老公当面删了与那个女人的联系方式。一个月后，王某翻老公手机，发现老公又加了那个女人，而且为了隐藏还把对方的称呼改变了。查看了他们的聊天记录，王某发现他们不仅一起吃过几次饭，而且还上过床。在王某的逼问下，老公承认出轨，王某当时难以接受，频繁追问原因和细节，逼问老公为什么出轨，开始老公不肯说，但在反复追问下，老公也就说了：只是因为好奇。

对于老公出轨的行为和原因，王某难以接受，为此持续争吵了一个星期，冲动中还提出要离婚。老公认错，请求原谅，并将孩子搬了出来作为恳求，他也保证以后不会再找其他女人了，最终两个人决定好好过下去。这件事情王某没有告诉任何人，连父母都不知道。

没想到，事情过去五个月，王某一直忘不掉老公和那个女人的聊天内容，脑子里总是忍不住想起他们在一起的画面，她始终接受不了自己被最爱的人背叛的事实，每天内心都很痛苦，常常暗自悲伤。但在别人面前依旧还要强颜欢笑，假装什么都没发生过，她感到很痛苦。同时，不管老公再怎么保证，再怎么对孩子、对自己好，王某觉得自己都不敢再信任他了，觉得男人不可靠，不敢跟老公亲近，甚至常常怀疑老公行为的背后掩藏了"阴谋"。然而一想到孩子还小，她又不忍离婚，在这样的婚姻状态中，自己很痛苦，不想这样一直倍受折磨。

● **问题聚焦**：出轨

出轨一词，起源于二十世纪九十年代，由交通常用词语引申而来，铁路交通中列车的颠覆，常常是脱轨所致。后来被引用到社会中男女脱离正常的道德准则去谋求非正当的感情、性的利益。出轨其实也是某种心理需求导致的行为变化，一般来说出轨的心理如下：补偿心理、欠情心理、贪财心理、图貌心理、报恩心理、报复心理、好奇心理、享乐心理、相悦心理以及互利心理等。

● **心灵鸡汤**

世界上没有十全十美的事物，婚姻也是一样。再幸福的婚姻，都会存在一些需要当事人不断去解决的问题。在现代社会，婚外情是一个发生率很高的事件，但它确实也是一个对婚姻、对女性心理造成巨大伤害的事件。我们需要认清这样的现实，同时也要提高自己处理婚姻问题的能力和自我内心的力量，减少婚姻问题对自己、对家庭的伤害。

● 黄老师点评

在妻子怀孕生产两年内，丈夫出现婚外情或婚外性生活，这样的案例在婚姻心理咨询中还是很多见的。在这类案例中，夫妻性生活不和谐确实是一个很重要的因素。有些是妻子生产后身体激素水平发生变化，以前常用的性交方式让她很不舒服而拒绝性生活；有些是妻子生产后，把更多的注意力和情感放在孩子身上，疏忽了对丈夫的关心，并且缺乏相应的性知识和性技巧，拒绝满足丈夫的需要，给出轨留下了隐患；有些是因为公婆或父母过来照顾孩子，影响了妻子的心理状态；有些是妻子产后抑郁，情绪低落，对很多事情都提不起兴趣；有些是丈夫目睹妻子生产，有了心理阴影，难以跟妻子正常性生活，但跟其他女人可以正常性生活……

其实，很多遭遇婚外情的婚姻并没有走到关系破裂、非离婚不可的地步，很多时候，经过修复，可以有效地改善夫妻关系，提高夫妻经营婚姻的意识和能力，婚姻的质量反而比之前更好。比如，丈夫的出轨让妻子有了强烈的改变现状的动机，在咨询师的帮助下，妻子从内心懂得家庭系统中夫妻关系才是第一位，亲子关系其次，在今后的婚姻生活中能够更好地平衡夫妻关系和亲子关系，既增加了夫妻凝聚力，又给予孩子健康成长的环境；夫妻性生活知识和技巧得到提升，能够根据不同的年龄段、不同阶段的心理状态灵活采用不同的方式，增加性生活的满意度；丈夫增加对妻子的理解和关爱，行为处事的时候能够照顾妻子的感受，夫妻能够采用良性的沟通方式和互动模式。夫妻两人相处会更加轻松、融洽，婚姻反而更加幸福了。

本故事中老公出轨并且已经回归，但王某内心已经受到伤害，婚姻观、人生观都会因为遭遇最亲的人的背叛而发生改变。比如，有些妻子遭遇婚外情后，会产生糟糕至极的想法，觉得自己的生活毁了，变得消极、抑郁，陷入无力感中；有些妻子会以偏概全，产生这样的信念："男人都会出轨""男人都靠不住"等。这其实反映了妻子内心的安全感、信任感受到了损害。对于这种因为老公出轨而产生心理阴影的故事，需要去修复夫妻之间的信任，重建妻子内心的安全感，根据老公出轨的原因，帮助夫妻进行调整，降低今后婚姻出现类似问题的可能性。

11. 老公是"同志"

杨某，男，33 岁，民政局工作。杨某从小生活在一个小城镇，在家排行老大，下面还有一个妹妹。爸妈是没有受到过多少教育的普通老百姓，父亲性格强势，母亲温和。小时候，父母不允许杨某做的事情，不允许玩的东西，他绝对不去触碰，是个很乖很听话的好孩子。上学后，很听老师的教导，学习成绩还不错，因此不断得到老师的表扬，从而强化了学习在他心中的地位。他的童年是在风平浪静中度过的。升入初中后，他迎来了青春期的骚动，以及对于性的懵懂好奇。然而他却发现自己对同性充满着希冀、渴望，对异性反而没有感觉。杨某压抑着这个秘密，走过初中、高中。由于高考失利，劳苦的父母不顾自己的艰辛，依然支持他上了学费昂贵的三本。于是他怀着对父母愧疚和感恩的心走进了大学的校门。然而进入大学后，他对男性赤裸身体的生理反应加剧，对女性没有任何性兴奋与性冲动，为此杨某非常苦恼，他不敢告诉任何人，也不敢真正地去亲近某位男性。大学毕业后，杨某回到自己的家乡，在父母的帮助下进了当地的民政局工作，主要办理离婚业务。工作后不久，周围的人陆续给杨某介绍了不少异性对象，杨某都婉言拒绝了。毕业十年后，杨某已经32岁，父母急得头发都白了，杨某背负着父母与亲友的巨大压力，与30岁的申某结婚。

杨某深知"不孝有三，无后为大"，为了报答父母的养育之恩，杨某很想努力完成传宗接代的任务。可是每次跟老婆申某过性生活时，发现自己就像是在完成任务，完全无法兴奋起来。结婚三个月后，妻子申某在完全不知情的情况下，带着丈夫杨某来到首都北京，看了各大医院的男科、泌尿科，想让医生帮自己丈夫解决这个问题，可是丈夫的各项检查指标都正常，申某陷入了深深的苦恼与自卑之中。申某说："丈夫让我很放心，每天基本能回家吃饭。但是我们一直没有夫妻间的亲密感，而且我感觉到他对我的防备，他的工资、股票，什么都不肯告诉我。"

直到半年前，在一次打扫房间时，申某发现了藏在角落、没有封套的碟片，碟机里播出的画面，让申某越看心跳越厉害——都是"同志"的激情戏。申某将目光锁定在那个3年来让丈夫讳莫如深的上锁抽屉。等到丈夫上班后，申某找到钥匙，缓缓打开抽屉，出现在眼前的场景让申某瞠目结舌，"各种各样的杂志和光碟，全是男性的裸体"。揣着忐忑不安和怀疑的心情，申某上网搜资料，找证据，并时不时试探丈夫对"同志"话题的反应。被恐惧反复折磨的申某终于忍不住和丈夫摊牌："为什么你的抽屉一直锁着？里面装着什么东西，我要看！"

当丈夫杨某再三强调里面装着钱时，申某当着他的面翻出一抽屉的碟和书刊，质问："你是不是喜欢男人，为什么你不看女人看男人！"束手无策的丈夫杨某只能再三辩称："我比较瘦，喜欢看强壮的男人。"直到申某哭着提出要离婚的时候，丈夫杨某才"让步"，承认自己最多是双性恋，提出要去看心理医生。"他还是不想离婚，不愿意正视自己的性取向。之后两个月，他每天都很躁动，对我动不动就发脾气。今年7月，我正式提出离婚。勉强是不可能幸福的。"申某说，那是最难的一段日子。两个人都很痛苦，丈夫甚至一直哭，哀求着不要分开。"你知道那种感觉吗？夫妻多年，无爱无性，就像两个陌生人住在同一个屋檐下，那种歇斯底里的痛和绝望，难以描述。"如今，自嘲"净身出户"的申某偶尔也会回望埋葬在这段"谎言"婚姻里的最好的青春，也会假设，如果当时不是想要平淡生活而选他，今日结果会怎样。可是她知道，生活没有如果。

● **问题聚焦**：同性恋问题/同妻问题

> 同妻，男同性恋者的妻子。在男同性恋周围，有一个更加弱势隐秘的群体，就是同妻。她们生活在边缘，被流言蜚语打压，为孩子忍辱负重，不敢大声申诉，数量庞大，年龄各异。同妻不仅不能得到性生活上的满足，还要遭受冷落、漠视、家庭暴力、性病和艾滋病的威胁。

● **心灵鸡汤**

> 如果是"同志"，请不要走进异性婚姻。如果是"同妻"，直面它，走出来。

● 黄老师点评

据《羊城晚报》报道，在中国，每年有80%的同性恋者走入异性婚姻，男同性恋者的妻子们有一个共同的称谓——"同妻"。据调查，"同妻"群体有1600万人之众，然而长久以来，她们基于种种原因保持了沉默。"请同性恋不要选择异性婚姻，任何原因都不能成为一个人伤害另一个人的理由。"这些"同妻"，有的像本文中的申某一样已经"幸运"地走出来，有的为了孩子或面子选择隐忍，还有更多的人蒙在鼓里。比被欺骗更糟糕的是，她们很可能要忍受丈夫的性冷淡、精神折磨，甚至是传染艾滋病的风险。

在"同妻"问题出现的背后还有一个更重要的问题——"形婚"。顾名思义，就是指形式上的婚姻，无实质内容。"形婚"又称互助婚姻，是指为了某种目的而与另外一人进行婚礼或法律上的手续，但实际上只是名义上的夫妻身份，而无实质内容。例如一些人为了办移民、到外地工作、从事地下工作，或者男同性恋者与女同性恋者组建家庭等。在此我们主要看同性恋者的形婚问题。结婚、生子、传宗接代或者勇敢地承认自己是同性恋者，对于大多数同性恋者都是很难做到的事情，为了让父母安心，减少周围人七嘴八舌的议论和歧视的眼光，一些同性恋者选择了形婚。

当然男同性恋者选择形婚的原因除了自身主要原因方面，我国社会文化对于同性恋者的态度问题也是关键。与西方国家相比，我国对同性恋现象及同性恋者历来是缺乏包容的。长期以来，同性恋在我国被公众认为是"变态""恶心"的病态行为，不为社会所接受。由于来自社会和亲人的压力，我国90%的同性恋者最终都会选择接受异性婚姻，但其中多数人在婚后仍与以前所处的同性恋圈子保持联系，这无疑对婚姻双方都是一种伤害。

英国哲学家约翰·穆勒曾经在他著名的《论自由》一书中说道："一个人的自由，是以不侵犯他人的自由为自由。"换言之，一个人的选择只要没有侵犯到他人的利益，那么他自由选择的权力就应该受到尊重。同性恋行为虽然至今仍不为大多数人所接受，但它本身并不具有社会危害性，因此同性恋者的性取向选择应该受到他人的尊重。但是如果同性恋者在对方不知情的情况下与异性形婚，对该异性造成了极大的伤害，那么就是不应该被原谅并需要承担责任了。

亲子关系

12. 舍不得女儿读大学的父亲

47岁的老徐是典型的暖男，在家里是好父亲、好先生、好女婿，在单位也是出了名的好脾气、好人缘。老徐老家在陕西，是家里的老大，从小就照顾弟弟妹妹，做的一手好家务。8年前老徐借调到北京工作，第一时间就把女儿接到了身边，3年后老徐的爱人才调到北京。一家人从租房到买房，孩子从小学到中学，生活按部就班却也其乐融融。唯一的缺憾是老徐刚调到北京的时候是办公室干事，8年过去了，老徐依然还是办公室干事。

自女儿来到北京，老徐每天早上上班前送女儿上学，下班后接女儿回家，中午还给女儿送饭，经常跟单位女同事取经，变着花样给女儿做可口的饭菜。周末陪女儿去辅导班上课，陪女儿游玩、吃美食，假期陪女儿旅游，可以说除了上班的时间，老徐全部的时间和精力都用来照顾女儿了。同事们都说老徐的爱人好幸福，上班轻松，还不用管家里的事情。每当此时，老徐的爱人总是浅笑道："我想管女儿也插不上手啊，老徐总是说我做的饭不好吃，衣服洗得不干净，照顾孩子不细心……唉，随他吧，只要孩子好，他高兴就行"。

转眼女儿到了考大学的年纪，为了报志愿，老徐一家人没少争吵。女儿想到外地读大学，但老徐坚决不同意，说外地人生地不熟，孩子不能好好照顾自己，生活没人照管不放心。女儿却坚持要到外地去读书，想去看看外面的世界，也想离开家到外面去闯闯。老徐的爱人觉得应该支持女儿的想法。这可愁坏了老徐，女儿报志愿的日子里，老徐明显地苍老了许多、背也驼了，好像头发都白了不少，有时候一整天都不说一句话。忙碌的老徐一下子闲了下来，反而生病住院了。虽然没能诊断出什么明确的疾病，但老徐总觉得浑身不舒服，提不起精神。

女儿最终如愿考上了南京的一所医学院校。最后一个暑假也很快要结束了，老徐一点儿也没有心思帮女儿准备行囊，每天都皱着眉头，常常跟有孩子在外地读书的同事们聊天，虽然大家都说孩子的独立性很强，会很快适应新的环境，但老徐就像没听见一样，依旧担心孩子的吃穿住用，依旧担心孩子的安全，依旧想每天在身边照顾孩子，甚至还找了单位的领导，说自己想调到南京去工作。遗憾的是南京没有适合老徐的岗位，年近50的老徐仍然只是个管理岗位的干事。随着女儿离开的日子越来越近，老徐的病更严重了，总是头疼头晕，浑身没有力气，耳鸣，睡眠也越来越差，甚至脾气也不如以前了,再也没有了以往的耐心和好人缘。老徐的妻子很担心老徐的健康,去了不少医院看病,但都没能查出老徐的健康问题在哪儿,看着老徐一天天愁眉苦脸、唉声叹气,妻子和女儿都很着急,怎么办好呢?

● 问题聚焦:恋父情结/恋女情结

指女孩恋父仇母的复合情绪,恋父情结最初是弗洛伊德提出来的,是儿童心理发展过程中普遍存有一种现象,孩子尤其是女孩在3岁左右开始从与母亲的一体关系中分裂开来,把较大一部分情感投向与父亲的关系上。男孩则普遍更爱母亲,而排斥和嫉恨父亲。这种情节是相互的,家庭中不但孩子有这样的倾向,父亲和母亲也会对异性孩子产生同样的情节,更愿意与异性孩子保持更亲密的关系。

● 心灵鸡汤

不要忘记这些过去的记忆,因为这些记忆,会跟着我们的人生,一生一世,只不过,它们不再像我们儿时那么的明显。你可以说,"孩子你慢慢来",可是有时候,快快地"放手"或许也是必要的。

我慢慢地、慢慢地了解到,所谓父女母子一场,只不过意味着,你和他的缘分就是今生今世不断地在目送他的背影渐行渐远。

● 黄老师点评

正常的情况下,男孩和女孩都有恋父情结。女孩多表现于喜欢像父亲一样高大、能保护自己的男性,期待在未来的生活中寻找像父亲一样能让自己依靠的男性,而那位男性的性格或长相或多或少都会像自己的父亲,或者照着父亲的样子找自己的另一半。正常恋父情结的女孩喜欢的是像父亲一样,有个能让自己依靠的肩膀,而不是因爱恋而不去寻找另一半或不离开父亲。男孩则是更倾向于钦佩敬仰自己的父亲,以父亲为榜样,不断学习父亲的优点和习惯。孩子的恋父情结缘于父亲的伟大和让自己欣赏的特质。儿童时期或者青少年时期会倾向于和父亲在一起,不会拿父亲当模板去寻找恋人,而是模仿父亲的言行。正常而适当的恋父情结对孩子的性格养成有重要帮助,男孩会因为正确的效仿父亲而成长得更加稳重有责任感,女孩则会表现为孝顺和更具婚姻家庭观。

现在许多父母总以为爸爸更亲女儿、妈妈更亲儿子是天经地义,却忘了自己格外亲近子女的时候,还应该加倍地鼓励和引导男孩去崇敬父亲、女孩去理解母亲。

在本案例中,情况是相反的,就是父亲对于孩子有一定的情感依赖,我们会发现身边有不少这样的家长和家庭,比如有的父母舍不得孩子离家太远,就给孩子报考了一个本地的大学,甚至孩子大学期间都住家里,还跟小时候一样。更有甚者在孩子毕业后,父母也不肯孩子工作的单位离家太远,或者搬到孩子单位附近居住。这样的孩子往往生活圈子非常窄,一般只有父母和父母的朋友和同事,很多三四十岁了,一直和父母住在一起,从来没有想过离开家,过自己独立的生活,从未恋爱或恋爱不顺,朋友很少,极少社交。有的孩子和父母因坚持婚后一定要同住,结果矛盾不断。有的结婚好多年,一旦发生矛盾,就去找自己的父母评理、诉苦,让父母掺和进自己的小家庭里,结果婆媳矛盾/丈母娘与女婿的矛盾加重,等等。这些都是父母与子女建立过度的亲密关系而造成的不正常生活轨迹。

夫妻关系要高于亲子关系,这是最基本的原则。而像上述过度黏附的亲子关系中,首先表现在父母自身不够成熟,没有将孩子当成一个独立的个体,而是家庭的附属或一部分;父母潜意识在心理上依赖孩子,不肯推动孩子离家远走,有的父母会下意识地通过经济支持、生活照顾、孝道绑架等方式来削弱孩子的独立能力,让他们一直留在家中。另一种情况也很普遍,孩子从小到大都很少有自己做选择的机会,习惯于凡事依赖父母,听从父母安排,缺乏主见与独自生活的能力,自身经济、思想也不够独立,从而缺乏能力和勇气离开父母。这种亲子关系中,相互都认为对方才是自己的最爱,无法建立属于自己的"同辈"之间的亲密关系,两者依赖共生,从而使父母忽略了夫妻关系,子女没有勇气建立自己的同辈亲密关系。

依照本例中的情况,首先父亲要意识到亲子关系与夫妻关系孰轻孰重,意识到子女离家独立是必然的过程,父母就要在这种情况下,进行移情,转换情感重心,重新建立起自己的情感寄托。重新规划自己的亲密关系,将感情的重心转移到真正需要的地方和人身边,虽然这很难,但对于孩子和父母来说,这都是成长的必然过程。

电影《少年派》的经典台词:"人生就是不断地放下,但最遗憾的是,我们来不及好好告别。"龙应台的《目送》中有一段话:"我慢慢地、慢慢地了解到,所谓父女母子一场,只不过意味着,你和他的缘分就是今生今世不断地在目送他的背影渐行渐远。你站立在小路的这一端,看着他逐渐消失在小路转弯的地方,而且,他用背影默默告诉你:不必追。"

13. 强势爸爸的苦恼

老王在一家石油公司上班,因为年轻时家里实在拿不出钱,老王失去了上大学的机会,所以老王一直以来都拼命赚钱,希望自己的孩子都考上理想的大学。老王一共有四个孩子,两个女儿,两个儿子。两个女儿都很"懂事",听从老王的意愿,选择了师范学校,毕业之后顺理成章地成了公立学校的老师。老王觉得很开心,因为教师这个职业既稳定又让人尊敬,两个女儿也能因为工作稳定嫁个条件不错的人。

但是老王的两个儿子就没有那么"懂事"了,老王让大儿子选择经济专业,以后赚钱多,但是孩子想学法律,为此两人还闹了不愉快。纵使孩子百般不愿,最后关头还是听从了父亲的意愿,选择了经济专业,毕业之后选择了一家银行,收入不错,也很体面。孩子们都在老王的安排下,工作和学习看似都还顺利。别人一见到老王,都夸他教育有方,孩子们个个都有出息。

但是一家人的安宁就在两年前的暑假被打破了。老王的小儿子高考填志愿的时候,父亲千叮咛万嘱咐,让他填医学,以后好成为一名医生——尽管实际上并不是所有的医学专业以后都可以成为一名医生。结果小儿子因为分数不够,被调剂到护理专业。老王知道后暴跳如雷,认为儿子没有按照他的指示去填志愿,一个男孩子学了护理专业,今后要成为一名护士,老王觉得说出去很丢人。为此老王和孩子大吵了一顿,之后小儿子上学的几年里，老王基本上没有和小儿子说过话，即使是过年，小儿子在老王眼里也只是摆设。母亲本身不善言辞，而且一直以来家里都是老王做主，有时候母亲看不过去，就劝老王几句，老王拍拍屁股去外面找朋友喝酒并不搭理。两年多来，不管在小儿子的学习还是生活上，几乎都是哥哥姐姐在帮助他，老王一分钱没有出过。家里的钱也都归老王管，母亲也只能偷偷给小儿子一点，被老王知道了还大吵一顿。由于哥哥姐姐也都刚工作不久，赚的钱也不多，每个月还会被父亲收走一部分，为了减轻他们的负担，小儿子只能自己平时做一些兼职，几乎所有的课余时间都用来赚钱了。

小儿子上学的地方离家并不远，但是他一年也就回来一两次，过年的时候回家一次，暑假偶尔回去两三天，他不喜欢回家看到父亲绷着的脸。老王现在也很苦恼，孩子们一个个都长大了，自己把他们培养得那么优秀，但是几个孩子也只是逢年过节打个电话，每个月打点儿钱给他，却很少回家看看他们老两口。即将 60 岁的老王感到前所未有的孤独，年龄越大，他就越希望身边热闹一点，孩子们能经常回来看看他，每次拿起电话想给孩子们打电话，他却不知如何开口，电话总是拿起来又放下。

● **问题聚焦**：尊重子女

尊重子女，是指尊重孩子是一个独立的个体，父母虽然养育孩子，但是孩子不完全属于父母，父母应当尊重孩子的人生选择，尊重孩子选择与自己不同的人生道路，允许孩子的价值观和自己的价值观有所不同。很多家长喜欢为自己的孩子安排人生道路，把自己的想法强加给子女，但从不考虑孩子是否喜欢，其实这样的做法并不是为孩子的人生考虑，反而会造成父母与子女之间的矛盾。

● 心灵鸡汤

懂得尊重自己的人，也会懂得尊重别人，这包括尊重自己的孩子。

家庭关系紧张，父母专制，不尊重孩子的人格，不讲民主等因素直接影响孩子的学习与人生。

● 黄老师点评

家长不尊重孩子的意愿在我们国家其实是一个比较普遍的现象，很多父母总是把自己的人生寄托在其他人或者其他事物身上，比如孩子或者伴侣。当然在我们国家最普遍的还是父母把希望寄托在自己孩子身上，就像老王一样，因为自己年轻时没有上大学，所以一定要培养自己的孩子上大学；因为觉得当医生很好，孩子在填报志愿时，一定要选择医生这一职业；因为自己认为银行职员既赚钱又稳定，所以就要求孩子去银行上班。孩子完全没有自己的选择空间，父亲强势地把所有的意愿强加给孩子。

在生活中，我们经常会听到很多父母说同样的一句话："孩子，你要听家长的话，我们这样做也都是为了你好！"然而，这种为了孩子的"好",真的是孩子需要的吗?孩子喜欢画画,你偏让孩子学习奥数,然后告诉孩子奥数才是你需要的,奥数才是对你好的。其实父母根本没有坐下来,问问孩子:"你想要学什么呢?你喜欢做什么?你觉得爸爸妈妈这么做可以吗?"

既然尊重孩子是重要的,那么,父母应该如何做到尊重子女呢?首先就是父母不把自己的意愿强加给孩子,尊重孩子的想法,并经常与孩子进行交流,让孩子觉得自己是有自主权的,而不是一味地被父母要求。其次就是在与孩子沟通时一定要学会倾听,很多父母也会尝试和孩子沟通,然而父母在与孩子沟通时普遍存在的一个问题就是,往往只顾自己"畅所欲言",这其实是在堵住孩子的嘴巴,让他们不要说话,久而久之,就会发展为父母对孩子的说教,这种说教的方式是非常不科学的,也很容易引起孩子逆反心理。孩子也有交流的渴望,他们也希望自己的话能被好好倾听。因此,每当孩子跟父母说话时,父母应尽可能放下手头上的事情,全神贯注地倾听,这能让孩子觉得父母很在意他说的话,孩子就会感到受到尊重和鼓励,逐渐愿意说出自己心里的感受。除了要注意倾听之外,跟孩子沟通时一定要多赞美、少批评。恰到好处的赞美是父母与孩子沟通的润滑剂。家长对孩子每时每刻的赞美和鼓励,会增强孩子的自尊和自信。因此,家长要牢记:赞美和鼓励使孩子进步,批评和抱怨使孩子落后。除了尊重子女之外,做父母的要与自己的孩子一起成长。社会在进步,人的思想也应该不断地进步。要想充分理解孩子,就必须与时俱进。

希望文中的老李,能够主动地去和孩子进行沟通,相信孩子们也不愿意有一个不和谐的家庭,在双方的努力下,一起构建和谐的家庭关系。

14. 总是不满意的博士妈妈

张明和妻子都是北京某高校的博士生，毕业后两人选择留在北京，为孩子以后的发展奠定基础，因此毕业找工作时，夫妻两人首要的条件就是看单位是否解决户口。好在两个人学历高，又是名校毕业，张明选择在一家石油企业上班，妻子做起了大学老师，不仅解决了户口问题，待遇也还比较可观。

结婚两年后，他们有了自己的孩子。孩子现在上小学四年级，在大家看来，有这么优秀的父母，两个博士生出来的孩子一定很聪明，儿子的成绩的确格外稳定，却一直是班级倒数几名，而且孩子看起来笑容很少，总是低着头独自待着，跟同学几乎没有交往，见了外人也很少打招呼。

在别人看来，一定是夫妻两个人忙于自己的事业，在孩子的学习上没有过多地关心。事实恰恰相反，妻子每天陪儿子写作业，只是每次不到五分钟，就火冒三丈，对着孩子大叫："你怎么这么笨！你在学校就没有听老师讲课吗，我让你上学是让你去那里睡觉了还是玩了？我辛辛苦苦赚钱，花那么多钱把你送到学校，就是让你去玩的吗？"说着就把孩子的课本一摔，不再理孩子。

妻子总是当着孩子的面不停地和张明抱怨："你说我们怎么就生了这么笨的儿子，真是上辈子没多积德，才摊上这么个儿子。"有时在饭桌上，妻子看到孩子磨磨唧唧、东挑西拣吃饭的样子，气就不打一处来，着急了直接拿着筷子朝孩子头上就是两下。自从孩子上小学，一家人在餐桌上就没有安安静静地吃过几顿饭，每次都是妻子把碗一摔，孩子哇哇地哭。

在家里不清静，在外面也是这样。孩子寒暑假的时候，张明和妻子商量带孩子出去旅游，见见世面，也许孩子眼界开阔了，也就愿意学习了。孩子知道爸爸妈妈要带他出去，特别开心，夫妻两个也许久没有好好放松一下心情了，于是两个人都向单位请假，打算来一次长途旅行。但是他们的旅行刚开始不久，妻子就大发雷霆，原因就是孩子在玩耍的时候把刚换的新衣服弄脏了，张明劝妻子别跟孩子计较，毕竟难得出来一次。但是只过了半个小时，妻子就直接打了孩子一巴掌，原因是孩子拿着一百块钱买糖葫芦，拿了糖葫芦没等找钱就走了。妻子倒不是心疼那一百块钱，而是觉得孩子那么大了，连买东西要找钱都不知道，她觉得孩子真的是有智商缺陷，美好的度假旅行又以妻子的生气结束了。

张明现在很苦恼，孩子小的时候，一家人还很和睦。他不知道为什么孩子长大了，妻子的脾气就越来越暴躁，自己的孩子真的很笨吗？还是作为父母的他们在教育方面出现了问题？

● 问题聚焦：中国丧偶式教育

　　丧偶式教育是指父母一方在孩子教育中严重缺席，这种教育方式会直接对孩子身心造成不可逆的伤害。长期缺乏父亲或母亲陪伴的孩子与健康家庭的孩子相比，会表现出自信不足、胆小、意志力薄弱等特征。因此，为了孩子的身心健康，父母双方都要在孩子的成长中承担责任。在中国的家庭教育中，绝大部分是母亲承担较大责任，而父亲只负责赚钱养家，事实上只有父母双方的爱都到位了，孩子才能健康成长。

● **心灵鸡汤**

> 　　对于孩子来说，父母的慈善价值在于它比任何别的情感都更加可靠和值得信赖。
>
> 　　父母的爱应该是这样的：它能激发起孩子对周围的世界、对人所创造的一切关心，激发起他为人民服务的热情。

● **黄老师点评**

　　按照大家的思维，父母都是博士，孩子自然也应该聪明伶俐，学习方面自然不在话下。大家看完上面的故事，很多人的第一感觉就是这个妈妈对孩子要求太严格了，这个妈妈的教育方式不对，这个妈妈怎么能打孩子呢？大家会把矛头指向妈妈，妈妈在教育孩子方面固然有错，比如在教育孩子方面没有耐心，因为一点小事就发脾气；对孩子的期望值很高，可能她认为很简单的东西，对于孩子来讲就比较复杂了。但是，除了妈妈的问题之外，在这个家庭中还存在一个严重的问题，就是丧偶式的教育，丧偶式教育不是指父亲或母亲去世，孩子生活在单亲家庭，而是指父亲或母亲任何一方在孩子的教育中严重缺席。当孩子教育出现问题时，这位爸爸有没有尽到自己应该尽的义务呢？在孩子成长过程，爸爸有没有抽出足够的时间陪伴孩子呢？

　　有研究表明：平均每天能与父亲共处两个小时以上的孩子智商更高，男孩更像小男子汉，女孩长大后更懂得如何与异性交往。但留心现实，这种美好期待不免显得有点奢侈。父教缺失是我们民族很大的隐患。绝大多数国人认为，父亲的家庭责任就是挣钱养家，为此，父亲可以经常外出应酬，谈生意、出差、陪客户……父亲角色的社会性和商业性较浓，而父亲应该承担的家教责任和陪伴责任则被淡化，真正像朋友一样与孩子相处的父亲、发自内心理解认同孩子的父亲其实是很少的。因此这种丧偶式教育在中国也就越来普遍，很多家庭会出现各种各样的问题，孩子自然也会出现各种问题。

大多数母亲对孩子都是有较高期望的，但在实际教育中往往显得没有计划，而父亲恰恰不同，在教育方面有更高的目的性，想要培养哪些品质，发展哪些方面的才能，父亲心中一般都更有计划。爸爸带大的孩子，除了更愿意承担责任，更有主见，心态也更宽容和开放，思维方式更加理性和有逻辑，在独立性方面，也优于妈妈带大的孩子。这是因为爸爸对孩子想要探索世界、想要冒险的行为，多数持放手、鼓励的态度，当孩子犯错、失败也不会在意，反而支持继续尝试，因而孩子更坚韧。另外，爸爸对孩子的想法也更多地给予肯定，因此孩子会更有主见！

因此，对于张明的家庭来说，首先张明自己应该承担起对家庭、对孩子的责任。可以把陪孩子写作业、带孩子出去玩等活动交给张明。而妈妈也要尝试和孩子进行沟通，了解孩子的内心世界，控制自己的脾气，孩子固然是自己生的，但是孩子并不是妈妈的私有财产，要和孩子进行平等的交流，让孩子感受到父母的关心和照顾。

15. 寻求关注的孩子

王刚是石油公司的一名员工，因工作原因不得不长期待在国外，经常是几个月才能回家一趟。他的妻子是一名护士长，工作认真负责，科室大大小小的事情都安排得井井有条，因此也受到医院领导的一致认可，认为她是不可多得的管理人才。尤其是最近两年，妻子要晋升主任护师，更是一大堆工作需要她去做。他们有一个儿子，名叫聪聪，今年10岁，小学四年级，聪明伶俐，长得也十分讨人喜欢。一家人虽说不是大富大贵，但是夫妻两人的经济收入还是比较可观的。两人经常是即使自己舍不得吃穿，也要在孩子身上做到最好。他们从小给孩子买贵的、进口的玩具，担心便宜的玩具有毒性物质；给孩子买衣服都是在大商场买名牌，一般的小店他们不放心；孩子上幼儿园时，王刚就将孩子送去附近昂贵的国际幼儿园。

但是从小乖巧可爱的孩子最近出现了一系列不同寻常的表现，让夫妻两个格外头痛：上课不听讲，经常做一些小动作，向四周张望，有时还会在老师上课的时候突然发出怪声；以前和同学相处友善，现在常与其他同学发生矛盾，严重的时候甚至还会打架；老师教育，也是爱答不理，根本不愿意接受批评和帮助。老师也很头疼，只能给孩子的家长打电话，王刚在国外，一时半会回不来；联系孩子的妈妈，科室里一大堆事情需要她处理，还有各种会议、查房，根本抽不开身。电话打后十几天，孩子的妈妈才抽空来学校一趟。夫妻两个十分不理解，孩子怎么突然就变成现在这样子了呢？来到学校之后，妈妈严厉地训斥孩子，劈头盖脸地骂了孩子一顿，孩子就是低着头，也不说话。

老师和妈妈单独谈了谈，才知道孩子最近一两年基本上处于没人管的状态：爸爸在国外工作，没办法照顾孩子，每周最多打个电话，电话里也只是让孩子好好学习之类的嘱咐；妈妈虽然说每天都回家，但是快到孩子睡觉的时间，她才能匆匆吃口晚饭，一天的疲惫让她没有时间和精力去关注孩子，而且在她心目中孩子一直乖巧懂事。所以聪聪基本上是由奶奶照顾，奶奶行动也不是很方便，每天给孩子做好饭就已经很吃力了。

了解完这些情况，老师说出了自己的观点：孩子并不是不听话，或许他只是想得到父母的关注。认真思索后，妈妈也为自己刚才骂孩子的行为感到后悔，回家的路上，难得地花时间带孩子去了游乐场，孩子显得十分开心。也许真的是这样，孩子只是想得到爸爸妈妈的关注而已。

● 问题聚焦：激发孩子责任感

　　责任感是指个人对自己和他人、对家庭和集体、对国家和社会负责的认识和信念，以及与之相应的遵守规范和履行义务的自觉态度。责任感是孩子健全人格的基础，是能力发展的催化剂，是一个人日后能够立足于社会、获得事业成功与家庭幸福至关重要的人格品质。但是在现实社会中，许多父母都过度重视孩子的智力和身体的发展，却忽视了责任感等一些非智力因素的培养，这对孩子的成长、成才极为不利。

● 心灵鸡汤

对孩子来说，家庭环境类似母亲的子宫。母亲的子宫是孩子的第一宫殿，家庭环境是孩子的第二宫殿。

让孩子独立完成他所从事工作的基本部分，哪怕不一定有积极的结果。

● 黄老师点评

在石油系统中，有一个很普遍的问题就是有一些职工需要在国外工作，那就会或多或少地缺少对孩子的陪伴。如果孩子正处于性格成长阶段，缺乏父母的关爱，会对孩子的身心成长有巨大的影响。一个人早期生长环境不良，长期处于缺乏母爱或者父爱的环境下，在以后处理事情时很容易出现异于常人的行为，甚至会对社会产生畏缩心理，或者出现异常行为来吸引他人的眼球。

聪聪的父亲常年在外，没办法时刻陪伴在孩子左右，母亲因为工作性质的原因也非常忙碌。针对聪聪的问题，即使父母再忙，也应该尽量抽出时间去陪伴孩子。对于爸爸来说，不能因为不在孩子身边就让孩子缺失父爱，即使身在国外，也要经常打电话问候孩子，表达对孩子的关心和照顾，可以和孩子聊聊天，聊天的话题尽量是孩子感兴趣的，不要总是说教，这样只会引起孩子的反感。妈妈方面，虽然工作是必不可少的，而且作为一名护士长，承担着巨大的责任，但是也应该尽可能抽出时间陪伴孩子，再懂事的孩子也需要爸爸妈妈的关爱。

在家庭环境暂时没有办法改变的情况下，比如爸爸在国外工作，妈妈担负着重要的责任，这个时候就需要和孩子进行沟通。因为孩子已经上小学，已经有自己的想法、能进行问题的思考了。家长要告诉孩子家里暂时是这种情况，爸爸妈妈没有太多的时间陪伴你，你要替爸爸妈妈承担起照顾自己的责任，甚至你还要学会照顾妈妈，因为妈妈很辛苦，你可以在妈妈回家之后给妈妈倒一杯热水，也可以自己洗袜子、叠被子，你已经是一个小大人了，要帮爸爸妈妈分担家里的责任。这样就可以激发孩子的主动性和责任感，从而让孩子感觉到自己是被需要的，自己是很有价值的。

除了激发孩子的主动性之外，父母还可以帮助孩子寻找其他的支持系统，例如孩子的老师，由于父母工作的原因，可以让老师多鼓励孩子，多关注孩子；放假的时候可以让孩子去亲戚朋友家玩耍，扩大孩子的人际圈，从而让孩子感受到生活的丰富多彩；也可以让孩子参加一些暑期夏令营等活动，在夏令营中，孩子们可以进行亲密的交流和沟通，更容易释放孩子的天性，让孩子交到更多的朋友。长此以往，孩子不仅不会因为父母的忙碌影响发展，反而会更加自立、自强。

16. 孩子只要成绩好就行

最近，让老师十分头疼的一件事是：13岁的明明成绩非常好，每次都是稳居年级前三名，但是这个孩子却总是出现欺负同学、偷同学的东西等不良行为。

明明的母亲张燕是一名会计，父亲是一名项目工程经理，一家人生活美满幸福。自明明出生后，张燕把很大一部分精力都放在孩子的教育上，从小带着孩子上各种早教班，孩子也比较聪明，而且热爱学习，因此还没有上小学，就已经基本上可以用英语和大人进行交流了。除了英语之外，随着明明渐渐长大，接受能力越来越强，张燕还给他报了很多课外辅导班。明明也没有辜负家人的期望，钢琴、绘画、奥数样样都好，在邻居的眼里，他就是那个"别人家的孩子"，简直就是个小神童。在张燕的心中，明明就是她的骄傲，她一心要把孩子培养成清华北大的高才生，看到家里墙上大大小小的奖状，她对此也很有信心。

除了对孩子的学习特别上心以外，在生活中张燕对孩子也是呵护有加，家里做了好吃的，她都会放在离孩子最近的地方，丈夫想要夹一点吃，都会被张燕训斥一顿："这是孩子愿意吃的，你都这么大了，吃其他的。"有时候丈夫会说几句："你不应该这么惯着孩子，只让他一个人吃，这样会让他养成自私的心理。"但是张燕并不认同，为此夫妻两个还经常就明明的教育问题小吵小闹，时间长了，丈夫也就不再搭理了。

明明6岁时，有一次坐地铁，妈妈觉得孩子太小，应该有个座位才行，于是就和旁边的一个小伙子说把座位让给自己的孩子坐。小伙子看孩子确实还小，就把座位让给了明明。以后每次坐公交或者地铁，没有座位时，妈妈总会给他"要"来座位，因此明明在乘公交、地铁时从来没有站过。哪怕现在已经上了初中，明明还是会在车上向别人"要"座位。

生活学习中，除了学习，明明的任何问题都有妈妈帮他"解决"。有时候明明会很淘气地拿着铅笔在邻居家的墙上乱写乱画，邻居找上门来，张燕就会以各种借口帮孩子推脱："我家孩子还小，小孩子难免会犯一点小错，您别和他计较，况且这也不是什么大不了的事情，回头我批评教育他。"邻居看在相识一场的份儿上,不想伤了和气,也就作罢。但事实上张燕从来没有因为孩子的错误对他进行批评,她觉得自己的孩子是最优秀的,而且孩子只要学习成绩好就行,即使有点小错,长大了自然就好了。

但今年,明明没有评上"三好学生",这让明明和妈妈都不能接受。事情是这样的,因为同桌没有将橡皮借给明明,他下课后就把同桌的铅笔袋偷走,并扔进了垃圾桶。因为这件事情,老师批评了明明,但明明不但没有接受,还到处在背后说老师的坏话,对于扔铅笔袋的事情既不承认,更不道歉,还拒绝写检查。在这次"三好学生"投票的时候,明明一票也没得,这让明明妈妈非常烦恼,自己的孩子成绩在班级一直是第一名,为什么老师总是觉得明明有问题,同学也不喜欢明明,还评不上"三好学生"?

● 问题聚焦:家庭教育

> 家庭教育,是学校教育与社会教育的基础。它开始于孩子出生之日,甚至可以追溯到胎儿时期,尤其是婴幼儿时期的家庭教育,在人的一生中起着奠基的作用。家庭教育既是学校教育的基础,又是学校教育的补充和延伸。它是对人一生影响最深的一种教育,直接或者间接地影响着个人人生目标的实现。因此,家庭教育有着不可或缺的重要性,但是并不是每个父母都懂得家庭教育的方法,也没有父母天生就会这些方法,这需要父母不断地学习,且这个学习过程是持久的。

● 心灵鸡汤

家庭教育是人生整个教育的基础和起点。

家庭是社会的基本细胞,是人生的第一所学校。不论时代发生多大变化,不论生活格局发生多大变化,我们都要重视家庭建设。

● 黄老师点评

对于一个国家来说,教育的重要性毋庸置疑,孩子们的成长关乎一个国家的建设。然而对于每个家庭,教育不是单纯地关注孩子的学习成绩,为孩子的人生铺设阳关大道。在我们的家庭教育中,父母大多重视孩子的学习成绩,而忽略了孩子的人格建设,这对孩子今后的成长是十分不利的。

本案例中的孩子明明,之所以成绩上遥遥领先,生活上却出现很多让人难以接受的"坏毛病",很大一部分原因在于母亲对于孩子的教育并不是十分妥当。重视孩子的成绩固然没有错,但是孩子的道德建设、人格建设更为重要。俗话说:"一岁看小,三岁看老。"幼儿正处在一生中的敏感期,是学习做人的奠基期。幼儿道德教育将影响到孩子整个人生的德育水平。一个人品德的形成是一个长期、复杂、曲折的发展过程,是一项连续性的工程,而幼儿的道德教育,则是这个工程的起点。因此,父母绝对不可以忽视孩子的道德教育。

长期以来,父母习惯在道德教育中依靠强势话语灌输,习惯与孩子处于一种强势的对话状态。父母只是简单地告诉孩子:必须怎样怎样、不许干这个、不许干那个,这实际上不利于发挥孩子在道德发展中的主观能动性。孩子其实并不明白为什么要这样做，为什么不能那样做。因此，父母应从家庭实际出发，根据孩子身心发育的特点和品德形成的规律，从日常生活中的小事抓起，从点滴抓起，循循善诱，寓教于乐，可以经常性地和孩子开展一些游戏活动，例如：让我也来做一天清洁工，孩子体验过这些活动之后就会明白，清洁工叔叔阿姨的辛苦以及大街上卫生整洁的不易，孩子以后就会注意不乱扔垃圾，会尊重清洁人员的辛勤劳动，类似的活动还有很多，可以让孩子多多体验。让孩子在游戏活动中感受到做一个善良、有道德的人是一件快乐的事情，而不是一项任务。道德是一种能力，不应依靠强势话语向孩子灌输道德思想，应该让孩子学会提出问题，分析、认识问题。树立一个正确的道德价值观，让孩子成为道德教育的主人。相信人性本善，孩子们需要健全的道德教育和思想启蒙。家庭教育离不开家庭成员的身传言教，而很多父母并没有做到以身作则。作为家长，必须要加强自身学习，提高自身道德修养，在生活中无形地为孩子做出榜样。近朱者赤，近墨者黑。孩子会在家庭成员潜移默化的影响下成长，自私吝啬的父母很难教育出宽容大方的孩子，而父母宽厚善良，孩子大多也性格仁厚。

人格的培养也至关重要。对于儿童人格的培养，专家们给了几点建议供家长们参考：父母多读书，提升自身的素质；对孩子不要娇生惯养，不要百依百顺；不要对孩子一切包办解决；要清晰认知孩子的缺点和不足之处；多培养孩子的独立动手能力；多让孩子跟同龄人接触；让孩子自由发展，不要去限制他；多带孩子去见世面等。

只要明明一家人能够认识到家庭教育的重要性以及家庭教育存在的问题，按照以上的建议，调整教育方式，明明一定会成为品学兼优的真正的"别人家的孩子"。

17. 缺位父亲，叛逆女儿

李萍出生在一个经济条件较好的家庭里，父亲在一家私人企业上班，平时应酬较多，而且经常出差，能陪伴李萍的时间太少。因此李萍从小的养育就落到母亲一人身上。李萍与父亲关系一般，没有亲密感。母亲性格强势，对她期望很高，时常因为她任性而大发脾气。每当这个时候，李萍就想，如果父亲在就好了，父亲是不是会对自己更宠爱。但是在李萍的记忆里，父亲总是出差或应酬，很少在家吃饭。从小到大，李萍与父亲一起吃饭的时间都能数出来。每次去公园里，看着别人家孩子都有爸爸妈妈陪伴，李萍却只有妈妈陪着，她总是问妈妈："爸爸去哪里了？爸爸什么时候回来？"可是每次得到的回答都是，爸爸要工作，赚钱，养家等等。时间久了，李萍慢慢也习惯了家里的这种模式，就是爸爸要赚钱养家，只有妈妈陪伴自己。

转眼李萍就到7岁了，马上就要进入小学，看着别人家的孩子第一天都是爸爸妈妈一起送孩子入学，李萍只能默默羡慕。上小学后李萍的学习成绩不错，经常受到老师的表扬。期末考试还是班里的第一名，并且获得了三好学生的奖状。李萍高高兴兴地捧着奖状回家，心里想着要是爸爸在家就好了，多希望爸爸能为我感到骄傲。爸爸总是早出晚归，早上起来爸爸已经去上班了，等晚上爸爸回来自己又睡了。李萍想着今晚一定等爸爸回来，让爸爸看到我的奖状，可好不容易等到爸爸回家，他看都没有看，还责备她怎么这么晚还没有睡。

从此以后，李萍再也不期待爸爸会给自己奖励。有一次老师让大家写的作文是："我的爸爸"。同学们都各自畅所欲言，有的写爸爸带自己去爬山，有的写爸爸带自己去旅游，有的写爸爸给自己讲历史等等。可是过了半天，李萍才勉强写出几行字，她写道：爸爸因为工作忙，经常不在家，连家里的小狗都不认识他了。李萍逐渐长大，到上高中时，成绩越来越不理想。妈妈发现李萍开始早恋，跟校外人员交往，染发，异样的穿衣打扮，出入溜冰场、迪厅等，还总是逃课。为此妈妈多次到学校与老师沟通，老师要求父母亲一起来管教孩子，父亲也为此打骂李萍，可都于事无补，女儿变本加厉，怒斥父亲，称自己的记忆里就没有爸爸，现在也不要来干涉她的生活，后来甚至发展到离家出走的地步。

● 问题聚焦：父爱缺失

孩子的成长是需要父母双方给予爱和鼓励的，无论哪一方爱的缺失，对孩子心理的成长都是不利的，但是我们常常忽视了父爱的重要性，等到问题出现才亡羊补牢，却为时已晚。

● 心灵鸡汤

父爱是我人生旅途的一盏明灯，在我迷路时，照亮我的行程。

父爱是无法代替的，无法复制的，有一种真爱叫父爱如疆。

● 黄老师点评

生育和养育子女是夫妻结婚后共同的职责，但是我们看到的通常是在孩子诞生以后，女人把大多数的时间和精力都放在照顾孩子身上，但是做丈夫的，有的是为了工作，需要经常出差或者在异地工作，很少在家，不得不把养育孩子的事情全部交给妻子去承担。有的是受传统文化的影响，产生偏见，认为男主外，女主内，男人在外做事，女人在家照顾孩子是天经地义的事。还有一种是父亲缺乏责任心，不想照顾孩子，找各种理由推托、逃避责任。但无论是什么原因，因为父亲一方的缺位，造成孩子父爱的缺失，那是多少母爱都无法弥补的创伤，这种创伤在幼年时也许看不出来，但是孩子成年后可能会造成性格上的缺陷，甚至对孩子以后择偶造成不可估量的影响。

从心理学上来说，孩子的成长需要父母双方给予爱和鼓励，无论哪一方爱的缺失，对孩子心理的成长都是不健康的。孩子在成长的过程中，需要同性和异性的父母来帮助他们认识性别角色，如果这个时期孩子对性别角色认识不到位，那么以后就会出现性取向等方面的问题。对于父爱缺失的女孩子，由于在幼年时没有得到成年男性的接纳和肯定，没有得到男性的呵护与尊重，长大后不能体会女性的价值感，没有自我的成长，缺乏安全感。这样的女孩长大后在异性交往上会表现出很大的问题，因为缺乏父爱，安全感缺失，没有一个内在自我，把自身的价值建立在别人的认可上，渴望从异性那里得到肯定，对异性依赖，一旦分离就会出现严重的心理问题。没有父爱的男孩，缺乏从父亲那里习来勇敢和独立，在性格上容易出现胆小怕事、多愁善感、腼腆害羞，没有主见，时间久了，便会严重影响孩子的生长发育和智力发展，危害其身心健康。可怕的是，这种缺失长大以后可能会以另一种形式爆发出来，比如抽烟酗酒，赌博，甚至出现吸毒等不正当行为。

在精神科，医生发现许多精神障碍的孩子都是缺失父爱的，所以说父爱的缺位，还可能引发孩子的精神心理疾病。母亲的爱在婴幼儿、少儿阶段影响巨大，但父亲的爱，是孩子思想的奠基。孩子多与父亲在一起，有助于培养他对周围世界的安全感和对个人前途的自信心。孩子的成长，既需要妈妈温暖的怀抱，也需要爸爸的引领。心理学家弗洛姆说过，父亲是教育孩子、向孩子指出世界之路的人。耶鲁大学一项研究也表明：父亲带大的孩子往往智商更高，更自信，也更优秀，走向社会以后更成功。可以看出父亲的力量对孩子来说是如此的强大。所以我们要注重夫妻双方养育子女的基本职责，缺少哪一方的爱都不行。亲爱的爸爸，请将与孩子独处的时间列入你的日常清单吧。

18. 严父出"才女"

丁丽是家里的独生女，父母均为企业的白领，家庭条件好。丁丽在优越的家庭环境中长大。母亲对丁丽疼爱有加，希望她能健康长大，将来能上理想的大学，过自己想要的生活。但父亲对孩子要求特别高，管教也非常严格，方式粗暴，只要丁丽不听话，就打骂她，有时候甚至不让她吃饭。丁丽的父亲从小也是在父母的打骂下长大的，所以他认为不打不成器，棍棒之下才能出人才，认为这样管教她是最好的。

丁丽性格内向，人情淡漠，不善交往，与大部分同龄人都聊不来。大家喜欢的东西她完全不感兴趣，更喜欢一个人看书，思考哲学问题，她认为有一个能聊得来的朋友就够了，与聊不来的人社交简直是浪费时间。她习惯于看别人脸色行事，胆小，做事情没有主见，不喜欢出风头、被关注，集体活动时常站在角落。她对自己也没有什么要求，随遇而安。在父亲的认真督促下，学习成绩不错，深得老师器重，却因性格内向与同学关系一般。由于学习成绩优秀，丁丽被选为学习委员，虽然自己很不愿意出风头，但是被要求了还是很负责任地完成任务。

丁丽上初中时，父亲不准她与男生讲话，担心丁丽会有早恋问题，因此丁丽基本上没有与男同学有什么交流。丁丽也因此十分害怕父亲，不愿与父亲亲近。上高中后，父亲花更多时间陪在丁丽身边，督促她学习。这样一来，丁丽感到更加压抑。有几次成绩不好，父亲便会进行体罚，丁丽因此都曾有自杀的冲动。只要没考好，她都会担心被父亲责骂，常常独自一人在学校球场的角落哭泣，不敢回家。马上就要高考了，丁丽感到压力非常大，担心自己考不好，父亲会怎样打自己，晚上不敢入睡，因为睡后就会不停地做噩梦，每次梦醒后都大汗淋漓，对考试极度恐惧。渐渐地，丁丽开始出现头晕、头痛、眼睛胀痛等现象，有时候感到天旋地转。原来感兴趣的书籍也不想再看、热爱的绘画也失去了热情。精力、体力大大下降，她原先体能很好，现在爬山会觉得累，平日里总觉得困、疲惫，注意力难以集中，看书看不进去，东西也不想吃。有厌世的想法，觉得活着没有意义，不知道该如何面对高考。但是父亲并没有意识到问题的严重性，觉得丁丽是在逃避学习，更对她严加管教。这样恶性循环，使得丁丽最终忍受不了，试图割腕自杀以求解脱，幸好被同学及时发现，才没有造成惨痛悲剧。

● **问题聚焦**：家庭教育问题

严父未必出孝子，中国式的管教方式都是棍棒之下出人才，其实这是错误的。其实，爱和鼓励才可以培养出更优秀的孩子。

● **心灵鸡汤**

父母的双手是用来拥抱孩子的，而不是让孩子恐惧的。

在孩子面前成人都以权威自居，固守自己的信念，不观察孩子的内在需求，那么总有一天会出现问题和困扰。

● **黄老师点评**

"望子成龙，望女成凤"这句话表达了多少父母对后代的期望。可怜天下父母心，可敬天下父母情，自从有了孩子以后，父母都是把精力放在孩子身上，希望自己的孩子能健康成长，长大后成为栋梁之材。但是我们看到有的父母，却忽略了孩子的自尊，时常用打骂处罚等形式惩罚孩子，对孩子生理和心理上造成伤害。比如说从本例中，我们看到丁丽从小在父亲粗暴的管教下长大，用这样的方式管教孩子，对父亲来说是理所当然，习以为常的。我们老一辈的观念有些守旧，中国式的管教方式都是棍棒之下出人才，认为"玉不琢，不成器"，对这句话的过度理解，使得多少中国孩子遭殃，多少孩子是在被打骂的管教方式下长大的。还有一些喜欢酗酒的父母在醉酒后，会毫无控制地打孩子。另外，夫妻关系不好的家庭，经常把怨气撒在孩子身上，孩子就成了父母的出气筒等等。值得注意的是，有些体罚孩子的行为，比如不让孩子吃饭等，也是一种对孩子心理上的虐待。

　　孩子在成长的道路上并不是一帆风顺的，都要经历挫折和磨难。养育子女，有其乐趣，但也非常辛苦。孩子随着年龄增大，会经历其心理发展的各个阶段，我们做父母的，只有提供正确的养育和管教，才能让孩子朝着身心健康的方向发展。只靠打骂或者惩罚的方式教育孩子，只能暂时控制孩子的行为，使孩子惧怕父母的威力，不敢有自己的想法，不能朝着一个健康的方向自我发展，容易看别人的脸色行事，对别人的反应特别在意，长大后也必然会没有自信，没有主见，缺乏自我。孩子与成人不同，孩子所有的情绪都来源于外界，打骂或者惩罚方式教育孩子，会使孩子产生负性情绪，时间长了，这种负性情绪就会内化，孩子会自我封闭起来。孩子的内心深处会缺乏温暖，这样的孩子会变得胆小怕事，会有深深的不安全感。所以说，小时候在心理上曾被父母虐待的孩子，就会影响自我心理的发展。孩子没有得到应有的感情上的爱与照顾，长大以后，难免会出现严重的心理问题，甚至出现一些精神疾病。

　　那么，到底怎样才能做合格的父母，怎样才能让孩子身心健康成长呢？子女的成长，需要夫妻双方共同参与，孩子需要父母共同的关心和养育，缺少任何一方，都会导致孩子长大后相应的心理问题。当父母都爱孩子时，孩子学会了爱一切，孩子得到爱的满足，就有安全感，会在轻松自由的状态中成长，儿童的本性就会表现出来。孩子的心理素质、人格素质会朝着健康的方向发展。如果一个孩子能在心理上、生理上被父母关爱，就可以避免精神上受到伤害，身体上受到虐待。另外，儿童本身就具有强大的潜能，他的发展并不需要我们给他提供额外的帮助，我们只要给他提供发展的环境和条件就足够了。国内知名幼儿专家孙瑞雪写的《爱和自由》一书中提出父母的职责是：用爱给孩子提供一个安全的环境，但至于如何探索世界，那是孩子的自由。爱与自由，缺一不可。如果孩子获得了充分的爱，同时又给予他充分的自由，那么你的孩子必然朝着健康的方向发展，孩子才能成为自己。

19. 当孩子的优越感不再存在时

王小诗出生于一个高知家庭，父母都是高校的教师。从小父母对小诗就给予厚望，希望她能超越父母，成为父母的骄傲。从小，父母大部分的时间都是带着她参加各式各样的早教班，希望她不要输在起跑线上。记得上小学时，别的小朋友放学后都是父母带着去各种游乐园，可是小诗从来没有去过，她的课余时间都是在不断地学习充电。母亲为了给小诗节约时间，从不让她自己洗衣服，帮忙做家务。虽然父母从不打骂小诗，但是小诗还是非常害怕父母，因为只要自己考试成绩不好，父母便会板着脸，闷闷不乐，家里的气氛让人窒息。因此小诗很是认真刻苦学习，成绩也很优秀，一直在班里名列前茅，得到老师器重，并担任班长一职，连续多年被评为三好学生。家里摆满了小诗的奖状，每逢亲朋好友来到家里，都夸赞小诗是难得的好孩子。

但是小诗觉得自己并没有真正的快乐，小诗很喜欢钢琴，可是父母觉得练琴会影响学习，便一直反对。时光流逝，转眼小诗就小学毕业了。小诗以优异的成绩被市里最好的初中录取,并且英语名列全市第一。当地这所中学每年都要培育出大量的优秀学子,大家都相信小诗到这里也会取得理想的成绩,考入理想的高中。可是父母认为,省里的中学一定会让小诗学到更多的知识,积累更多的能力,将来更有机会考入理想的大学。于是,父母千辛万苦,托熟人帮忙,把她送到省里一所知名的中学求学。年仅十三岁的小诗第一次与父母分离,独自到省里求学。刚到学校时,她非常不适应,不能像以前一样,每天有熟悉的同学,还有器重她的老师。她觉得自己很孤单,期待父母能陪在自己身边。但是父母不关注小诗心里的想法,每次打电话都是长话短说,不想浪费小诗的学习时间。班里的同学都是品学兼优的好学生,有的小小年纪就获得了奥数的奖项,面对那么多优秀的同学,小诗开始自卑起来,觉得自己越来越迟钝,对新知识的接受能力也变差了,不像以前那么自信。老师也不像以前那样器重自己,同学们也不像以前那样把她当成佼佼者。小诗再也没有了以前的优越感,慢慢地开始出现厌学心理,不愿去上课,甚至开始逃课。小诗到学校外的网吧,认识了一些贪玩的学生,从此便经常逃课来网吧与这些学生玩游戏,成绩一落千丈。

● 问题聚焦:发掘孩子的价值

父母认为孩子只要成绩好就是有价值的,这样的价值观是单一的,脆弱的,容易崩塌的,这无形中给孩子造成了巨大的压力,这种压力的种子在小时候可能看不出来,但是在孩子以后的成长过程中就会出现各种各样的问题。其实帮助孩子发掘内在价值才是最重要的。

● **心灵鸡汤**

用外部功利的目的规范教育，无视生长本身的价值，一个最直接、最有害的结果就是否定儿童期的内在价值。

只有内在价值才能使孩子拥有更大、更持久的成就感和满足感。

● **黄老师点评**

面对现代激烈的竞争环境，家人们都比较担心孩子以后不能有谋生的技能或者出人头地，认为只有现在学习成绩好，将来上高校，取得高学位，才能在社会上立足。所以就出现了"从娃娃抓起，不能输在了起跑线上"等说法。于是各式各样的早教班、育儿班、辅导班瞬间枝繁叶茂。父母亲们在大街小巷的交流信息中，谈论的都是哪个辅导班好，该送孩子去什么辅导班的话题。以至于家长们省吃俭用，也要将孩子送去最好的辅导班，最好的学校，他们认为这是给孩子最好的爱。诚然，学习成绩好确实是一个孩子优秀的体现，父母有这样的想法也是无可厚非的，但是孩子的价值观只建立在学习成绩上吗？只把价值观建立在学习成绩上，这样的价值观是单一的，脆弱的，容易崩塌。

一直从事中小学教师培训的知名心理学家徐浩渊说："父母的压力远超过教师，这是孩子们压力的主要来源。"学校是谈学习的地方，但是家里是谈爱的地方，父母如果只关注孩子学习，而忽略了孩子的真实需要，难免造成孩子爱的缺失。这样的孩子会认为爱和成绩是对等的，孩子心理就会形成这样一种规则，我只有成绩好，才能获得父母的爱，才能赢得父母的赞扬。这就导致孩子是为了得到父母的爱而去努力学习，学习成绩好不是自己内心的需要，而是为了获得父母的爱，获得父母的好评。这样一套价值体系，在孩子长大以后，就不能形成一个很好的自我发展，这种价值感建立在外界，只能通过外界的评价来肯定自身的价值。就像徐博士所说："家长希望孩子好，但不知道怎么做，最常见的是，他们不考虑孩子的心理需求，而是从自己的心理需求出发，为孩子设计人生。结果，他们是出于为孩子设计人生，最后却发展成为束缚孩子成长的非爱行为。一个有内在评价系统的孩子，它会享受到学习本身的乐趣，这成了激励他努力学习的最大动机。但被外在系统控制的孩子，他们的学习会过于在乎别人的赞誉，过于在乎考试成绩，也容易产生考试焦虑。"

小诗就是一个明显的例子，反抗的产生就是压力种子萌芽的结果。从这个案例我们可以看到，父母除了工作的时间，把剩下的所有时间和精力都放在了小诗的学习上。对小诗灌输的思想都是：你的任务就是学习，只要学习成绩好就是优秀的孩子。比如妈妈帮小诗洗衣服，不让小诗做家务等等，虽然父母的本意并不是溺爱，而是为了尽可能地节省其他时间让她去学习，但无形中也就造成孩子只会学习，而丧失了基本的生活技能。孩子把时间都用在了学习上，娱乐的时间变少了，难以体会到生活的乐趣，生活会缺少激情。孩子运动的时间被剥夺了，不能劳逸结合，生活没有活力。值得注意的是，像小诗一样，父母希望在自己不能提供更好的养育时，把她送到一个更好的学校去，希望能给她更好的教育，但是他们忽略了家长和孩子独处时间的减少，忽视了亲情的陪伴，孩子成了学习的机器，本该美好的童年时光都在学习了。孩子不是父母的附属生命，他们有自己的独立人格与价值，他们的发展其实并不需要父母给他提供额外的内容，只要给他们发展的环境和条件，尊重他们，倾听他们，让他们在自由的环境中探索世界，他们就能成为独立的自我，拥有自己真正的价值观，也更能在社会中立足。

20. 是爱还是伤害

王丹出生在经济条件非常优越的家庭里，父亲经营着一家私人公司，母亲在家操持家务，家里还有爷爷奶奶、姥姥姥爷。王丹从出生就享受着公主般的待遇，从小锦衣玉食，受尽宠爱。王丹的母亲性格温和，从不打骂她，总是无条件满足她的所有要求。父亲经常不在家，常常外出应酬，与孩子交流较少，关心不多，两人关系一般。但家境优越的王丹从小没有吃过任何苦，家里所有人围着她转，衣来伸手，饭来张口。

王丹上小学了，还不会剥橙子、系鞋带等简单的生活技能。母亲担心王丹剥橙子会把水果弄脏，同时担心会弄脏衣服，总是替她完成所有的事情。王丹入学后学习成绩差，总是要求老师、同学满足自己的要求，不满足便经常哭闹。这就导致她在学校里没有什么朋友，大家都不愿意与她多接触，王丹因此甚至要求父母给她转学。勉强完成高中学业后，王丹在家人安排下到某高校读大学，在大学里她完全没有独立生活的能力，不会洗衣服，不会整理自己的物品，常常需要妈妈定期到学校来帮她洗衣服、打扫卫生，为此也经常受到同学们的嘲笑。

王丹现在面临考试，毕业答辩，办理出国留学手续等复杂的事务，繁重的生活和学业压力让王丹一天到晚坐立不安，但又觉得没兴趣去处理这些事情，导致平时学习受到很大的影响。王丹觉得自己的抗压能力太弱，主动去找师姐师哥求助，可是大家觉得每个人都是这样过来的，只要打起精神来面对，努力去克服，困难总会过去。王丹觉得他们没有理解自己的痛苦，想想别人都这样熬过来的，怎么换成自己就挺不下去了，她越想越苦闷，渐渐地连平时自己爱做的事情都不想去做，精力疲乏，一天到晚待在宿舍不出门，旷课，没有办法专心做事，做事效率特别慢。整个人的状态都不佳，食欲差，一天到晚就吃一顿饭；睡眠不好，没有困意，整晚睡不着，有时勉强入睡也是睡一两个小时就醒，态度消极，对未来感到悲观，觉得周围人不理解自己，没有知心的朋友，没有诉说的地方。她现在感到自己前途一片渺茫，生活毫无意义，一想到各种各样的压力就想用死亡来解决，可是想想父母对自己的期望，又不敢去做，只能这样一日一日地生活在煎熬中。

● **问题聚焦**：溺爱与真爱

父母爱孩子是需要理性的，溺爱孩子与真爱孩子，其实只是一步之差，但是溺爱对孩子的伤害是显而易见的，真爱孩子是培养孩子的独立性，让他学会自我探索，并在探索中发现世界，成为自己。

● **心灵鸡汤**

溺爱等于抹杀了一个孩子，不溺爱是父母给孩子最好的爱。如果一味地呵护、溺爱孩子，孩子将会成为父母一生的负担。

● **黄老师点评**

随着我国经济的发展，人们的生活水平也有了大幅度的提高，许多中国孩子都被宠爱成了小皇帝、小公主。现在普遍都是爷爷奶奶、姥姥姥爷、父亲母亲共同看护一个孩子，更是将孩子视为掌上明珠，不舍得批评教育，一味地溺爱。这样对孩子的成长非常不利。咨询师袁荣亲曾说过，溺爱孩子有两种，一种是包办型的溺爱，一种是纵容型的溺爱。包办型溺爱就是父母把一切都给孩子安排好了，不鼓励孩子自己去解决问题，遇到任何困难都是父母帮助孩子，甚至父母直接帮孩子解决。现在许多三四岁的孩子还要喂饭，还不会穿衣，五六岁的孩子还不会帮助父母做任何家务事，上小学的孩子还不会系鞋带、剥水果等等。因为担心孩子磕着碰着，时刻不离开半步，抱着睡，依着坐，驮在背上走，含在嘴里怕化了，捧在手心怕飞了。

就像本例中，王丹想自己剥橙子吃，可是母亲认为王丹自己剥的话，会把橙子弄脏，不卫生，而不让她自己剥。其实对孩子来说，剥橙子的过程、经验和感觉，就是一种探索过程，是孩子心智发展的需要。我曾经看到过这样一幕，在一个小学校园的球场里，大家一起跑步时，一个孩子的鞋带松了，孩子坐在地上不知所措，急得大哭了起来，因为她不知道怎么系鞋带，她只能等着别人来帮助她。系鞋带这些都只是最基本的生活能力，父母这样长期地包办下去，一切都帮孩子做好，对孩子娇惯，孩子必然变得依赖他人，没有独立能力，缺少上进心。不让孩子独立去做事，这样的孩子长大后会变得胆小，没有自信，养成依赖他人的心理，没有独立能力，缺乏主见，造成性格缺陷。其实儿童的成长，不管是身体上还是思维上，都是一个趋于独立的过程，他会沿着这条路不停地走，他为了独立会冒很多危险，会进行各种探索。等到成年以后，才能获得完全的独立，才能成为他自己，拥有自己内心的能量，才能成为有用之人，才能把一切奉献给别人、奉献给社会。在这个过程中，如果你阻止了他，那么对这个人来说就没有了自由，也就没有了独立，他就没有学会真正的生存能力、学习能力、发展能力的机会，更别提去奉献他人，奉献社会了。

另外一种就是纵容型溺爱，对孩子放之任之，孩子不愿意刷牙就不刷牙，孩子生活懒散不管，不要求孩子生活起居有规律，孩子要怎样就怎样，睡懒觉，只吃零食不吃饭，白天游荡，晚上看电视到深夜等。这样的孩子没有自律性，长大后缺乏上进心、好奇心，做人得过且过、有始无终。还有的父母轻易满足孩子的要求，不管合理不合理，不会加以限制，孩子想要什么就给什么。孩子的愿望很容易得到满足，这样的孩子必然不懂得珍惜，不知道幸福得来不易，长大后只会讲究物质享受，不知道体恤大人的不易，没有吃苦精神等等。

显然，家长溺爱孩子的危害是显而易见的，父母爱孩子需要理性，溺爱会摧残孩子的心灵健康。但是真爱和溺爱只有一线之差，我们要怎么样才能给孩子健康的爱呢？首先，我们要在孩子不同的发展阶段给予他不同形式的爱，从孩子出生到1—5岁之间，我们要以孩子为中心，怎么爱孩子都不为过。但是孩子5岁以后，开始学会自我探索，包括我们提到的剥橙子、系鞋带等等，都是孩子在探索世界、探索自我的过程，孩子能成功地剥橙子，能完美地系好鞋带，他们能体会到成功的喜悦，这个过程就是自我成长的过程。我们要充分尊重孩子独立探索的过程，不去帮他解决，但又要在孩子需要时出现在他面前，给予他安全感。我们要学会看到孩子的真实需要，这才是真爱孩子。比如一个孩子此时想去拿一个苹果，我们能看见孩子此时的想法是想去拿那个苹果，我们可以陪伴他去拿，并且在孩子成功拿到以后给予他鼓励和肯定，这样孩子既完成了探索的过程，在探索中得到了肯定，他的独立能力、自信心也能很好地建立，我们又何乐而不为呢？其次，父母对孩子该严厉就要严厉。比如孩子犯错误时，有时候甚至动手打人时，我们必须马上制止，但是制止的方式并不是粗暴的，以打骂的形式，孩子也有自尊，我们要尊重孩子的自尊心。我们可以将孩子带到没有他人的环境，耐心解释，让孩子明白这种行为是不正确的，并让孩子保证以后不会这样做了。这样既尊重了孩子，也让孩子从中明白了自己的这种行为是不可取的。最后，我们要让孩子学会吃苦，比如在家里让孩子帮忙做简单家务，比如擦桌子、拖地等，让孩子体会劳动的不易，也更能够让孩子知道父母培养他的辛劳，这样的孩子将会更明事理，更懂得体谅父母，长大后懂得尊重别人，爱护别人，同样也更会孝顺父母。亲爱的家长朋友们，让我们都学会给予孩子真正的爱吧。

21. 你剪掉我的翅膀，却怪我不会飞翔

晨晨，女，今年10岁，读小学三年级，父母是中石油的职工。晨晨是个很乖的女孩子，妈妈从小就注重培养她，让她参加过英语、诗歌、智力开发等各类兴趣班，合计约有十几个。妈妈很注重培训的结果，晨晨每天回家都要练习，要到10点以后才能休息，她希望孩子自小就打好基础。每天陪孩子写作业，非常在意孩子的成绩，并购买很多试卷，让孩子在预定时间内看完，这些安排都进行得比较顺利。上小学后，孩子的成绩算中上水平，虽然妈妈操心很多，但还是觉得很值得。

孩子上了三年级后，妈妈开始感觉力不从心了。晨晨做作业时，不会主动去思考，她在书本上找不到答案，就会问妈妈。随着学习的深入，有些比较灵活的题目，晨晨更加难以应对。老师也主动找妈妈沟通过，叫妈妈平时多带孩子动脑筋，否则学习上容易走入盲区。对于这个问题，妈妈没少责备晨晨，要求她动脑子，自己思考。但是，晨晨别的事情都会听妈妈的，这个问题却做不到，甚至有了焦虑和逆反情绪。

于是妈妈带着晨晨来黄老师这里做心理咨询。咨询一开始，妈妈向黄老师抱怨说："晨晨在生活上的自理能力很差，而且没有主见。比如穿衣吃饭、添置物品、参加活动等，都需要我来决定。我一方面觉得很累，一方面担心她的学习，晨晨无论日常生活还是学习上，都不爱动脑筋，这样学习能力如何提高？"此时坐在妈妈一旁的晨晨非常安静，与妈妈的急躁抱怨形成反差。黄老师对孩子说："晨晨，你好！听说你看了很多书，你最喜欢看哪个类型的书呢？"晨晨看了一眼妈妈，说："我，不知道啊，你问妈妈吧。"妈妈说："你这孩子，阿姨问你，你就说吧！"晨晨

想了一下，说："我喜欢看冒险小虎队，木偶奇遇记。"妈妈马上说："哎呀，女孩子看这些有什么用，都是你爸爸瞎买的，你应该多看科普世界、儿童画报。"黄老师换了个话题："晨晨，快到中午了。楼下有一个大商城，你要不要到餐厅吃完午餐后去逛逛？还是想直接回家休息？"这时晨晨的眼睛放光了，她说"好啊，我想去逛街！"然后扭头看看妈妈。妈妈回应说："不去了，外面的东西多没营养，回家吃吧。天气太热，逛街多累啊。"

黄老师问妈妈："我们一致的目的就是希望晨晨能独立有主见，在刚才两个问题上，她表达了自己的意见和喜好，这是不是我们所期待呢？"妈妈回答说："但是她的想法都不行啊！"黄老师问道："你觉得不行，因此她的意见会遭到你的否定，平时都是这样吗？"妈妈马上说："是的，我要纠正她！"黄老师接着说："每当孩子做决定都会被否决，她还愿意做决定吗？"喜欢抢话的妈妈，此刻也沉思了。一会儿她困惑地说："如果错了我也不纠正，那怎么教育啊？"黄老师接着问："对与错的标准在哪里呢？"妈妈想了一下，脸上露出了尴尬的神态。

● 问题聚焦：独立教育问题

在中国大多数家庭中，孩子的教育问题几乎都是家庭的头等大事，每一位家长都希望自己的孩子是一个独立自信的孩子。然而在家庭教养的过程中，父母要么专制、要么过度保护、要么过度忽略，让孩子丧失了培养独立自主能力的机会。

● **心灵鸡汤**

你剪断了我的翅膀，
却怪我不会飞翔。
在苍白无力的世界中，
爱就是为自己、为他人，
留有一块自由翱翔的彩色地带。

● **黄老师点评**

从上述情景中，可以看到，晨晨的想法是被压抑的。即使她表达了，最终也会遭到妈妈的反对。因此，她只能放弃自己的想法，服从妈妈的意见。而妈妈说要纠正她的错误，其实对错的标准在妈妈那里，和她意见一致的，她认为是对的，反之，就是错的。妈妈在口头上希望孩子更有主见，但内心却更喜欢服从她意见的孩子。久而久之，晨晨就变成了一个没有主见的孩子。所以说，妈妈的做法与她的愿望是相违背的。

我们建议这个家庭做一些改变：

正值暑假，给晨晨一个任务，决定去哪个地方旅游。让孩子自己去问同学、查找资料、寻找特色景点，安排旅游进程。父母配合孩子的决定，给予孩子支持，无论她做得怎样，都赞赏她的努力；每周带孩子去一次大型超市，给予她两个自主购物的权力，让她在去之前，想好需要买什么，在一定金额范围内，满足孩子；报读兴趣班前，咨询孩子喜欢上哪个课程，尊重孩子的选择。让孩子知道，除了"正确的"的选择外,还可以有"我喜欢的"选择。耐心倾听孩子的说话,并用引导式的语言来代替命令和否定。即使觉得孩子说的话不成熟、不正确,也不要抢做孩子的"代言人",家长要耐心地倾听,保护孩子自我意识,鼓励孩子顺利地表达自己的看法。在孩子难以做决定时,家长不妨把直接的意见改成启发性的,如:"这种情况你认为怎样做会更好呢?""选择了第一种会有怎样的结果呢?选择第二种呢?哪种更符合你的意愿呢?"引导孩子去独立思考,并最终按照孩子自己的意愿来处理好事情。旅游结束后,让孩子每周末做一天"管家"。这一天,所有决定都由她来做,如要出去玩,让她安排好看电影、吃饭、游乐等活动,并做好预算。这样,让孩子感觉到平等和尊重,她的独立思考和决定能力也逐步得到锻炼和提高。

经过一段时间的改变后,晨晨变得不一样了。她脸上带着神采,说话主动了,问及旅行的过程,她很兴奋地向别人介绍各种新鲜事。妈妈也开始反映晨晨在遇到难题时也不是总问她了,而是开始自己去独立思考,自己去想办法解决,实在不会才找自己一块探讨。大家都很高兴地看到了晨晨的变化,而妈妈的生活也轻松了很多。

22. 看不见风景的窗户

木木是邻居家的孩子,今年 7 岁,小学二年级。木木个子不高,瘦瘦的,戴着近视眼镜。每次在电梯里遇到,他总是立刻低着头躲在奶奶身后。经常有人在电梯里面问木木奶奶:"孩子爸爸呢?"这个时候奶奶总是一声叹气。木木从幼儿园开始就是奶奶每天接送，妈妈周五晚上会把木木接走，周日晚上再送回来。从木木出生，木木的爸爸就一直在外地工作，每年回家两次，每次1个月左右。木木的妈妈两年前调到外企工作，上班地点很远，工作日就住在单位附近租的房子里，但是周末能和木木相聚。所以木木就一直跟奶奶生活。爸爸妈妈工作都有不小成就，家里经济条件很不错，一家人虽然在一起的时间不多，却也算和睦幸福，有时还会去国外旅游，但木木的学习却一直是这一家人的"心病"。

因为经常一起接送孩子，跟奶奶接触较多。每次见面，奶奶三句话不离孩子的学习，总是低声皱眉不停地说："他在一年级时写作业就非常乱，磨蹭，每天都是磨蹭到10点半才能写完。周末作业是星期六写一点，星期天写一点，不会一口气集中时间将作业完成，更别说课外班的作业了。看别人家的孩子空闲时间会读课外书，练字，但他从来不这样。他最怕的就是做作业，整天磨一点算一点。尤其是妈妈在家的时候，不是缠着妈妈讲学校的事情就是让妈妈带着出去玩儿，就更不写作业了。平时一说让他抓紧时间写作业，他就会说：我写完了你又要我读书，要我写字，就不写！让他一个人在房间写作业，他一会儿拿橡皮擦，一会儿上厕所，一会儿找东西，一会儿削铅笔……就是不好好写。"

周末的时候经常能在公园遇到孩子的妈妈，妈妈看着很干练也很温和，妈妈说："孩子爸爸在外地工作10年了，一直是一年在家两个月，一般就是全家出去旅旅游。爸爸跟孩子话不多，但每次都给孩子买很多衣服、玩具和好吃的，孩子的要求都尽力满足。爸爸每次要回家之前，孩子都挺高兴的，也更听话些。但每次爸爸要走的时候孩子总会有几天特别不爱说话。爸爸在家的时候孩子有事情也是多半找奶奶和妈妈，很少跟爸爸说话，我也经常说孩子学习的事情，但爸爸总是说等孩子大了就好了。但孩子的作业要不就是写不完,要不就是写的看不清、乱写,还经常考试不及格。有时候我叫他重抄一遍,他就发脾气,不愿意去写字、哭闹……我都不知道他有什么优点,也没有发现他有什么特长,我只发现他的懒惰,说他也没用,哄也哄了,骂也骂了,打也打了,都没用,不知道怎么去管他,去教他!而且孩子越来越粘我,每次我回家孩子都特别高兴,一直缠着我,我走他就哭闹,真不懂这么大的孩子了怎么还这么粘人。"

老师说:"木木是个聪明的孩子,有时候淘气。如果额外辅导一下,孩子的数学还是进步挺快的。学习上懒惰、被动,动作特别慢,主要是习惯不好。语文里面写的字比较多,他就不愿意写。要他抄几遍,也不愿意。我也找过几次家长,但是效果不好,孩子没有养成好的学习习惯。"

● 问题聚焦:缺乏父爱综合症

"缺乏父爱综合症"是由于父爱缺失,即因父母离异、父亲长年不在家或者固然在家中但是极少关注孩子,致使孩子缺乏父爱而带来的一种分离性焦虑。父爱缺乏可能使孩子产生明显的个性缺陷,如软弱、胆小,意志力薄弱,缺乏信心和毅力等,也会出现情感障碍,如抑郁、焦虑、自尊心不强,缺乏热情,自制力弱,有依赖性等。

● 心灵鸡汤

> 陪伴就是爱。花开，有火红的太阳陪伴才美丽鲜艳；花香，有吹动的风儿陪伴才散发飘荡；月盈，有漆黑的夜空陪伴才显得漂亮；夜空，有闪烁的星辰陪伴才会绚丽；左手，因有右手的陪伴才会不孤单；地平线与落日的吻，因为海平面的陪伴才富有诗情画意的美。

● 黄老师点评

木木的主要问题是长期缺乏父爱，在石油系统中长期在外地或国外工作的爸爸们比比皆是。其实很多孩子容易情绪烦躁、做事缺乏耐心、好冲动、胆小、依靠、轻易情绪沮丧、不喜欢交际、过于内向、缺乏自信、感情比较冷漠，显得自私自利、性格忧郁、自卑、孤独，甚至长年逃学、沉溺网络等等，或多或少与父爱缺乏有关。孩子都是好孩子，但需要父亲在成长的过程中给予足够的陪伴和关注，不能把问题都归结于孩子。

跟母亲完全不同，父亲喜欢抛接、拎、揉搓孩子，这些在妈妈眼里有些粗暴和危险的游戏，却是孩子很喜欢的方式；碰到困难的时候，父亲必定会比母亲更冷静、不大惊小怪，这会给孩子带来安全感，爸爸是孩子心目中无所不能的英雄；爸爸在陪伴孩子的时候会给孩子更多自主权，有助于促进孩子智力的发展和性格的养成。同时，爸爸的行为也会影响到家庭的其他成员，如果父母亲关系融洽，那么妈妈的情绪就好，妈妈的快乐和幸福感就会传递给孩子，会对孩子产生积极的影响。

看到这里，读者们可能会说，爸爸的工作就是这样，常年在外地、海外工作也是为了让孩子和妻子生活水平更高，让孩子有更好的生活和未来。即使有的爸爸跟孩子同在一地，也经常是晚上回家孩子已经睡了，孩子还没有起床就得去上班，哪有时间陪孩子呢？

其实，只要全家人都稍微花点心思，每位父亲都能有办法满足孩子正常的心理需求。假如爸爸有时间，那就尽量多花时间陪孩子；多数的爸爸太忙，那就利用上班之前、放工之后的时间抱抱孩子或者利用一切可以利用的时间和宝贝玩会儿游戏，哪怕只有10分钟；妈妈、奶奶都要给爸爸和孩子单独在一起的机会，不要怕爸爸"笨手笨脚"就剥夺他照顾孩子的权利。两地分居的夫妻也完全有办法让孩子得到足够的父爱，爸爸可以利用假期多带孩子玩儿，孩子和爸爸在一起的时候，多拍一些照片，随时让孩子回忆跟爸爸在一起的时光；平时爸爸多拍一些工作照、生活照或者定时发视频、打电话，让孩子单独跟父亲远程相处；妈妈和孩子的主要照顾者要经常跟孩子聊爸爸的工作、性格、喜好等等，让孩子感受到真实的爸爸的存在；尽量多带孩子玩一些带点冒险性质的游戏，不要给他太多限制，可以一定程度上弥补缺乏父爱带来的缺憾；也可以想办法多提供机会让孩子接触家里的其他男性长辈或者其他男性，这也是弥补这种缺憾的补救措施之一。

我们相信，父亲以多种形式在孩子身边出现，不管是陪在身边、视频、照片或者亲人的不断提及，都能让孩子感受到真实、果敢和英雄般的父亲形象，让孩子在满足物质基础的同时感受到深深的父爱。

婆（翁）媳（婿）

23. 农村婆婆，城市媳妇

小颖从小生活在一个普通的家庭之中，虽然家里的经济条件并不是很好，但是因为从小有妈妈的宠爱，她过得十分幸福。妈妈几乎把所有的精力都放在她的身上，在妈妈的细心照顾下，小颖考上北京的一所二本学校，虽然学校并不是特别好，但是小颖坚持认真学习，课余时间参加各种活动和兼职，希望毕业之后能够找到合适的工作，帮家里减轻负担，也好让妈妈别为她那么担心。

小颖毕业之后，顺利找到一份还不错的工作。再加上长相不错，追求者也很多，最后小颖选择了一个条件不错的公司项目经理结婚了，虽说丈夫条件很好，但也是来自农村，靠着自己的打拼有了现在的成就。刚结婚时小颖确实感到很幸福，自己的业务能力受到老板的赏识和肯定，工作上可以说是顺风顺水；丈夫因为条件不错，收入也相当可观。两个人经常趁着假期到世界各国旅游，丈夫也很疼爱小颖，小颖很满足现在的生活。

结婚一年后，小颖怀孕了，怀孕之后的小颖格外开心，丈夫也很惊喜，他们有了自己的爱的结晶，怀孕 6 个月后，小颖因为先兆流产的症状向单位请了病假，此时的小颖不能过度劳累，需要安心养胎，所以只能把婆婆从农村接过来,帮助照顾小颖的生活。小颖在婆婆的照顾下,体重增长得很快,进行产检时,医生告诉小颖要控制饮食,饭后进行适量的慢走等运动,否则体重超标对孩子并不健康,孩子以后肥胖和糖尿病的机会也会相应增加。但是婆婆并不这么认为,她觉得怀孕就应该多吃鸡蛋、多吃营养丰富的食物,孩子以后才能白白胖胖、健健康康的。

孩子生下来之后,婆婆更是寸步不离自己的宝贝孙子,除了喂奶时把孩子交给小颖外,其他时间都恨不得全部由自己亲自来照顾。小颖把事情反映给丈夫,丈夫也帮着小颖劝自己的母亲,毕竟小颖才是孩子的妈妈,孩子应该需要更多的时间由小颖来照顾。但是婆婆说:"小颖是有工作的呀,肯定过一段时间就要上班的,孩子现在由我照顾,你们不在家的时候他也跟我熟,我照顾起来也就得心应手;再说了,你们年轻人懂什么,又没有养孩子经验,我把你们姐弟三个养得健健康康的,没有我你们两个大忙人能照顾好我的宝贝孙子吗?"劝过两次后,丈夫也就不管了。反正母亲照顾孩子也没什么不好,夫妻两个人也能好好工作。

但是小颖就不愿意了,尤其是孩子逐渐长大,小颖发现孩子跟自己并不熟,反而跟婆婆亲热有加,每次抱孩子时,孩子总是会选择让婆婆抱,小颖心里很不是滋味。有一次,小颖下班回家,看到婆婆在喂孩子吃饭,婆婆自己在嘴里嚼碎之后,再喂到孩子嘴里。小颖看见后很生气,但是仍然强压住自己的怒火:"妈,您不能那么喂孩子,孩子现在还小,才刚开始长牙,您自己嚼一嚼,再喂给孩子,肯定会有很多细菌,以后会长蛀牙的。"婆婆也不高兴了:"我每天早晚刷牙,怎么就不干净了,我这样养大了三个孩子,他们都没有蛀牙,就我孙子有蛀牙了?"

类似的吵闹还有很多,小颖现在越来越看不惯婆婆的行为,再加上孩子断奶了,小颖几乎一天都抱不到孩子,现在的她也没有心情好好工作，家里的烦心事让她总是集中不了注意力，开会的时候也常常走神。因为和婆婆经常发生矛盾，丈夫现在也不太愿意回家，一回到家就要面临两个人的冷脸，他也不知道自己应该站到哪一边，毕竟两个人都是自己最亲的人。

● **问题聚焦**：家庭矛盾

> 家庭矛盾分为很多种，例如夫妻之间的矛盾、婆媳之间的矛盾、父母与子女之间的矛盾等等，本文中主要体现的是原生家庭与新生家庭之间的矛盾。原生家庭是指父母的家庭，儿子或女儿并没有组成新的家庭，这样的家庭泛指原生家庭。新生家庭就是夫妻自己组建的家庭，这样的家庭不包括夫妻双方父母。当出现这样的原生家庭和新生家庭之间的矛盾时，总的原则就是原生家庭要让位于新生家庭。

● **心灵鸡汤**

> 家和万事兴，家是个没理的地方，需要彼此之间的理解、宽容和耐心。
>
> 幸福的家庭充满快乐，而不幸的家庭产生各种矛盾冲突，只有善于沟通，才能营造良好的家庭氛围。

● 黄老师点评

在这个案例中，小颖和丈夫组成的家庭属于新生家庭，也可以称为核心家庭，而婆婆其实是属于原生家庭的范畴。当出现家庭矛盾时，尤其是新生家庭与原生家庭出现矛盾时，每一方都有各自的理由，小颖希望自己有更多的时间和孩子相处，希望孩子在自己的教育方式下去成长；婆婆也有自己的理由，认为自己带大的几个孩子都健康有出息，所以在教育孩子方面，自己更有经验而且有充足的时间和精力。当双方各执一词、都有自己的理由时，一定是新生家庭优先，这是一定要把握的原则。

在小颖和婆婆的矛盾当中，丈夫并没有发挥自己应该发挥的作用，看似丈夫不偏不倚，既不偏袒自己的母亲，也不偏袒自己的媳妇儿，但是正是丈夫的这种"不作为"，才是最可怕的事情。作为母亲的儿子和小颖的丈夫，从表面上来看，婆婆和媳妇儿不过就是育儿观念的冲突，新旧观念的冲突，但是从家庭关系的方面来看，其实是婆婆和媳妇在争夺这个家庭的管理权。作为这个家庭的男人，应该努力去调和母亲和媳妇儿之间的矛盾，真正有作为的男人一定要明白谁才是这个家中的女主人——不是自己的妈妈，而是自己的媳妇儿。既然小颖才是这个家中的女主人，那么抚养孩子、教育孩子的主要责任就应该由小颖来承担，而自己的妈妈只需要在夫妻两人忙碌而无法照顾孩子的时候给予一定的帮助，如果丈夫能够明白这样一个问题，并在现实生活中按照这样的原则去做，慢慢地，母亲也会理解，这个家庭里孙子孙女的主要抚育者应该是儿媳妇，而不是自己。自己只是作为长辈，给孩子们必要时的支持和帮助；而媳妇儿呢，自然就会感觉到丈夫对自己的重视，感觉到自己才是家庭的女主人，从而承担起自己应该承担的责任，那么家庭矛盾就会少很多。

然而很多时候，丈夫不知道该如何支持妻子，因为支持妻子就意味着反对自己的母亲，其实这背后也隐藏着很多技巧和方法，如何在不伤害母亲的前提下支持妻子呢？这就要求丈夫一定要多和母亲沟通，沟通的过程中可以以小颖年轻，需要多学习经验，需要成长等原因，表达在抚育孩子的过程中需要母亲的指导，而不是亲力亲为。丈夫作为婆媳中间的桥梁，一定要起到良好的沟通作用，这样的家庭才会幸福长久。

24. 面对强势的婆婆

杨婷自幼与父母一起生活，父母均为企业的高管，从小杨婷就受到父母双方的陪伴呵护。杨婷单纯善良，性格外向，入学后学习成绩好，与同学相处愉快，是个品学兼优的好孩子。之后，杨婷顺利考上外地某所大学，在大学里认识了丈夫李强。李强出生在经济条件非常好的家庭，父亲是一家公司的总经理，平时忙于应酬，很少顾及妻子儿子，李强的成长都由母亲一人承担，因此李强与父亲关系一般，时常责怪父亲只顾工作，不顾自己和妈妈。因为丈夫经常不在身边，李强母亲把自己所有的情感都投入给了儿子，对李强百般疼爱，不舍得他受一点挫折。李强特别依赖母亲，凡事都听母亲的，从小性格就胆小怕事，没有主见。李强第一次离开家上大学时，母亲觉得难舍难分，时常因想念儿子而哭泣。李强在大学里遇到杨婷后，便深深爱上她，在李强的追求下，两人很快坠入爱河。大学毕业后，两人顺利步入婚姻的殿堂，杨婷随李强回当地工作生活。

这样门当户对的家庭本该是幸福美满的，可是婚后的生活却不尽人意。李强的妈妈很强势，家里大小事情都要由她做主。就连结婚时婚房的装修风格、家具等等，李强的妈妈都要自己来决定，并且婚后还是像以前一样照顾儿子的生活，替儿子洗衣服、整理物品等，这让杨婷觉得很别扭。可是和丈夫说了以后，丈夫却不以为然，认为母亲是在照顾自己。慢慢地，杨婷发现李强凡事都以母亲为中心，所有事情都听母亲的，没有自己的主见，也不会听自己的意见，她发现将一生付托给这样的男人真是一个错误的决定。而李强的母亲也对杨婷不满，觉得她对李强的照顾不够，还像大小姐一样。杨婷总是和丈夫抱怨自己的不满，可是越抱怨，丈夫越觉得杨婷是在挑母亲的刺，整天怨气重重，只会埋怨，于是对杨婷也开始疏远。

李强其实心里是爱杨婷的，但是又觉得母亲辛苦把自己养大，现在是孝顺她老人家的时候，所以就算有什么不是，自己也应该让着母亲。他还觉得，杨婷既然爱自己，就应该也去包容和退让。时间一长，杨婷觉得自己的生活没有任何意义，在这个家里就像是多余的，经常回父母家而不愿意待在这里。父母看到女儿这样，很是心疼，也出面来调和问题，可是参与的人越多，事情越复杂。本来好好的一个家，现在弄得一团糟。

● 问题聚焦：婆媳关系

无论什么时候，都要明白夫妻关系才是一个家庭中最重要的部分，如果出现任何一种关系凌驾于夫妻关系之上，那么势必会出现各种家庭矛盾。夫妻关系高于亲子关系。

● **心灵鸡汤**

夫妻情笃是家庭和睦的核心内容，夫妻感情是家庭幸福的晴雨表。

如果夫妻关系是家庭的核心，拥有第一发言权，那么这个家庭就会稳如磐石。

● **黄老师点评**

我们受传统文化的影响，当孩子诞生以后，在家庭中，总是注重亲子关系，而忽略了夫妻关系。其实，无论什么时候，要想营造一个幸福美满的家庭，一定要将夫妻关系置于一个家庭的核心。国内知名的心理学家曾奇峰形容夫妻关系是"家庭的定海神针"，在有公婆、夫妻和孩子的"三世同堂"家庭中，如果夫妻关系是家庭的核心，拥有第一发言权，那么这个家庭就会稳如磐石。这样我们就可以看出，夫妻关系对一个家庭来说是何等重要。可是我们经常看到，在家庭中，经常是亲子关系或者其他关系凌驾于夫妻关系之上，那么这样必然会产生家庭的矛盾。

从本例中，在外人看来本应是门当户对、幸福美满的一对夫妻，却因为婆婆的过度干涉而导致感情出现了危机。那么，是什么原因导致李强的妈妈过度干涉儿子的生活呢？我们看到，李强的爸爸是做生意的，在外应酬较多，较少顾及妻子及儿子，因此李强的妈妈其实在夫妻情感上是孤独的，于是将自己的情感都投入给儿子，与儿子建立最为亲密的关系，在她心中，丈夫变得可有可无，但儿子却是自己一生的依靠，是她最难割舍的人。但是她不知道，儿子总有一天是要与自己分离的，是要离开自己的原生家庭、去组建新的家庭，过自己的生活的。所以当这一天来临时，她会觉得非常难过，不管她承不承认，这种心理会让她有意无意地去干涉儿子与媳妇建立亲密关系。

对于李强来说，从小父亲因打理生意，对他照顾较少，由母亲一人带大，可以说父亲角色是缺失的，而母亲的性格又较为强势，李强从小都听妈妈的话，凡事都以母亲为中心，自然就会出现我们平时所说的"妈宝男"。结婚后还当个"妈宝男"是家庭关系中的大忌。这样的男性从小就处于妈妈的呵护下，凡事都听妈妈的，没有独立自主的能力，做事很不成熟，没有自己的主见，婚后也不会担负起做丈夫的职责。杨婷就是因为婆婆的过度干涉，又得不到丈夫的支持，而使自己在家里受尽委屈，而丈夫又没有主见，为了顺从妈妈，造成这个家庭核心关系的偏移。我们试想一下，如果家庭中，夫妻关系是第一位的话，对婆婆来说，最难割舍的是自己的丈夫，而不是儿子，她会明白不管多爱儿女，他们终有一天是要离去的，丈夫才是能陪伴她一生的人，她就会对儿子组建新的家庭充满祝福，因为她知道，儿子也只有在新的家庭里保持这种关系的平衡，下一代才能朝着健康的方式发展。

李强是解决问题的关键。对于作为儿子的李强来说，他要明白，在原来的家庭中，父母最有发言权，到了自己的新家庭，自己和妻子才是这个家庭的核心，而不是父母，所以父母如果发言太多，干涉太多，势必会引起家庭的矛盾。所以在这个例子中，能化解问题的根源就是李强，他必须担负起做丈夫的责任，看到这个问题所在，觉得母亲做得不对的地方，与母亲耐心地沟通，改变母亲的想法。对于妻子杨婷，结婚后就进入一个新的家庭，难免对新环境有点不适应，当家里有矛盾的时候，她最需要丈夫的支持，而此时丈夫的无能，会让她觉得绝望，没有依靠，从而导致夫妻关系都维持不住了。所以说，此时丈夫应该照顾好妻子的情绪，让自己与妻子的关系成为这个家庭的核心，这才是解决矛盾的有效办法。

25. 婆媳是天敌

李某，女，38岁，中石油职员。最近因为孩子的教育问题，与婆婆的矛盾再次升级，婆婆因此心脏病发作住院，自己也出现失眠、心慌胸闷等焦虑症状。

李某出生在农村，家里排行老三，上面有两个姐姐，下面有一个弟弟。李某性格开朗，父母都是农民，但是父母对于自己的教育比较宽松。虽然家里经济困难，但是由于李某从小成绩优异，并且喜欢读书，父母也一直支持自己求学。李某后来离开自己的家乡，在东北某大学读书。在读大学期间，认识了现在的先生周某。

周某出生于北方城市，父母都是工人，自己是家里老大，下面有一个弟弟。性格有些内向，但是母亲非常强势，管教严格，父亲一直忙于工作，与周某交流较少。李某与周某互相欣赏，很快确立了恋爱关系。毕业时，周某听从母亲的安排，回到了北方。同时李某与周某计划结婚，李某随周某一起到北方找工作。这段婚事却遭到了周某母亲的强烈反对，认为李某是农村人，配不上自己的儿子，后来李某告知自己已经怀有身孕，周某母亲才被迫勉强接受了这门婚事。

婚后,婆婆以没钱买房,并且方便互相照顾为由,与李某夫妻住在了一起。毕业后,李某由于怀有身孕没法工作,一直在家养胎,婆婆因此每天抱怨李某没什么用,并且花销大。李某感觉很委屈,数次与婆婆争辩,结果是遭到婆婆更大的哭闹与攻击。李某只有等自己老公回家后哭诉,可是周某每天回家必须先到自己母亲的房间报到,待其和母亲聊完后,才回自己房间看妻子,因此经常被婆婆倒打一耙。在整个孕期,李某情绪低落,懒动乏力,经常默默哭泣。生完孩子后,由于李某生的是女孩,婆婆对此很不满,还好能得到周某的积极安慰。婆婆刚刚退休,时间比较充裕,而且总嫌弃李某不会带孩子,所以孩子出生后几乎都是由婆婆来带。为了避免更多的矛盾,也为了不进一步遭婆婆嫌弃,李某没坐完月子就去找了一份工作,每天早出晚归,成功地避免了很多矛盾。但是有时也会产生教养理念不一致的问题,比如婆婆对孩子的过度保护:3岁了还是婆婆喂饭和穿衣服;为了避免孩子受苦,没有让孩子上幼儿园;为了怕脏,很少让孩子外出;只做孩子喜欢吃的食物,不喜欢吃的不做等等。而李某则提倡一定的挫折教育,这与婆婆的过度保护教育产生了巨大的冲突。但是孩子从小由婆婆一手带大,李某的话语权越来越弱。

随着孩子慢慢长大,由于孩子一直以来以自我为中心,在学校出现了明显的人际交往问题,与同学老师之间出现了很大的矛盾,数次出现了退学的想法。为此,李某提出了与婆婆分开住,自己和老公单独带孩子的建议。几次沟通都没效果,婆婆甚至以死相逼,坚决不允许孙女离开自己身边。这次,婆婆心脏病发作,住进了医院。因此周某责备李某太不懂事,把自己的母亲逼成这样。面对要退学的女儿,一味指责自己的丈夫,如此强势霸道的婆婆,李某陷入无助的绝境之中。

● **问题聚焦**：婆媳矛盾

婆媳间矛盾冲突最本质的原因是"恋子情结"和"爱情独占欲"的冲突。具体说来，主要表现在以下几个方面：第一，金钱观念的分歧。婆婆们一般很节俭，自然看不惯儿媳们的大手大脚；而儿媳们从小丰衣足食，无法理解婆婆们固守的俭省观念。第二，家庭观念的对立。婆婆们往往以丈夫和儿子为人生重心，而儿媳们多半自主意识强。第三，子女教育方式的差别。儿媳们认为孩子一定要从小开始学习各种技能，婆婆们则往往疼爱甚于管教。第四，就业观念的分歧。婆婆们习惯职业生涯上的稳定和平凡，而儿媳们则因为压力和竞争而不得不一路追赶，甚至经常变换工作。

● **心灵鸡汤**

如果是儿子，就要对自己说，爸爸才是妈妈最爱的人，自己不是；

如果是女儿，就要对自己说，妈妈才是爸爸最爱的人，自己不是；

如果是父亲，就要对女儿说，我爱你，但妈妈才是能陪伴我一生的；

如果是母亲，就要对儿子说，我爱你，但爸爸才是能陪伴我一生的。

这才是健康的家庭之道。

● **黄老师点评**

丈夫是类似家庭矛盾中最重要的角色。在李某与婆婆矛盾冲突的案例中，丈夫周某的做法是：在母亲面前，觉得妻子的确不对；但在妻子面前，又觉得母亲的确过分。至于自己，什么都做不了。其实，周某才是联结妻子和家人的枢纽，他也是妻子和家人争夺的对象，他才是化解这场冲突的根本所在。当他只是一味逃避责任，希望做好好先生并尽可能满足双方的要求的时候，这场冲突当然会继续下去。

周某的妈妈，因为觉得丈夫不强，才把爱倾注在儿子身上，把儿子和孙女当成了自己生命中最重要的心理寄托。其违反了健康家庭的第一定律——夫妻关系，才是家中的 No.1。周某的妈妈，她主动背离了这个规律，因为对丈夫的能力不满，于是把儿子当成了她心目中最割舍不下的人。但是，儿子终究有一天要离开她，要去过属于他自己的生活。对她来讲，这意味着要失去最重要的心理寄托，她当然会难以忍受，于是，她又忍不住想干涉儿子的新家庭，让儿子和儿媳的关系退居第二，而她与儿子的关系仍然是 No.1。要想营造一个健康的家庭系统，必须将夫妻关系置于家庭中最重要的位置。

不过，我们的文化传统的确有这样的倾向：重亲子关系而不重夫妻关系。就仿佛是，夫妻关系只是完成传宗接代的工具，只是给长辈和晚辈服务的载体。但是，不管你多么敬爱父母，你终究要离开他们，去过你自己的生活。不管你多么爱儿女，他们也终究要离开你，去过他们自己的生活。而配偶，才是那个真正陪伴你一生的人。同时，为了父母的健康，我们不要太依恋父母的某一方，认为自己与他（她）的关系胜于他们之间的关系。为了儿女的健康，我们也不要太依恋他们，认为自己爱他们胜于爱配偶。因为，最爱的我们都必然是最难割舍的。所以，势必要割舍的，不要让它成为最爱。当然，这并不是说，我们要把最多的资源留给配偶。相反，当老人和孩子需要照顾时，我们必须要把更多的资源给他们。但是，我们一定要懂得，配偶才是真正陪伴我们一生的伴侣，才是我们最重要的心理寄托。无数的事实证明，婆媳的不和谐，确实会导致夫妻感情不和谐，甚至感情破裂，走向离婚。也就是说，婆媳关系处理不好，绝对影响夫妻感情，而且这种影响是潜移默化的，是一种缓慢的侵蚀性破坏。

在爱的层次里面，夫妻关系永远是第一位的，其次才是亲子关系，第三位才是与父母的关系。只有爱的层次清晰明了，爱的关系也就和谐了，爱才能正常地在关系里面流淌，使关系得到滋养。

家庭事件

26. 高调的单亲妈妈

小贾今年35岁，5年前生了一个可爱的女儿，现在在读幼儿园。

小贾毕业于石油大学勘探专业，本科毕业后就在中石油工作，因为专业对口，工作一直顺风顺水，受到重用。小贾家庭条件也非常好，父亲是律师，母亲是医生，从小受到父母的宠爱。小贾26岁的时候，经人介绍认识了小刘。小刘一表人才,名牌大学硕士毕业,在世界五百强企业工作,担任项目经理,小刘家是农村的,家里有4个姐姐,小刘是唯一的、也是最小的儿子,从小备受宠爱,也是家里最有出息的孩子。各方面都很优秀的小刘让小贾觉得对方很适合自己,不久两人就结婚了。

婚后,两人的日子过得平稳而幸福,也没有着急要孩子。两年过去了,因为工作的需要,小贾被派到外地工作,两人从此开始了两地分居的生活。小贾在外地工作期间,跟小刘的关系依旧很亲密,开朗活泼的小贾经常跟大家分享自己和小刘的幸福生活。她总是自豪地夸赞小刘工作优秀,人际关系好,升职空间大,最让小贾高兴的是小刘虽然工作很忙,经常跟单位同事出差、出国,但每次都给小贾带香水、名牌包、衣服、高跟鞋……小贾也很喜欢打扮自己,单位同事尤其是女同事都特别羡慕小贾,觉得她不但人长得漂亮、父母健康、家庭条件好,丈夫也这么优秀和体贴,小贾也总是把夫妻的旅游照片摆在宿舍和工作桌面。转眼又是两年过去,小贾眼看就30周岁了,工作调动和生孩子的事情也成了夫妻两人和双方家庭的主要问题。小贾单位有个不成文的规定,女同志如果怀孕了可以调回原单位,小贾和小刘幸运地赶上了这个规定的末班车。不久小贾就顺利怀孕了,大家都说小贾真是幸运,什么愿望都能实现。

一年后,小贾的孩子出生了,孩子出生七天后,小贾因为产后大出血还住在急诊室里,单位同事到医院看小贾的时候没看见小刘,就问起来。小贾沉默不语,眼里含泪,而小贾的父母低着头、弓着背忙前忙后,一脸愁容,闷不作声。不管怎么问,小贾一家人都闭口不谈小刘。后来大家才知道,小贾离婚了,理由是生出的不是儿子!这在21世纪的今天,大家都不能理解。小刘提出离婚的时间就是女儿出生后的第三天,而且态度决绝,不容商量。离婚半年后,小贾的朋友圈突然活跃起来了,晒娃、晒美食、晒旅游，一看就是生活得很幸福的样子。小贾也主动跟周围的亲朋好友提出再给自己介绍男朋友的需要，大家也都热心帮忙，小贾扎耳朵眼、割双眼皮、做近视眼手术、带娃旅游、学习烹饪、参加瑜伽课、学习绘画……不断让自己更好，但五年过去了，她仍然孤身一人，也很少有人再给小贾介绍对象了。

问起来才知道，原来小贾找对象仍然是按照小刘的标准找的，一定要在世界五百强工作，身高一定要在1米8以上，年龄不能超过40岁，不能有婚史，有房有车……这样的条件让介绍人都很为难，但小贾一点儿也不觉得要求过高，她不停地让自己更优秀、更漂亮，而且还觉得自己有个孩子是个优势，"有个女儿多好呀，孩子多可爱呀！谁不喜欢这么可爱的孩子呀！"实际上，本来很健康的小贾父母，这几年身体都不好了，多次住院，为了女儿未来的生活，老夫妻两人还要在退休后发挥余热，在社会上兼职工作。因为小贾要工作，孩子还得由姥姥姥爷带着，孩子也经常问起爸爸的事情。小贾光鲜的外表后面有着很多的不如意，但小贾从不提起，而且对自己要找的对象的标准也没有丝毫降低，同事和家人都很着急，很担心小贾将来的生活。

● **问题聚焦**：接受人生的不完美

　　人生是一场修行。修行，不是追求完美，而是坦然地接受残缺。只有接受自己不完美的地方，才会让自己更加坦然地面对生活，才会通过不断地充实自己，让自己的人生变得更有意义。

● 心灵鸡汤

只有接受短暂"完美"的逝去，才有新的"完美"随之出现。

如果人生注定不完美，就让它更有意义。

学会接收残破，是人生的成熟。人无完人，缺憾是人生的常态。

● 黄老师点评

小贾的心理状态其实是很多中国人普遍存在的心态，就是拒绝接纳现实，不承认自己现实生活的不幸，拒绝承认现实的不完美，具体体现在小贾身上，就是不能完全接受离婚后的生活，她的行为其实都是在假装离婚后什么事情没有发生。从心理学的角度说，就是不能接纳人生的不完美，或者说不能表现出自己人生的不完美，总希望以完美的形象示人，其实是一种欺人骗己的表现。

心理学中习惯用塑料花和真花来解释这个现象。虽然塑料花/仿真花永远那么灿烂地开着，永远不凋谢，但人们仍然更愿意在餐桌上摆放新鲜的花束、去公园欣赏绽放的花朵、在家里侍弄花盆并为一朵花的绽放而欣喜若狂。比起真花，塑料花颜色更绚丽、绽放得更饱满，但人们更愿意选择风干的真花，也不喜欢人造的塑料或绢花。真花的魅力在于生命的过程，从开到谢，从完美到残缺这样的过程和不断变化的状态，就像人生一样。每个人的人生都不是完美的，但虽然看起来不完美，却正体现了生命的完美。完美的人生必定包含不完美的一部分，缺了不完美，就像是塑料花，永远完美地盛开着，却缺了最重要的——生命！过程！自然界中的任何事物都不可能是完美的，月圆了则缺，水满了则溢，世间一切物极必反，更何况人生。所以，人生最终都是以不完美的形式告终的，只有不完美才永远是最真实最完美的状态。周国平说：现实中的幸福，应是幸运与不幸按适当比例的结合。针对小贾的问题，就是她必须认识人生是不完美的，每个人都有自己的幸与不幸。小贾必须要承认自己是一个年近40，带着女儿，离婚5年的单亲妈妈，上有二老，身体不佳。基于对自己现况的认识，小贾在面对再婚的问题时就会放下执着，忘掉过去，丢掉比较，从现实的角度寻找适合自己的另一半。

另一个例子是一位优秀的大学教师，人很漂亮，丈夫是青梅竹马的同学，两人同时从北大毕业后顺利结婚，并因为感情很好两个人决定丁克，一直没有生孩子，尽管女方很喜欢孩子。但是，婚后10年，男方出轨，二人离婚，曾经的令人羡慕的才子佳人就这样分开了。分开后的女方，很快接受现实，并主动告知周围亲朋好友帮忙"相亲"。一年半后，就幸福地找到了另一半，并在婚后一年生了宝宝。现在已经结婚3年了，她非常珍惜这份"迟来的幸福"。

我们希望每个人在遇到人生不如意时，一定要面对现实，承认这场不完美，并主动寻求帮助，以度过这段不完美，让人生重新迈上完美之路。

27. 妻子重病于海外升职前

刘总是海外项目部的安全总监，在海外已经工作9年了，在中石油海外项目工作的人都知道，海外工作十年也就是海龄10年，对于个人的升职和工作前景都至关重要。10年海龄是光荣而有意义的，而且刘总马上就要成为项目副总经理了，这对于年仅40的刘总来说是个不小的跨越。

刘总与爱人相识于大学期间，同在一个城市就读于不同的大学，一个学英语专业，一个学管理专业，在一次联谊会上两人相识。两人双双结束硕士生涯后，刘总爱人由于专业热门很快就在北京落脚了，但刘总却并不顺利。两个人尽管工作后分居两地，也还是在三年后结婚了。刘总性格内向不善交际，虽然业务很好但迟迟没有机会调动到北京与爱人团聚。长时间的两地分居也确实是个不小的问题。好在刘总的爱人性格开朗、很快扎根并且通过关系把刘总调动到了北京，从此两个人结束了两地分居的生活。不仅如此，刘总的爱人由于进京时间早，又赶上了福利政策，很快就把刘总北京户口落实了。刘总每每提起爱人都洋溢着幸福而自豪的神情。

由于石油单位特殊的工作要求，外派海外是必然的。就在刘总调动工作不久，就被外派到海外某项目部担任安全管理经理，这个时候她们两人的孩子刚刚小学一年级。刘总外派后，家里家外的事情就落到妻子一个人身上，带孩子、照顾老人、操持家务都是妻子一个人在做，为了保证孩子和老人的成长和健康，妻子不得不放下对工作的追求，按部就班地上班，放弃了所有晋升与提高的机会，优秀的她甘心做一名普通的白领。就这样9年过去了，由于妻子把家里打理得很稳妥，刘总的工作顺风顺水，一路绿灯。眼看着再过一年就可以担任项目副总经理了，这对于刘总来说可是事业的新起点，40岁的刘总正计划着好好干一番事业和成就，这样也不枉妻子的操劳与牺牲。然而妻子被诊断子宫内膜癌的消息打乱了这个家庭原本的轨道与步伐。

其实妻子一直以来就有内分泌不调的问题，但是由于刘总工作与休假的时间问题以及家里的事情纷繁不断,大家也都没认真地对待,除了看看中医,断断续续吃点中药,也都没有太在意。直到有一次妻子大量出血到专科医院检查才发现了子宫内膜癌。得知妻子的病情,刘总第一时间请假赶回了国内,并在北京的各大医院找专家诊断,经过1个多月的诊断和观察,一家人决定做子宫切除术以确保良好的预后。手术后,刘总又请了3个月假陪着妻子进行恢复与康复,好在病情得到了很好的控制。

已经请假半年了,如果刘总再不回到海外项目,恐怕他项目副总经理的位置就不能保住,而且10年的海龄计划也不能完成了。妻子让刘总回项目,不要继续待在国内了。但是看着妻子羸弱的身体、孩子期盼的眼神和老人紧皱的眉头,刘总犹豫了……犹豫期间的刘总一改往日的自信与风度,总是低头沉思,焦虑不安,睡眠也越来越不好,脾气也变大了,有时候甚至还觉得妻子变得特别敏感而不理智,总是啰唆和为小事情吵架。升职是他期盼已久且努力和奋斗了10年的成果,现在就摆在他的眼前,可是妻子女儿又是他最亲近的家人,何去何从成了他最大的焦虑……

● **问题聚焦**:生活中什么最重要

> 家是什么?家是一副重担,家是一份责任;家是彼此的真诚相待,家更是能够白头偕老的漫漫旅程。我们都是家中的一员,有责任共建一个美好的家。在我们困难时,爱和陪伴可以使一家人同舟共济,共渡难关。在孤独和痛苦时,爱和陪伴可以带来亲情的温暖和天伦之乐。

● **心灵鸡汤**

　　才华不是最重要的，金钱不是最重要的，能力不是最重要的，名气也不是最重要的。三餐四季，一茶一蔬的幸福，才是真正的幸福。

　　人要经得起谎言，忍得住欺骗，忘得了诺言，放得下一切，最后就用笑来伪装掉下的眼泪。

● **黄老师点评**

　　本案例中描述的故事，其实在生活中是非常常见的，之所以常见，是因为夫妻双方总有一方是在付出的，而在中国传统文化影响下，往往是女性在不断付出，而这个付出往往被认为是理所当然，因为理所当然，就会视而不见。本案例中的妻子其实一直在为家庭能够在理想的轨道上前行而牺牲自我。表面看丈夫优秀并且学业和仕途也一直顺畅，妻子虽然优秀但在他人眼中还是生活在丈夫的光环之下。丈夫的学业、事业和家庭的幸福一直是在妻子的牺牲和默默支持下顺利进行的，妻子其实也有自己的理想，但为了丈夫和家庭，她放弃了许多，表面看虽然她也事业顺利、家庭幸福，但比起妻子本身的能力和理想，她完全可以让自己的生活更加精彩。

　　当幸福的家庭在理想的轨道上前行时遇到了泥石流阻碍了前进的路，这个家庭应该何去何从？表面看，妻子生病了，好像这个生病的时机并不合适，因为丈夫马上就要升迁了，这样的升迁机会一生可能就一次；表面看妻子生的病也不那么"好"，这样的病需要丈夫和家人的长期照顾，而不是短时间就能解决的问题；表面看妻子在"拖累"这个原本完美的家，拖了家庭的后腿，但事实并非如此。其实，妻子一直在付出和牺牲，使得家庭在优秀的轨道上运行。当案例中的妻子不能继续牺牲时，家庭应该怎么办？家庭应该重新设计新轨道，重要的是：不是妻子拖累了家庭，只是妻子不能再继续牺牲了。生活就是这样，有些事情不愿发生却不得不接受，人生必须承受各种你不想承受的事情。

让我们来继续这个没有讲完的案例吧。案例中的丈夫在跟妻子和家人充分协商和沟通后，决定放弃海外工作回到国内。半年后，妻子的病得到了彻底治疗并基本稳定了，也能够继续回到原来的生活轨迹，重新回到了工作轨道。丈夫在国内虽然没能升迁，但也有了自己的一席之地，按部就班上班下班。夫妻二人在分离了近20年后，过上了"二人世界"的生活。现在妻子的朋友圈都是晒工作，晒旅游，晒健康饮食。而丈夫也经常谈起现在的生活，朝九晚五，每天晚饭后跟妻子散步，关注运动和健康，生活平淡而稳定，就像陈奕迅的歌"稳稳的幸福"。

当然，在家庭遇到某些无法预期的事件时，每个家庭都会做出不同的选择，但不论如何，该悲伤还是可以悲伤，该聚餐还是要聚餐，该买菜做饭还是一样，继续生活。当然，这个生活最好是在遇到事件或变故后，对每个人来说都是最优的选择，不一定是每个人最想和最期待的，但一定是整个家庭最适合的。就像一朵花，或者一棵树，无论生命长短，都要活得像它本来的样子或者想要的样子，但不一定是最美的样子，我们每个人都需要不停地接受、放下、面对、适应，然后好好活着。

28. 腹中的孩子最重要

小林毕业于北京一所高校，大学期间和现在的丈夫恋爱 3 年，毕业之后两人踏上了婚姻的红毯。婚后不久小林就怀孕了。

自从小林怀孕后，丈夫经常会给她打电话，天冷了提醒小林注意保暖，中午提醒她要按时吃饭，晚上回到家也会主动承担家务，这让小林感到十分欣慰。但是过了一段时间，小林就开始反感丈夫打电话了，除了对小林的关心外，丈夫最近在工作上遇到一些烦心的事情，所以也就顺便向小林倾诉，丈夫并不是希望小林能帮他解决问题，只是希望妻子也能对他关心一下。但是小林感觉十分不悦，她觉得自己成了丈夫的垃圾桶。小林不耐烦地告诉丈夫："你已经是一个成年人了，凡事应该自己拿主意，我这个孕妇能为你做什么，而且我现在怀孕，不宜接收负面情绪，会影响我的心情，也会间接影响到孩子的健康。"慢慢地丈夫的电话就少了，回到家之后也直接进入书房，开始忙自己工作的事情。小林也没注意，以为丈夫只是工作上比较忙，就没有过多地去关注他。

小林怀孕 3 个月的时候，也就是今年冬天，丈夫得了甲型 H1NI 流感。小林知道后不停地数落丈夫，因为她担心丈夫会传染给自己，要是平时，传染给自己倒不是什么严重的事情，但是现在是特殊时期，万一传染给孩子就严重了。在丈夫住院的一个多星期里，小林一次都没有看望过丈夫，只是偶尔打个电话，询问一下病情。等到丈夫快出院的时候，小林来电话了，丈夫以为小林会来接自己回家，毕竟病已经好了，但是等来的电话却是让他暂时别回家，先在外面住一段时间，万一病没有好利索，传染给自己就严重了。丈夫所有的怒火在一时间全部迸发出来："在你眼里只有孩子，我到底算什么？"丈夫后来在他姐姐家住了一段时间，半个月后，丈夫回到家，小林开始不停地抱怨丈夫这一个月对家里什么事情都不管，自己一个孕妇什么事情都要操心。

小林怀孕4个多月的时候，为了宝宝的健康，她决定请假在家安心休息，但是公司认为小林并没有先兆流产的征兆，不符合规定，因此建议她先继续上班。但是小林执意要休假，还和领导闹得十分不愉快，一怒之下就辞职了，也没有和丈夫商量。丈夫知道后十分生气，小林没有和自己商量就自作主张把工作辞掉了，一时间所有的经济压力都压在丈夫一个人身上，再加上小林现在把所有的心思都放在孩子身上，孩子离出生还有好几个月，小林就开始买婴儿车，给孩子买各种衣服、玩具，给自己报了孕期保健班，还给没有出生的孩子报了早教班。丈夫认为没有必要买那么贵的，只要材质对孩子健康就行，可是小林不同意，一定要买国际品牌，短短一个月，家里十多万的积蓄已经没剩下什么了。

后来小林发现丈夫开始经常加班，总是11点才回家，有时甚至更晚。回到家洗漱之后就匆匆睡觉了，连一句话也没有。有时候丈夫打电话时遮遮掩掩，看她的眼神也十分不自然。小林很是生气，自己明明在怀孕，丈夫怎么能对自己态度这么差呢，这才结婚不到一年，丈夫就已经变心了，她开始后悔为什么当初嫁给了他。

● **问题聚焦**：孕期焦虑症

孕期焦虑症其实是一种不正常的状态，过度的焦虑不仅会使心理不适，还会引起生理上的不适，如心烦意乱、心绪不宁、头

痛，容易燥热、激动等。孕妇常常因为焦虑而坐卧不安，形成孕期焦虑症。在我国比较普遍的现象就是，孕妇为大，所有人都对孕妇的生活百般照顾和呵护，但是最重要的是忽略了心理沟通。因此，面对孕期焦虑，家人首先要正视它，不能忽视孕妇的心理问题，然后给予孕妇足够的心理支持，积极和孕妇进行沟通。

● **心灵鸡汤**

母爱是自然的，从怀孕那天开始，从婴儿在母体成形那天开始，母亲就有一种很特殊的感觉，很快就变成了爱。

要克服生活的焦虑和沮丧，得先学会做自己的主人。

● **黄老师点评**

焦虑的情绪人人都会有。孕妇就更不例外了。怀孕之后，女性的身体由内而外都在发生着变化，这种变化多少都会对孕期心理产生影响，同时，怀孕对于女性来说是一件大事，对于胎儿发育情况的担忧，对于未来生活的变化等等这些问题都会使孕妇产生焦虑的情绪，这是非常常见的。因此，对于小林的丈夫和家人来讲，一定要正视孕期的焦虑问题。它不是孕妇闹脾气，而是孕妇心里焦虑的一种表现。因此丈夫和家人一定不能忽视这个问题，因为孕妇的焦虑情绪如果得不到缓解，会影响母婴的身心健康，而且这种影响相当深远，可能宝宝出生后直到上学都会受到影响，问题十分严重。

除此之外，小林可以积极地寻求同伴支持，特别是对于初次怀孕的准妈妈来说，由于缺乏对生产的直接体验和正确认识，导致孕期任何一点生理变化，都可能影响心情和精神状态。要解决这个问题，最重要的就是要多学习。这种学习的渠道可以有多方面，如：从电视、报刊等媒体上学习一些孕期保健知识；积极参加准妈妈俱乐部活动，通过和别人交流，正确看待自己的焦虑问题；经常参加正规医院举办的孕期讲座；向已经有过怀孕经历的妈妈寻求帮助，听一听"过来人"的经验，看看大家都是如何备孕，从而克服自己的焦虑紧张情绪。小林在怀孕4个月的时候就请假在家，其实还是担心工作会不利于孩子的健康，小林可以寻求医生的帮助，在专业人员的指导下进行工作、休息和运动等等。

其次，丈夫的关心非常重要。丈夫在妻子怀孕期间，应该更加关注妻子的心理状态。妻子已经出现焦虑的症状，丈夫不能漠然视之，而是应该多和妻子沟通，做好妻子的工作，陪妻子愉快地度过怀孕的时光。尤其是孕后期，妻子会行动不便，丈夫应该对妻子多照料、多体贴。每日与妻子共同完成家庭活动，比如说一起看电影、一起吃饭等等。此外，丈夫还需要每日陪妻子活动、散步，这些活动会有利于孕妇的健康，但不可让妻子过于疲劳。

妻子怀孕后，虽然家人会千方百计地为其增添营养，以保证母亲、胎儿的健康，但仅有饮食方面的营养是远远不够的，孕妇更需要有愉快的心情和稳定的情绪。孕妇可以培养自己的兴趣，比如说增加一些小爱好，如听音乐、绘画等，以助于分散注意力。丈夫可以帮助妻子将家庭小环境布置得更加整洁、美观、赏心悦目，从而使孕妇的心情更加愉悦。

29. 产后妈妈多烦忧

去年12月,小华生下了自己和丈夫爱的结晶,一个可爱的女孩,孩子很健康,夫妻两个人都很开心。小华住院的一个星期,丈夫专门请了假,寸步不离地守在她旁边,这让小华很知足。就连同病房的一个临产妈妈都夸小华好福气,以后肯定是享福的命。小华也觉得很幸福,其他孕妇一般都是婆婆或者妈妈陪着,丈夫只有下班或者周末才能陪护,而自己的丈夫日夜守护每天三顿饭不厌其烦地送到医院来,嘘寒问暖,小华内心十分感激,暗暗发誓以后要好好疼爱丈夫。

可是原本对她爱护有加的公公和婆婆,突然之间就不怎么关心她了,虽然表面上婆婆并没有说什么,但是小华能明显感觉到婆婆还是对生了一个女孩儿很不满。

初为人母的她并没有一点儿心理准备,原本以为带孩子很轻松,以为只要喂喂奶,让孩子睡觉就可以了,但是没想到会这么累。宝宝出生之前,小华和丈夫很恩爱,虽说也会有矛盾,但是每次都是丈夫低头认错,小华也不是不依不饶的性格,所以过得还算幸福。但是现在宝宝出生才4个月,小华和老公小吵的次数已经数不清了,关于孩子的喂奶问题、孩子的睡觉问题,任何关于孩子的事情夫妻二人都有可能吵一架。孩子只要一哭,老公就马上抱起来,小华告诉丈夫孩子哭一会儿没有关系,如果孩子一哭就要抱,以后就不会愿意躺着了,但是丈夫执意不改,说舍不得让孩子哭,看着孩子哭会很心疼。

所有的后果大多需要小林去承担,丈夫毕竟要上班,所以大部分时间都得小华带孩子,所以小华经常是抱一天孩子累得直不起腰来。原本希望婆婆能帮自己带带孩子,或者帮忙做做饭也行,但是婆婆也只是一周来那么一两次,平时都跟自己的一些老年玩伴跳广场舞,没事儿的时候就喜欢上网,加上婆婆最近刚学会微信、淘宝,手机更是从不离手。而且小华生的是个女儿,婆婆自然也就爱答不理了。

除了抱孩子的事情,丈夫在其他事情上也都容不得孩子受一点委屈。小华上厕所时,只要孩子一哭,丈夫就恨不得小华马上从厕所出来,给孩子喂奶;小华吃饭,刚吃了一半,孩子一哭,丈夫就让小华立刻喂孩子。有时候一天喂孩子二十次都很常见。最让小华忍受不了的是孩子半夜经常会哭,有时候喂了奶也还是无缘无故地哭,丈夫就会把所有的责任都推卸到小华头上,认为小华不会做母亲,连孩子都喂不好。有时候丈夫心情好,会帮小华一起哄孩子,有时候不耐烦了,就一个人到另外一个房间睡觉,孩子闹腾得厉害,小华一夜基本上睡不好觉。

现在小华觉得整个人都要崩溃了,每天除了照顾孩子,已经完全没有了自己的个人空间,原来还能在下班之余逛逛街、看个电影,现在除了围着孩子团团转,还要收拾家务、做饭、洗衣服,更重要的是得不到丈夫的理解和关心,丈夫的注意力只在孩子身上,小华感到了巨大的心理落差。小华现在不愿意喂养孩子,丈夫越是让她喂孩子她越是不愿意,严重的时候她甚至想把孩子丢掉,她觉得是孩子给自己带来了这么多痛苦。

● **问题聚焦**:产后抑郁症

产后抑郁症是指女性于产褥期出现明显的抑郁症状或典型的抑郁发作,典型的产后抑郁症于产后 6 周内发生,可在

3~6个月内自行恢复,但严重的也可持续1~2年,再次妊娠有20%~30%的复发率。对于产后抑郁的情况,首先家人要正视这个问题,不要单纯地认为是产妇的问题,其实产后抑郁更多的是家人缺少对产妇的关爱所造成的,因此家人一定要给予产妇足够的理解和关爱。

● 心灵鸡汤

关爱产妇就是关爱人类,尊重孕妇就是尊重国家。
关爱产妇,撑起她们心灵的蓝天!

● 黄老师点评

产后抑郁是一种很普遍的现象,发生的原因也是多种多样。产妇分娩后,体内黄体酮和雌激素水平迅速下降,会令产妇产生不适。除此之外,家庭矛盾、家人关注孩子忽视产妇等原因都会造成产妇情绪低落,严重者甚至会造成抑郁。

那么家人如何识别产妇是否患有产后抑郁呢?产后抑郁首先表现在产妇胃口不佳,即使是平时爱吃的佳肴也勾不起产妇的食欲,从而造成体重明显下降。其次表现在无法正常生活,产后抑郁的孕妇无法融入正常的生活中,不能恢复到原来的生活习惯和模式,包括饮食、睡眠和工作等等,所以判断产妇是否患有抑郁,主要看饮食和睡眠是否能够正常进行。许多抑郁的产妇会容易感到疲乏,或者易怒。

对于小华的家人来说，一定要正视产妇的抑郁情绪，了解抑郁并不是抑郁症。抑郁只是一种情绪，而抑郁症则是病态的，是精神疾病的一种，因此两者是有很大区别的。能够发展到产后抑郁症这么严重的产妇非常少，但是抑郁情绪在产后的妈妈当中却很普遍。所以这个时候一定要认识到小华的抑郁情绪并不是一种病，但是需要家人足够的重视，以防向更严重的方向发展。

产后抑郁其实在很大程度上是可以预防的。孕期时就应该加强对孕妇保健知识的宣教，重视孕妇心理卫生的咨询与指导，尤其是对有家族史和产后抑郁史的高危孕妇进行监测和必要的干预。孕妇可以参加一些孕期宣教班，鼓励丈夫和自己一起来上课，生育不是女人一个人事情，孕妇和丈夫都需要学习妊娠和分娩的相关知识，了解分娩过程及分娩时的放松技术，了解在分娩时如何与助产人员配合，在掌握一些基本知识后，孕妇就会在某种程度上消除其紧张、恐惧的消极情绪。

此外，丈夫应当学会如何照顾产后妻子的情绪，让妻子感受到家人的关心和呵护。帮助孕妇走出产后抑郁，最关键的一点就是家人的支持，家人应当认识产后抑郁这一心理问题，产后抑郁不是产妇要小脾气，而是由多种原因导致的。家人要对产妇给予足够的关心，例如：条件允许的情况下，让妈妈陪着孩子，产妇会有为人母的快乐和自豪；帮助产妇摄入足量的新鲜蔬菜和水果，水果和蔬菜当中富含维生素C，维生素C具有消除紧张、安神等作用；丈夫应尽可能抽出更多的时间陪伴在妻子左右，让妻子感受到丈夫的温暖和支持。相信在家人的细心照顾下，小华一定能够从产后的抑郁情绪中走出来。

30. 妈妈和新爸爸生了个妹妹

她叫小静，在北京一家企业上班，收入还算可以。丈夫开一家小餐馆，虽说十分繁忙，但生意还算不错。他们有一个女儿，叫贝贝，上小学三年级了。一家人幸福美满，小静觉得很快乐，也很知足，丈夫很爱她，每天虽然很忙，却分担了家里一大部分家务，她觉得是上辈子积了德才能遇见这么好的另一半。

然而天有不测风云，小静的丈夫在下班时出车祸意外去世了。丈夫的去世，对小静而言就是天塌了下来，她觉得自己的人生完全没有了意义，但想起还有孩子、父母，她又必须得坚强和振作起来。她不能让一家人都为她操心，她不能让孩子失去爸爸之后，又要失去妈妈。接下来的日子是辛苦的，小丽一个人带着孩子，既要照顾孩子的一切，又要上班赚钱。

两年之后，小丽渐渐从失去丈夫的阴影中走出来，她和自己的一个客户小志相爱了，对方并没有因为小静是单亲妈妈而嫌弃她，反而对她疼爱有加，这让小静十分感动。但是贝贝并不愿意接受这位乍然出现的爸爸。小志也通情达理，没有逼孩子叫自己爸爸，而是先叫叔叔，在生活上小志也是对贝贝关心有加，但是贝贝并不领情，她把叔叔买的礼物扔在地上。吃饭时，小志给贝贝夹菜，贝贝直接连碗一起扔掉。每当此时，小静都十分痛苦，贝贝反而觉得很开心。

不久后小静怀孕了，没有人在贝贝身上花费更多的心思。贝贝也经常一个人跑到野外，总是一个人静静地待着，不愿意和小朋友玩耍，不和任何人交流。后来小静生了一个女儿，胖嘟嘟的，很可爱。可在贝贝的眼里，妹妹是那个男人的女儿，是他们一家子的，自己则是一个外人，一个备受冷落的"拖油瓶"。

突然有一天,贝贝有了一个大胆的想法:如果没有妹妹,她是不是可以获得更多的爱?这个想法就这么深深印在她的脑海里。有一天,妈妈要加班,叔叔要出去一会儿。贝贝抱起妹妹把她扔在了小区的花园里,然后匆匆跑回了家。

小静回到家看到小女儿不在,赶忙打电话给丈夫,丈夫也匆匆赶回家,两人把周围找遍了,电话也打遍了都没有找到孩子的下落。小静很紧张,她想死的心都有了。正要报警时,小志好像意识到什么,突然说没那么严重,先别报警,再找找看。贝贝似乎也察觉到事态的严重性,越想越害怕,蜷缩在房间不敢出声。好在孩子只是放在楼下的小花园,路过的一个心地善良的奶奶把孩子暂时放在自己家里,报了警。小静也通过监控找到了妹妹,悬着的心暂时放下了一半,可是她心里知道,不处理好贝贝和家人的关系,这日子过得是不会舒心的。

● **问题聚焦**:再婚家庭

男女二人有一方或者双方配偶死亡或与配偶离婚,两人结婚或者携带其子女结婚,这样的家庭称为再婚家庭。随着离婚率的上升,再婚家庭和再婚人口在不断增加,婚姻的重组构成了现代社会中与婚姻的解体同样值得关注的一个社会现象。这一现实在制造新的矛盾冲突的同时,也孕育着新的观念和新的关系的形成。尤其是在再婚家庭中,子女的问题十分突出,因此,解决好这一问题至关重要。

● 心灵鸡汤

> 儿童的心灵是敏感的,它是为着接受一切好的东西而敞开的。
>
> 父亲的王国,母亲的世界,儿童的乐园。

● 黄老师点评

我们人生当中有时会出现一些难以避免的天灾人祸,不论是像小静的丈夫那样发生车祸意外去世,还是因为夫妻双方感情不和造成离婚,都有可能会出现新的家庭的组建。再婚家庭现象,随着社会对生活方式的包容度的提升,已经成为一个非常普遍的现象。在婚姻这座围城里,再婚面临着更多的现实问题,尤其是当双方有孩子时,如何合理地解决这一矛盾就成为再婚家庭是否幸福的关键。

首先,小静和现在的丈夫应该和孩子进行良好的沟通,贝贝之所以出现对小志的排斥,是因为贝贝觉得小志会取代自己爸爸的位置。在这种情况下,小静一定要告诉孩子:小志的出现并不是要取代自己原来的爸爸,在孩子的人生当中,没有人可以取代自己的爸爸。新的家庭成员的出现只是多了一个人去爱孩子。如果孩子明白小志的出现不是代替自己的爸爸,那么孩子在接受新的家庭成员的时候就不会特别排斥。另外,在和孩子沟通的过程中,和正常家庭一样,再婚夫妻应该在亲子教育和管教方式上达成统一战线,并保证两人间的交流通畅,这样,孩子才不会不知道该听谁的好,也不会因为夫妻两人意见不合而反感。

其次，因为妹妹的出现，家庭中原本给贝贝的关注一下子全部转移到妹妹身上，本来就没有安全感的贝贝会更加觉得孤独和难受，认为妈妈不会再爱她了。因此，对于再婚家庭的孩子来说，家人一定要尽可能给予更多的关爱，让孩子感受到大家对他的关爱，让孩子有存在感。

除了和贝贝进行良好的沟通以及足够的关爱之外，夫妻两人还要经常在家中举办一些小活动，尽量创造机会让孩子参与各种家庭活动及决策制定，这样孩子在家中就会有参与感，能够感到自己属于这个家庭，而不是像贝贝之前认为的，这个家是属于其他三个人的。只要父母充满耐心和爱心，久而久之，孩子就会产生安全感和归属感。这两种情感既有利于孩子的健康成长，也有利于家庭的和睦及长久。

只要父母及时发现家里的问题并想办法努力解决，再婚家庭也未尝不是一个适合孩子成长的地方。再婚家庭让孩子有机会结识更多家庭成员，并且和异性兄弟姐妹一起解决问题也是一个宝贵的学习经历。在再婚家庭中长大成人的孩子具有比一般人更强的适应能力；他们更懂得容忍和让步，也更能从不同的生活方式中获得成长。因此，只要夫妻双方共同努力，孩子们一定会变得更优秀，也相信贝贝可以走出之前的独孤，重新开始自己的快乐的生活。

31. 被放大的不幸

她叫小田，今年33岁，和丈夫在北京上班已经有9年了。他们有一个12岁的女儿，名叫小宝，不幸的是3年前被北京儿童医院诊断为癫痫。

自从得知孩子患有癫痫，小田觉得人生要崩溃了，脑子整天乱哄哄的，晚上也睡不着觉，头发大把地掉。因为孩子的治疗和学习问题，她开始不断地和丈夫争吵，最后两人分居而住。小田一边上班，一边陪着孩子看病、上学，丈夫则选择出差工作，也落得清静。

小田每天早上6:00起床，急匆匆地收拾好自己和孩子，然后送小宝去上学。除了早读、早操，上午的四节课，课间还要看着孩子上厕所，她生怕由于自己的疏忽，孩子出现危险。中午带孩子回家交给奶奶，自己匆匆吃完饭又赶去上班，下班后急急赶回家，督促孩子写作业，看着孩子吃药，哄孩子睡觉，待孩子睡下后继续抽时间做工作上的事情。这样的劳累使她每到中午便觉得两腿发软，迈不动步子，非得歇一歇才能再次出门上班。她觉得非常痛苦，孩子每天看到妈妈愁眉苦脸时总是感到不知所措，在妈妈面前也总是小心翼翼，甚至不敢和妈妈说话，生怕说错一句话，就会惹来妈妈的一顿批评。

家人很不理解小田，孩子在医生的指导下规律服药，癫痫发作已经明显得到控制，孩子也可以正常上学，虽说成绩并不是十分优秀，但也在中等水平。自从病情得到控制，孩子晚上睡眠也好多了。所以丈夫和婆婆认为孩子没有什么大问题，是她的心态有问题。

因为照顾孩子，她在工作上并没有尽职，同事和领导刚开始还会抱有同情心，时间长了难免会对她的工作状态不满意。她决定辞职，去了单位的人事处，因为合同未满约，还需要交几万元才能走人，但即使是这样，为了能够全身心地照顾孩子，她还是毅然辞去了工作，专门在家照顾孩子的生活和学习。

在小田的眼里，除了孩子，已经容不下任何事情，她甚至陷入了深深的自责，认为孩子疾病是她造成的：可能是怀孕的时候吃了不应该吃的东西；也可能是自己喂养孩子的时候得过感冒；也可能是搬家的原因，新家挨着地下车库很近，孩子一定是呼吸了不干净的空气。这种自责常常让她陷入巨大的悲痛之中，她觉得如果孩子治不好，自己活着也没有什么意义了。

● 问题聚焦：情绪调节

情绪调节是每个人管理和改变自己或他人情绪的过程。成功的情绪调节，主要是要管理情绪体验和行为，使之处在适度的水平。小田的问题在于将自己的不幸无限放大，并将孩子的疾病归咎于自己，深深地陷入自责，所以小田需要进行自我情绪调节，换个角度考虑问题，也许事情真的没有那么糟。除此之外，她还应积极寻求资源，比如自己的丈夫、婆婆，孩子的医生，必要时也可以去做心理咨询，帮助自己走出现在的困境。

● 心灵鸡汤

你的大脑控制着你的情绪，同样，你的情绪决定着你的未来。你感到烦恼、悲伤时，就走到美丽的地方去。

● **黄老师点评**

列夫·托尔斯泰有句名言：幸福的家庭都是相似的，不幸的家庭却各有各的不幸。不幸的家庭总是有不同的伤心事以及个人的辛酸苦辣，其实每个家庭都有自己的问题，关键在于如何看待问题和解决问题，如果一家人团结起来，将问题顺利解决，那这就不是什么坏事了，反而可以增加一家人的感情。

小田将自己的不幸无限放大，并将孩子的疾病归咎于自己，陷入深深的自责，认为家人都不能理解她，因而十分痛苦。其实小田不妨试着调节自己的情绪，以积极乐观的心态去看待孩子的疾病和家庭的问题。孩子的疾病已经明显得到控制，不仅可以正常上学，也可以正常地生活。这对孩子、对父母来说应该是一件好事。小田过分的焦虑和担心会使孩子变得十分敏感，不敢和父母交流，这对孩子的成长是十分不利的。孩子也会无意中通过心理模仿等方式，从小田那里学习到焦虑、悲观的情绪。因此，作为父母，情绪和行为的控制对孩子至关重要。

除了进行情绪调节，小田还应该积极地寻求帮助。当一个家庭出现问题的时候，夫妻会有其中一方承担起大部分的责任，毋庸置疑，小田承担起了照顾孩子的绝大部分责任，丈夫虽然也在为家里赚钱，提供经济支持，但是选择出差工作，也就省去了照顾孩子、承担家务等家庭责任。因此，小田应坦诚地向丈夫说明自己的心事，希望丈夫能够给予帮助和支持，和她一起撑起这个家的一片天，取得丈夫的理解。同时，小田也应该与孩子的医生进行沟通，明白癫痫这种疾病是可以控制的，在医生的帮助下，孩子是可以过上正常人的生活的。如果小田的心理问题仍然没有改善的话，可以考虑进行心理咨询，寻求科学、专业的方法进行情绪的调节。

我们还得知：小田的眼里只有孩子，容不下任何事情，为了照顾孩子放弃了自己的事业，这样做是不科学的。她需要重新做回自己的工作，通过工作转移自己的注意力，不要眼睛只盯着孩子。孩子需要自己的空间，小田也是，尝试去做自己喜欢的事情，做自己喜欢的运动，和家人看个电影，周末带着孩子去公园转转，放松一下心情。相信小田通过以上方法，一定会让自己的生活有很大的转变。生活，应当努力使它美好起来！

32. 丈夫突然离世

王先生今年50岁，李女士今年42岁。王先生和李女士都热爱旅游，年轻时两人在云南丽江旅行时偶然相识。人们常说，相遇是缘分，相逢是意愿，两人相遇相识后，话语投机，志同道合，于是很快就相约再次见面。当时李女士在北京中石油工作，王先生在广州一家外企工作。有缘千里来相会，王先生千里迢迢从广州来北京追求李女士，两人就此确立了恋爱关系，很快就坠入爱河。王先生为了李女士辞去了广州优越的工作，来到北京一家企业就职。两人在亲朋好友的见证下，在北京举行了隆重的婚礼。虽然王先生比李女士年长了8岁，但婚后王先生对李女士呵护有加，李女士一直生活得像童话中的女主角一样，爱情甜蜜，生活美满，过着让人羡慕的生活。两人兴趣爱好一致，只要有时间就抽空去度假，相亲相爱。很快两人生育了一个可爱的宝贝儿子，他也很争气，从小就好学懂事，成绩优秀。他们这个和睦的家庭是人人羡慕的好家庭。

王先生多年以来一直患有高血压，可是平时因工作压力大，工作忙，过度疲惫，没有时间关心自己的身体，血压没有平稳控制。天有不测风云，去年5月1日他在公司加班时，患急性脑出血不幸晕倒，送往医院抢救无效离世。面对如此惊天噩耗，李女士完全无法接受，觉得老天和自己开了天大的玩笑，整日以泪洗面，从此一蹶不振。她不让家人碰王先生的东西，家里的一切摆设要像以前一样，吃饭时候也要像从前一样给王先生摆碗筷，甚至还往饭碗里夹菜。

开始大家以为李女士只是一时不适应，时间长了就好了，可是这样过了2年，李女士还是无法振作，整日郁郁寡欢，不思饮食，对外界不感兴趣，总是长时间处在悲痛之中，时常独自坐于一个角落发呆，闭门不出，对家人没有亲密感。她感觉到自己的脑子变笨了，不会思考问题，认为活着毫无意义，觉得自己没有用，拖累了家人，甚至多次有轻生的想法。慢慢地，家人发现李女士会一个人自言自语，还说有人在和她谈论一些事情，家人觉得李女士精神越来越异常，想带她去医院检查，可是李女士觉得自己很好，拒绝去医院，家人很担心李女士的状况，不知如何是好。

● **问题聚焦**：亲人离世

面对家人的离世，我们都会出现一段时间的哀伤，这是不可避免的。但是持久的、异常的哀伤，就可能是一种病态的模式，需要我们去识别和处理。

● **心灵鸡汤**

人生的路是漫长的，如果你只是一味地感伤已经失去的东西，那么你将一无所有。

对于生命而言，接纳才是最好的温柔，不论是接纳一个人的出现，还是接纳一个人的从此不见。

● **黄老师点评**

我们每个人在面对亲人的离世时，都要经历一个感情悲痛的过程，正常的悲痛反应主要表现是空虚和失去的感受，悲痛反应的不快乐可能随着天数或周数的增加而减弱，通常在他人提到逝者或是见到逝者遗物，或者到曾经与逝者一起相处的地方时，触景生情，会出现悲痛反应。有时候会伴有自我责备感，比如责怪自己之前没有好好关爱逝者，临走时也没有很好的道别等等。像这样正常的悲痛反应能在一段时间后慢慢调整过来以适应当前的生活。但是生活中我们能看到有的人却从此一蹶不振，长期处在深深的悲哀和沮丧之中，对外界不再感兴趣，失去爱的能力，这样因持续地处在悲观情绪之中，无力遇见或者感受幸福和快乐，处在自责之中，没有了自尊，觉得毫无价值感，甚至自我憎恨，不配活着，无力应对悲伤的痛苦而想结束自己的生命，无论是在程度及时间上都超出了正常的哀悼，而是达到了一种病态的模式，就是我们常说的抑郁症。

那么，如何去分辨正常的哀伤反应还是已经达到了抑郁症的诊断了呢？美国精神疾病诊断准则中就提出，若出现以下症状，病态模式的哀伤诊断就成立：一是感到内疚，但不是因对逝者死时已做和没有做的事而感到内疚；二是有寻死的念头；三是病态地认定自己一文不值；四是身心运动显著迟滞；五是持续并显著的功能性损伤；六是出现幻觉，但不是觉得自己听到逝者的声音或短暂地看到逝者的影像。正常与异常哀伤的区别，在于当事人反应的强度与持久度。像李女士这样，丈夫的离世后两年的时间，仍然出现持久的悲伤，感到罪责，有寻死的想法，产生自罪自责，病态地对自己的价值感、自信心进行贬低，凭空听到有人与自己讲话的声音，这些都是病态的表现，已经超出了正常的哀伤反应。我们要深入地理解和辨别哀悼和抑郁所产生的自责行为的不同，从而判断哀伤的人是否出现异常的行为。所以说即使是面对同样的哀伤，病态的模式还是存在的，需要我们去识别和处理。另外，如果出现李女士这样的行为，一定要到专科医院寻求专业救助，才能更好地改善症状，促进康复。

33. 抑郁的新妈妈

小孙是中石油的一名普通员工，今年25岁，大学毕业后就与大学男友登记结婚。由于双方都是刚毕业工作，步入社会不久，经济也刚刚起步，所以在工作中都面临很大的压力。刚结婚时，双方就约定婚后三年内不要孩子，等事业基础和经济实力相对稳定后再考虑。可是没有想到的是，结婚不到一年，孙小姐就意外怀孕了。摸着自己的肚子，孙小姐下了狠心，这个孩子是"计划"外的，必须打掉。和自己的老公商量后，小两口一起去医院做人流，医生提醒说："你本身就患有多囊卵巢综合症，能够怀孕已经是很不容易了，如果这次做掉，以后极有可能无法再怀孕了。"无奈之中，小两口只好临时改变"计划"，要了这个孩子。但是随后小孙就出现了紧张、烦躁、焦虑、乏力的一些症状。

分娩后不久，上述症状持续加重，此外还有精神不振，失眠，奶水不足、容易生气等情况。在医院时，床前总有医生、护士的照顾，还有朋友来探望，可是回家后，老公总是忙，通常很晚才回家，自己能够从老公那里得到慰藉的机会非常少。小孙马上就要迎来26岁的生日，之前三年她都是和丈夫还有家人一起过的，这一次她提出想和丈夫过一次二人世界的生日，丈夫答应了。然而最后老公却食言了，在她生日那天，丈夫忘记了此事，当她随后提起时，丈夫却反感起来，觉得她不够成熟，不知轻重，小题大做。

产后，小孙和老公住在婆婆家里，婆婆做事很细心，但是毕竟不是亲妈，交流起来有些困难，经常会为一些细枝末节的琐事发生口角。现在宝宝已经出生快2个月了，孙小姐觉得自己的情绪越来越糟糕，经常感到悲伤无助，对未知的将来充满了恐惧之心：我有没有足够的奶水喂养孩子？怎么喂？怎么抱孩子才正确？孩子哭个不停怎么办？孩子生病了怎么办？孩子会不会死去？孙小姐现在几乎已经到了绝望的境地。

● **问题聚焦**：产后抑郁症

产后抑郁症是指产妇在分娩后出现的抑郁障碍，其表现与其他抑郁障碍相同：情绪低落、快感缺乏、悲伤哭泣、担心多虑、胆小害怕、烦躁不安、易激惹发火,严重时失去生活自理和照顾婴儿的能力,悲观绝望、自伤自杀。如能早期识别,积极治疗,预后良好。

● 心灵鸡汤

产后抑郁并不是妈妈们的"矫情",它的确是一种疾病。目前觉得自己被产后抑郁情绪击中的产妇多达80%,这并不是妈妈们应该承受的,产后妈妈无法独自面对如此大的困境,因此丈夫的责任是无法逃避的。产后抑郁需要产妇、配偶和家人共同面对,作为罹患产后抑郁的妈妈们,不需要有负罪感,因为你们已经很伟大了。

● 黄老师点评

产后抑郁症是女性精神障碍中最为常见的类型,女人生产之后,由于体内的性激素、身体的肥胖、心理的脆弱、情绪等变化很大,这时如果丈夫不懂得去承担照顾孩子和妻子的责任,那么很容易导致妈妈情绪起伏不定。相关报道称,每10个产妇中,有5～7人都遭受着产后抑郁症的折磨。如果事件中的丈夫能够多体贴妻子,多点关爱和陪伴,相信也不会发生这样令人心痛的事情了。女人怀胎十月,承受的压力旁人无法体会。孩子出生后,雌激素迅速下降,身体又不能马上恢复,如果此刻家人还不给予安慰和关心,那么很容易导致抑郁症的产生。

要如何面对产后抑郁呢？产妇自身方面要做好心理和生活方式的调适：一是做好母亲角色的转换，过去是被照顾的对象，现在自己要肩负照顾婴儿的责任，要做好足够的心理准备，注意克服损失感，如失去工作晋升机会、自由和许多娱乐的时间，失去以往身份，失去苗条身材等；二是作为孩子母亲的价值观需要有所改变，对自己、对丈夫、对孩子的期望值要接近实际，对生活的看法也要实际，努力增加幸福感和责任感，感受新生命诞生带来的幸福快乐；三是在做新妈妈之前，需要付出时间和耐心，接受妊娠、分娩、哺乳和育婴知识的培训，减轻对妊娠、分娩和养育婴儿的紧张恐惧心理，尽早了解学习育婴技能，避免婴儿到来时手足无措，紧张慌乱；四是照顾新生儿产妇会精疲力竭，疲劳和缺乏睡眠容易导致情绪低落。尽可能多休息，不要什么事情都亲自去做，学会寻求帮助，孩子睡觉时产妇也尽量睡觉；五是放弃完美主义的想法，不要迫使自己做所有的事情，不要期望每一件事都做得十全十美；六是要学会寻求丈夫、家人和朋友的帮助，例如请丈夫帮忙完成家务和夜间喂奶工作，请家人帮助准备食物或者处理家务等等；七是保持良好的健康习惯，适度锻炼身体，走出户外，带着孩子到户外活动、散散步，呼吸新鲜的空气，感受温暖的阳光；八是保持营养丰富的饮食，多吃谷物、蔬菜和水果，同时注意为自己创造安静、闲适、健康的休养环境；九是注意主动与他人分享自己的感受，多与自己的配偶在一起，告诉他你的感受；找一个信任的朋友，和他倾诉一下你的感受；和别的新妈妈聊聊天，相互沟通。这样可以缓解情绪，也可以学习到新的应对方法和经验。

除了产妇自身的努力,配偶和家人应该怎么做呢?一是配偶和家人要了解学习产妇照顾和育婴知识,多给予理解、关心和支持;二是配偶和家人要愿意承担家务和分担照料孩子的事务,及时告诉产妇育儿的经验,帮助其适应新的生活变化,平稳度过陌生和慌乱期;三是为产妇创造安静、闲适、健康的休养环境和氛围,以利于产妇的身心健康;四是帮助产妇适应角色转变和心理转变,培养自信、乐观、积极、健康的性格,培养积极的认知模式、情绪和行为模式,提高对环境的适应能力;五是简化生活,避免改变。在怀孕和分娩后1年内,不要做出任何重大生活改变,重大的改变会造成不必要的心理压力,使生活更加难以应对;六是在照顾孩子的忙碌中,别忘观察产妇的情绪,多沟通,如发现有产后抑郁的一些表现,及时分担产妇的忧郁和担心,及时劝解、疏导或咨询专业机构,一旦确诊,尽早干预,避免病情加重,避免不良的后果发生。

34. 谁能给我一个好的睡眠

吴景出生在一个书香家庭,父母都是中学老师,自幼在父母呵护下长大,从小性格外向开朗,善于交际,人缘较好。吴景上小学后,学习成绩好,深得老师器重,也很少让父母操心,是个品学兼优的好孩子。吴景从小就崇拜医生,立志学习救死扶伤的精神,她的理想就是长大以后当一名医生,"除人类之病痛"一直是她的座右铭。很快吴景就高中毕业了,也如愿考入了当地一所医科大学。经过多年的学习,研究生毕业后进入当地一家三甲医院工作。工作后与丈夫相遇相识，后相恋结婚。婚后顺利诞下一枚可爱的小公主，家里生活甜甜蜜蜜。

随着孩子的一天天成长，家里的负担越来越重，吴景的丈夫因在外经商，对家里的关心特别少，吴景必须独自一人带女儿，在医院工作又辛苦，工作压力大，加班熬夜是常有的事情，每周还需要上两次夜班。每当上夜班时，就只能将孩子送到父母家里照管。吴景要兼顾家庭和工作，经常因劳累而情绪不好。渐渐地，吴景觉得自己力不从心，由于工作压力的增大，以及丈夫的不关心，她心里总是失落落的。现在吴景觉得自己睡眠不好，加上自己上夜班时睡眠被打乱，时常出现该睡睡不着、没有睡意的现象。有时睡不好，她只能独自一人饮酒来借以消愁，喝了酒以后才能让自己睡着。虽然睡眠不好，但白天还是能打起精神，问题是她与丈夫的关系越来越差。

吴景睡眠不好越来越严重，晚上有困意，但只能睡3-4小时就清醒了，醒后就会烦恼与丈夫的感情问题，胡思乱想丈夫是不是已经有外遇等，越想越清醒，无法再入睡。白天精神开始变差，神疲力乏，勉强能完成工作任务。性格也越来越急躁，经常因小事和同事发火，与同事的关系出现裂痕。她自己也觉得睡眠不好会对健康有危害，担心睡眠少会对身体不利。于是她到药店买安眠药物治疗，服用安眠药后能睡一整晚，但吴景看完说明书后，担心药物会有副作用，就没有继续服用。此后吴景睡眠越来越差，整晚没有睡意，即使勉强入睡也是勉强维持2-3小时睡眠，醒后便不能再入睡，白天困倦，疲乏无力，烦躁，脾气变差，担心晚上睡不好，就这样恶性循环，没有精力工作，她对此感到非常苦恼。

● 问题聚焦：睡眠问题

　　伴随着生活节奏的加快及生活压力的增加，睡眠障碍也逐渐成为困扰都市人群的大问题，良好的睡眠不仅对于身体，而且在心灵方面都是一次全身的调整。失眠是一种十分普遍的睡眠障碍，引起失眠的原因很多，有躯体因素：如疼痛、咳嗽、夜尿等；环境因素：如生活习惯的改变，更换住所，声音嘈杂和光线刺激等；生物药剂因素：如浓茶、咖啡等；还可能由其他神经精神疾病引起，最常见的原因是精神紧张，焦虑恐惧，担心失眠。

● 心灵鸡汤

　　喜也是一辈子，悲也是一辈子，何必想太多，抛开一切，以笑容面对所有压力。

　　无论发生什么，失去什么，得到什么，我们最不能失去的是我们自己。

● 黄老师点评

　　失眠的原因有很多种，我们看到吴景是因为家庭问题出现精神紧张以及工作压力大等心理因素导致的失眠。那么我们先来认识一下什么叫作失眠症，失眠症是对睡眠的质和量持续相当长时间的不满意状况。对失眠的焦虑、恐惧心理会形成恶性循环，从而导致症状的持续存在。此外，如受白天生活的影响，个性人格特征，自幼不良睡眠习惯及遗传因素也可能成为引起持续失眠的原因。失眠症的主要表现有入睡困难、睡眠不深、易惊醒、自觉多梦、早醒、醒后不易入睡、醒后感到疲乏或缺乏清醒感、白天思睡。

失眠往往是由心理、生理多种因素所致。失眠患者往往因为对睡眠过度担忧而在睡眠时表现出过度警觉、紧张的情绪，而这些情绪往往又可能导致患者难以入睡或者夜间频繁觉醒。如何更好地提高睡眠质量呢？第一，要创造良好的睡眠条件，调整改善睡眠环境，避免噪音，保持卧室内空气清新，光线暗淡、温度适宜。第二，作息时间规律，坚持良好的睡眠作息制度，定时起床，定时休息，体内的生理性物质到时候就会自动调节，让人轻松入睡。第三，睡前避免剧烈运动，饮食量适当，不宜喝浓茶和咖啡，做一些使自己放松的活动，使心情平静，利于睡眠。第四，自我训练及催眠，通过自我放松，创造一种情绪轻松、肌肉松弛的状态，以达到有利于睡眠的目的。如果通过改善后仍然效果不佳，我们可以服用一些有安眠作用的抗焦虑药物来改善失眠，但这些都要到专科医院进行专业的治疗才能更好地康复。

35. 被离婚的高富帅

小迟是典型的高富帅，30岁出头的年纪，已经在北京朝阳区一个高档小区买下了180平方米的大三居，开着奥迪A6，任中石油某海外公司财务经理，3年前自由恋爱结婚，妻子年轻漂亮，比小迟小6岁，据说还是官二代，所以就不难理解为什么小迟的微信、朋友圈都是晒恩爱，秀幸福了。每次见到小迟，他总是三句话不离妻子，一有假期就会带着妻子去旅行，周末总是在家做妻子爱吃的西餐配红酒，当然还不忘发个朋友圈，真是对她宠爱有加，每次见面他都会看见一脸幸福的笑容。因为二人世界太幸福，他们结婚3年了，也还没有要生孩子的计划。

因为工作的需要，小迟要被派到非洲某项目担任财务总监，任期3年。接到工作调动通知的当天，小迟就联系了我们说是想聚聚。聚会中，小迟一改往日灿烂的笑容和活跃的情绪，满面愁容且欲言又止。去海外工作是升职加薪的好机会，大家都很羡慕并举杯祝贺，但看到小迟闷闷不乐的样子又不知该如何是好。

转眼，小迟出国的日子到了，大家为他送别，为了能让国内有更多人照顾妻子，我和小迟的妻子互相加了微信好友。中石油海外工作的规律是国外待3个月，国内待1个月。开始的3个月，小迟的朋友圈是对新工作的欣喜和对新环境的热爱，跟妻子的朋友圈互动也很频繁和甜蜜。他妻子的朋友圈多半是自拍、逛街、看电影、做spa、聚会加秀美食，典型的年轻人的自由日子。

小迟出国一年后聚会，我们震惊地得知小迟已经离婚半年了。协议离婚，房子归小迟所有，汽车归妻子所有，问起原因据说是妻子跟自己单位的上司在一起了，因此决议要离婚，小迟怎么挽回都没能留住妻子。之前帅气潇洒的小迟突然也有了白发，衣服也邋遢了不少，唉声叹气，嘴里不停地重复"究竟为什么呢？我们有感情基础啊，难道连半年的分离都挺不过去吗？早知道应该早点要个孩子，有了孩子应该就不会离婚了……早知道就不出国了，升职和加薪算什么呀……为了工作，家都没了，值得吗？"

小迟的条件在同龄青年里面肯定是优等的，但被离婚的结局却是让人觉得可惜和不好接受。其实，在中石油，由于工作需要而两地分居的年轻夫妻不在少数，让人吃惊的是离婚率达到了10%，很多年轻有为的男青年因为这些顾虑甚至出现了出国焦虑，甚至有些年轻夫妇在两地分居前临时要孩子……

● 问题聚焦：家属的归属感

归属感，又称为隶属感，是指个体与所属群体间的一种内在联系，是某一个体对特殊群体及其从属关系的划定、认同和维系，归属感则是这种划定、认同和维系的心理表现。有归属感的人一般就是有责任感的人，责任感到了一定的程度就会产生对某些东西的归属感。归属感分对人、对事、对家庭、对自然的归属感。

● 心灵鸡汤

无论我们开心的时候还是失落的时候，总会找到属于自己心情的那首歌。

有些人离开就是离开了，渐渐地，生活会变得没有什么不同，仿佛那个人不是消失了，而是从未出现过。这是我们所希望的，也是必须承认的。原来我们没有那么重要，原来我们并非不可遗忘，面对时间，我们都一样。

● 黄老师点评

小迟的案例在石油系统两地分居的年轻夫妇中非常常见，80年代到90年代的年轻人在父母长辈的呵护下长大，心智还没有那么成熟，夫妻双方恋爱结婚时间多数在1-5年左右，还没有真正进入家庭生活，很多夫妻还没来得及很好地磨合和沟通。而此时就要面对长期的分离，其实双方都还没有准备好。那么，面对这样的问题，年轻的夫妻应该如何面对呢？

第一，集体活动的重要性。单位的相关部门（比如工会或者部门）要为员工和家属提供相互理解和了解的渠道。最常见的形式是经常组织携带家属的文体活动，通过携带家属的文体活动，一方面可以丰富职工的业余文化生活，增强企业凝聚力，另一方面更是可以让家属更加了解员工的工作环境、工作内容，建立起家属之间沟通的渠道，建立起家属与企业相关部门（如工会）组织的沟通渠道，让家属感受到自己是企业的一部分，即使爱人不在身边，也能有一种"有人管"的感受，从而提高家属对家庭和企业的归属感。同时，家属参与到企业文体活动中，能够对家属提供重要的情感支持与尊重，家属会在活动中感受到集体的融入感和荣誉感，从而和爱人一样感受到工作的责任感，通过这样的活动，可以达到爱人之间的相互支持和理解。更重要的是家属在集体活动中感受到了尊重，会将这种由单位带来的尊重投射到爱人身上，从而感受到来自爱人的尊重。员工本人也会通过这些活动，感受到家庭、家属的重要性，产生和强化家庭责任感，有助于家庭的稳定。

第二，仪式感的重要性。仪式感是人们表达内心情感最直接的方式，《小王子》里说仪式感就是使某一天与其他日子不同，使某一时刻与其他时刻不同。仪式感能够唤醒人们对内心的尊重，因而更能尊重生活。一场仪式，很多时候是给予一个契机去迎接一个全新的开始或者一个转变，就像孩子读大学、军人离家时的欢送会、分别时的散伙饭等等，仪式是重要的环节。有条件的企业可以定期组织赴海外或外地员工欢送会，以及归来人员的欢迎活动。尤其是第一次出国/去外地工作的员工，让员工和家属同时萌生和强化企业的荣誉感、责任心以及家庭的稳固性。没有条件的企业，员工自己也要有意识地形成这种习惯性的仪式感，比如每次离别时的一顿浪漫晚餐，每次见面时的热烈拥抱和对方喜欢的礼物。很多夫妻都会有这样的小"浪漫"，有的人出门每到一个地方都会给妻子带一个当地的特色手工或者一个当地特色的冰箱贴，有的人每次回家妻子都会带着鲜花到机场迎接，有的单位还会派车送家属前往机场迎接回家的员工……夫妻双方要针对对方的喜好，找到适合自己家庭的仪式感，这特别有助于牢固夫妻感情，维持爱的新鲜度。

第三，夫妻间沟通的重要性。杰克·韦尔奇有一句名言是："沟通、沟通、再沟通"。为了夫妻双方都能够对两地分居生活有充分的心理、生理、经济、精神等各个方面的准备，夫妻之间必须就此话题进行针对性的、反复多次的、充分的、开诚布公的沟通。这种沟通建议是从结果倒推的方式，双方可以把两地分居后夫妻双方可能产生的所有问题和结果都进行沟通，比如感情冷淡、第三者、家庭收入分配、双方工作和发展、双方父母的照护、生育子女、亲子关系等等，每对夫妻对于问题的提出和关注度均不同，但不论我们关注哪些问题，这些问题必须要在夫妻分离之前进行充分、透彻、坦诚的沟通，达到双方的共识。这样，遇到问题时因为已经提前沟通了，对双方的伤害或者打击可以达到最小；或者因为提前思考和沟通过类似的问题，出现问题时还可能有进一步沟通和挽回的可能，将结果尽可能最优化，达到夫妻间的最优结局；或者因为提前沟通过，所以遇到问题时就可以游刃有余，按部就班，不慌不忙，生活仍然以既定的轨道前行，不会对核心家庭带来太大的冲击，所谓有备无患。

准家庭恋爱

36. 十年相亲路

玲玲今年34岁，是中石油的一个白领，未婚。玲玲的父母都是从农村考上大学，毕业后在一所大学任老师。玲玲自幼性格倔强，有一个哥哥和一个姐姐。玲玲读书时学习成绩在班里居中上，相对稳定。其父母经常因为双方家人的事情吵架，感情一般，并因此对玲玲和另外两个子女关注较少。玲玲对父母的亲密和依赖程度不高，初中二年级时曾因搬家转学一次，大学毕业后，分配到中石油工作，至今还未曾有过一次真正意义上的恋爱经历。

一直以来玲玲都是以学习、工作为重心，觉得谈恋爱只会浪费时间，等以后事业稳定了再谈也不迟。在读书时代就有追求玲玲的男生，玲玲要么不搭理，要么直接拒绝，觉得这些男生都不够优秀，没法配上自己。刚开始工作，周围人也陆续给玲玲介绍男朋友，玲玲要么觉得对方不够体贴，要么觉得对方小气，要么觉得对方收入不高，要么觉得对方个子太矮，要么觉都对方太强势等等。工作十年，相亲十年，玲玲周围的朋友陆续结婚生子，自己真正成了剩女。

最近，玲玲请朋友打听一个自己认为比较合适的恋爱对象的情况，因为朋友没有帮忙所以十分愤怒，觉得朋友过河拆桥。玲玲跟自己家人的关系也处理得不好，觉得他们不理解自己，自己做了那么多，他们还总是对她挑三拣四。玲玲很瞧不起自己的父母亲，认为父亲很自私，母亲很无能，哥哥和父亲一样让她不能接受。但同时有时候又觉得自己不应该对父母有这样的情绪，觉得内疚。

在感情问题上，34岁了都还没有结婚，玲玲觉得周围有人经常议论自己，说自己可能有心理和生理上的问题，故而她的压力特别大。玲玲也很希望能够有一个恋爱交往的对象，但是她自己对人太挑剔，特别是选择配偶上面，更是小心翼翼，以致相亲多次，没有一次成功。工作中，她觉得许多人都"阿谀奉承"和"两面三刀"，她对此疾恶如仇。玲玲特别讨厌自己这种状态，不知道该怎么办，认为肯定出了什么问题。

● **问题聚焦**：伴侣理想化问题

> 目前一些优秀的男女青年，到了该恋爱结婚的年龄，却一直是单身状态，大多数情况下并不是身边没有合适的伴侣，而是在自己心中容易将未来的伴侣过度理想化，期待一个完美的伴侣。在与对方接触当中，一旦发现对方失去了光环，就会因为无法忍受对方一点点的不完美而放弃和贬低对方。

● 心灵鸡汤

　　理想化的爱人越是伟岸，优点越丰满，幻想的破灭也越彻底。世上根本就没有完美的事物，所以也不会存在完美的伴侣，真实往往比完美更有力量！

● 黄老师点评

　　表面上玲玲总是对朋友、家人等感到不满和失望，觉得大家的道德水平和素质很低。实质是她不能够对现实进行客观的认识和接纳，对人际交往有较大的理想主义色彩。当体验与期望值出现差异时，便产生内心的不平衡和冲突。

　　玲玲幼年时受到父母情感上的忽略，使其产生对家庭成员关系的不信任，没有安全感。常常看到别人家父母的和蔼亲切，感到自卑。由于家庭成员中亲密关系的欠乏，玲玲对和谐的人际交往关系产生了强烈的渴望，渴望彼此关心、彼此需要、相互信任并可以相互依赖的关系。她将这种需要投射到学习工作和生活的各个方面，同时抱有相当理想化的色彩，并且因此付出了自身的努力，并用较高的道德标准要求自己。但玲玲对人际交往关系的完美期望与客观现实之间存在认知偏差，对人际关系多样化的现实准备不足，不敢正视，甚至不能接纳和认同，因此产生内心的冲突。对伴侣或理想伴侣的这种挑剔、要求，本质上来说，都是对自己没有实现某种特质或能力的不接纳。当你不接纳自己的时候，要么努力奋斗成为满意的自己，要么就自我接纳。一个能够良好自我接纳的人，的确是和谁在一起都会幸福的，有没有伴侣都会幸福。必须要承认，我们本身就不完美。所以，最普遍的爱情状态，就是两个不完美但适合的人一起，在漫漫岁月里，被时光磨平棱角，最终成为对方的理想伴侣。

37. 失恋后陷入痛苦的深渊

李刚，男，21岁，汉族，大学三年级金融学院学生。家中还有一个妹妹，家庭经济状况一般。李刚性格有点内向，但做事认真，待人真诚，好学上进，和同学、室友能和谐相处。在父母眼中李刚是个懂事的孩子。虽然出生在农村，但是父母对他寄予厚望，所以对他在学习方面的要求特别高。平常父母总是教育他，只有获得优异的成绩才能得到别人的尊重。李刚也这样认为，所以对自己的学习要求很高，但是内心其实还是很自卑的。

李刚大二时喜欢班上的一个女同学，后来顺利发展成了男女朋友关系，感情一直很好。大二下学期李刚寝室四个人都参加了四级考试，三个室友都过了，而自己却差几分没过。因此李刚就认为别人肯定会看不起自己，感到自卑。此后对自己的女朋友便和从前大不一样，不仅不关心，有时甚至不耐烦，但女朋友以为李刚只是一时心情不好，所以一如既往地鼓励和支持李刚。转眼就到了寒假，李刚和女朋友各自回了家，由于寒假过后李刚有一个专业资格证的考试，这个考试对他很重要，他想好好准备争取通过。所以在寒假，李刚基本每天都把自己关在房间看书，不主动和女朋友联系。女朋友多次抱怨：对她不如从前那么体贴和关心。而李刚不想在考试上再失败，于是继续专注于备考上。寒假过后，两人回到学校，李刚以为他们的感情和以前一样稳定，也许是李刚对即将来临的考试感到焦虑和担忧，他又以要好好准备考试忽略了女朋友。

十天前女朋友提出分手，李刚非常惊讶，李刚说了很多挽回的话，但她态度很坚决。几次想让她回心转意，但她依然坚决要分手。一直鼓励支持他的人不在他的身边了，李刚更感到自卑，认为像他这样的人没人会再爱他了。女朋友离开了自己，他也因此没有办法好好准备考试。李刚觉得自己什么都做不好，没心情看书，食欲和睡眠不好，情绪很低落，心情焦虑。

● 问题聚焦：失恋

一般意义上所谓"失恋"是指一个痴情人被其恋爱对象抛弃。失恋引起的主要情绪反应是痛苦与烦恼，大多数人能正确对待和处理这种恋爱受挫现象，愉快地走向新生活。然而也有一些人不能及时排除这种强烈情绪，导致心理失衡，甚至性格反常。

● 心灵鸡汤

失恋是一种特殊的情绪体验，如果说失恋是什么感觉，那么谁也说不出来，有人说："失恋，心中就如插上一把刀，一动就痛。"有人说："失恋就像吃酸味冰激淋，心里酸酸的、凉凉的，让人不能承受。"更有人说："感觉像是一个很熟悉的人去世了。"

> 如若你正处于失恋状态中,那么这些种种不是只有你一个人在承受,你正经历的疼痛是真实的,程度是前所未有的,所以心疼你,也请你心疼自己。

● 黄老师点评

文中李刚因为失恋导致情绪问题的原因有如下几点:(1)生物原因:李刚处在青年期,第一次失恋;(2)社会原因:存在负性生活事件,如四级考试没过。家庭教育中父母对他要求高,对他的教育不准确客观,如只有优异的成绩才能赢得别人的尊重,同时他缺乏社会支持系统的帮助;(3)心理原因:存在认知错误,李刚认为四级考试没过自己就很差劲,别人肯定会因此看不起他;因为女朋友离开自己而否定自己;缺乏有效地解决问题的行为模式;被焦虑情绪所困扰,不能自行解决;(4)个性特征:性格有点内向,争强好胜,缺乏自信。

想要更好更快地走出失恋带给自己的负面情绪影响,可以通过以下几个方面进行调整。

第一,可以找一个安全的空间尽情发泄不良情绪。任何人都应该有哭的权利,尤其是在失恋之时。如果不敢在众人面前哭,可以找个安全的地方私下痛哭一场;不习惯大哭一场的人,也不妨让自己的眼泪尽量流出来。

第二,要冷静理智地分析我们的问题出在哪里。既然分手已是事实,那么就要敢于面对现实。这个并不是是非对错的问题,而是合适与否的问题。你要做的就是找出你有哪些地方是对方难以接受的;对方什么时候最快乐，为什么？什么时候最痛苦，为什么？这些因素找出来以后，看看哪些是可以改的，能改则改。看看哪些是改变不了的，下次找恋人时就找那些比较能适应自己"特质"的对象。

第三，学会坚强，给自己自信。失恋者在初期最常见的情绪反应就是丧失信心、自怨自艾、愤愤不平，觉得无脸见人，或自甘堕落、逃避现实。报复之法不可取，自己灰心丧志，每日以泪洗面，误了正事，状似可怜，也不是正确的情绪反应。因为这些举动，只是使对方更加得意忘形，对自己没有丝毫的好处。这时应该告诉自己，要坚强，一切都会成为过去，只有让过去成为过去，才能让未来到来。

第四，从反省中成长。请对这份逝去的感情多多反省，试着问自己：我是怎样的人？问题出在哪里？是沟通方式还是价值观差异？在思考中，提炼出成长的力量，从中找回你的感激能力，加速你的心理创伤恢复。

第五，丰富生活。好好安排自己的生活，为情绪找一个宣泄的出口，其实你有很多生活资源，你要明白除了爱情，你还有亲情、友情、梦想，你要知道失去了爱情，你还拥有了自由。

38. "萝莉"爱上"大叔"

芳芳，女，24岁，单位职员。芳芳出生在南方的一个小城，从小跟着姨妈生活。姨妈是个漂亮的独身女人，没结过婚，就这样一直带着她。姨妈非常疼芳芳，别的小朋友有的，姨妈一点儿也不少她；别的小朋友没有的，姨妈也会满足她的愿望。

小时候，对于芳芳的身世姨妈闭口不谈，芳芳看到别的小朋友都有爸爸妈妈，而她没有，就问姨妈，姨妈总是把话题岔开。从童年起，爸爸妈妈在她心里就是一团谜，她想象着他们的模样，梦里经常轻唤着爸爸妈妈。一次，芳芳在梦中哭了，喊着爸爸妈妈，醒来时看到姨妈两眼泪汪汪地望着自己，芳芳趴在她怀里喊着妈妈，哭了很久。姨妈是爱芳芳的，芳芳也爱她，但她不知道姨妈为什么一直不结婚，家里为什么没有姨父和弟弟妹妹，她渴望完整的家庭生活，可这些都只是她的幻想。在姨妈的照顾下，芳芳长大了，顺利地考上了大学。尽管姨妈对她照顾得无微不至，但她心里仍然有种不满足感，因为在成长过程中她没有体验和享受过真正的父爱母爱。

上了大学后，姨妈才把芳芳的身世告诉了她。原来在她还没出生的时候爸爸就独自去闯荡世界了，爸爸走后，妈妈发现自己怀了孕，她想把这个消息告诉爸爸，但怎么也联系不上爸爸。那时，家里生活窘迫，妈妈不想要这个孩子，就在她走进手术室的那一刻，忽然改变了主意，决定把孩子留下。后来妈妈难产，生下芳芳后就去世了。外公外婆早就不在了，从此，姨妈负担起养育芳芳的重任。姨妈为了芳芳没有继续上学，她靠乡亲们的帮助把芳芳养大。而芳芳的爸爸却一直没有消息。

后来，姨妈来到城里打工，经过几年的创业，姨妈有了自己的店面，经济条件越来越好。姨妈对芳芳的各种要求都尽量满足，她也从姨妈那里得到了母亲一般的关爱。姨妈为了芳芳放弃了许多，也失去了许多，她一直没有结婚，芳芳觉得是为了自己，姨妈却说不是，说是怕遇不到好男人，怕像妈妈一样受到伤害，而且妈妈生芳芳时的情景让她至今心有余悸。

上了大学后，有许多男孩子追芳芳，但她不想谈恋爱，一直拒绝他们。芳芳有时甚至想就这样和姨妈过一辈子，但命运却让她碰上了小兵。他高芳芳一届，虽然他在追求芳芳的男孩子中不是最帅和最出色的，但他却是最会关心人的。每到天气变化的时候他都会提醒芳芳加减衣服；遇到下雨时，他会及时把雨伞撑起。生活中很多细小的事情，他都会想到。他细致的关爱，让身在异乡的芳芳感受到了家一样的温暖。于是，在众多的追求者当中，芳芳选择了兵做她的男友，这让一些条件比他好的男同学很奇怪，甚至问芳芳他有什么好的，芳芳只是淡然一笑，告诉他们："兵给了我家的感觉"。那些男同学露出了非常不理解的表情："你是找恋人，还是找亲人？"而芳芳却坚信自己的选择，因为兵给她一种踏实而安全的感觉，与他在一起，她非常安心。几年的大学生活中，兵给了芳芳许多无私的关爱和帮助，也许因为芳芳没有爸爸妈妈的原因，一直挺内向的，不愿意也不善于与人有过多的交往，而兵却是学生会主席，他乐观向上，与他在一起芳芳很快乐，他就像一缕阳光照进芳芳的生活，在他的影响下，芳芳也变得开朗起来。

毕业后，兵的父母帮芳芳联系了一个不错的单位，在兵的要求下，芳芳住到了他家。他的父母对芳芳非常关心，就像对女儿一样，特别是兵的爸爸对芳芳更是关怀备至，让她心里非常温暖。芳芳和兵的家人在一起吃饭时，感觉他爸爸做的饭特别好吃，而且他好像特别了解芳芳的口味，往芳芳碗里夹的菜都是她爱吃的，还说让她多吃点，这么瘦弱，要好好补补。一次，芳芳和兵出门时，他爸爸看她们穿得少，就吩咐道："小兵，今天变天，你们多穿些衣服。芳芳这里没有衣服，去拿刚给你妈妈买的那件羊毛衫来，给芳芳穿上。"当时，芳芳心里特别温暖，特别感动。

芳芳有时住在兵的家里，与他爸爸有了更多的接触。兵的爸爸非常周到细心，对兵的妈妈体贴入微，兵的妈妈只要有个头疼脑热的，他就忙前跑后地照顾妻子，有时给她捶背，有时给她按摩，还经常拍拍她抱抱她。看到兵的爸爸对妈妈如此宠爱，芳芳真是羡慕极了，她非常向往这种家庭氛围。

兵的爸爸对兵也非常关心，而且经常在大方向上指导他。有机会芳芳也和兵的爸爸聊天，与他聊天可以增长不少见识，而且让人心里非常舒服。芳芳有事情也会请教他，他总是一脸的温和，很耐心、很和蔼地回答芳芳的问题。兵的爸爸在单位是个领导，可他在家却是个实实在在的良夫慈父，从来不趾高气扬，指手画脚。在芳芳眼中，兵的爸爸是个真正的男人，他好像一棵大树，为家人遮风挡雨，还给他们撑起一片晴朗的天空。

不知道从什么时候开始，芳芳特别愿意和兵的爸爸交流，如果见不到他，就像丢了什么似的。为了能见到他，芳芳退掉了租的房子，搬到兵的家里去住。这样，芳芳就可以天天见到他了。一次，芳芳出去参加一个聚会，兵的爸爸对他说："给芳芳拿件外套，晚上降温。"当时，芳芳心里温暖极了。兵的爸爸给她一种温暖感和安全感，她觉得那才是她一直梦想的港湾。

芳芳每天下班回家不是盼着见到兵，而是盼望着见到他的爸爸，听到他的脚步声她就特别激动，如果他有应酬或是出差，芳芳就会非常失望。而且芳芳开始无意识地拿着兵和他爸爸做比较，比较的结果就是兵不如爸爸成熟、博学、达观、有深度，尽管兵一直对她很好，做事总是为她考虑，但芳芳也不知道为什么会做这样的比较！芳芳经常自责，觉得这样对兵不公平，觉得自己不是个好女孩。芳芳在内心经常谴责自己，大道理小道理也给自己讲了无数次，但就是无法控制自己去爱兵的爸爸，芳芳很痛苦，怀疑自己心理有问题，因此向心理医生请求帮助。

● 问题聚焦：父爱缺失问题

父爱缺失即孩子由于父爱缺失，如因父亲去世、父母离异、父亲长年不在家，又或父亲固然在家中，但是极少关注孩子，致使孩子出现一些心理人格问题。都说父爱如山，父爱是坚定的，充满力量的。如果缺少父爱，男孩缺少了模仿对象，不利于孩子成长为真正的男子汉。对于女孩来说，父亲是生命中第一个异性，当孩子长大一些时候，来自父亲的鼓励和欣赏会大大增强女孩的自信。父爱对渴望爱的女孩来说，得到的是安全感和满足。缺失父爱对女孩的社会交往能力和婚姻观都会产生较大影响。

● 心灵鸡汤

孩子童年所缺的，都要用余生追逐偿还。每一个孩子的需求都是完整而相似的，他们都需要通过父母的陪伴与宠爱获得亲密感与安全的依恋关系。儿时应从父母身上得到而没有得到的满足，会在孩子长大后以错误的方式去弥补。缺少父爱的孩子长大后迷恋大叔就是这样的一种补偿方式。"大叔"已经成为"萝莉"的安全感和精神鸦片，"萝莉"无法独立于"大叔"而存在，对"大叔"所谓的"爱情"只是父爱缺失的一种补偿而产生的依赖。

唯愿天下有情人都活出自我，"识人"是建立一段健康感情的第一步，不识人却痴情，最是让人无话可说，最后只能让自己伤痕累累。

● **黄老师点评**

芳芳从小生活在无父无母的家庭环境里,是姨妈的关爱伴随着芳芳成长,在她的成长过程中缺少父爱和母爱,所以芳芳也就无法通过父母得知男女亲密相处的经验和场景,在她爱的经验系统里,只体验到和姨妈之间这样一种单纯的同性的母女之爱。因此,她对爱的认识中,只有这一种标准。从而造成了她在选择男朋友时,也以这样的标准来要求男友。

其实,芳芳对男友父亲"爱"的成分里,多是亲情之爱,而非男女之爱。为什么这么说呢?因为真正的男女之爱是排他性的,而芳芳对男友的父亲只是感觉温暖和关怀,对男友的母亲没有丝毫反感,而且看到兵的爸爸和妈妈亲近时也只是羡慕,而没有嫉妒,芳芳对男友父亲的爱里没有排他性。其次,如果是相爱的双方,他们都愿意为了对方而改变自己,或者在爱人面前隐藏对异性的好感和爱的表示,而芳芳和兵的爸爸都没有,芳芳只是在默默欣赏、默默关注他,而兵的爸爸对芳芳的关心也是长辈对孩子式的关怀。还有,如果芳芳对兵的爸爸真是那种纯粹的男女之爱,那么她对他会有身体的渴望,而芳芳没有。

既然不是男女之爱,那么芳芳为什么会这样痛苦呢?那是因为芳芳混淆了爱,她从小没有体验和得到过父爱,父爱对她来说是个空白,她一直渴望父爱。当遇到男友的父亲时,正暗合了她内心的渴望,这种渴望是芳芳从未打开过的心结和情结,是兵的父亲勾起了芳芳压抑已久的父爱情结,而芳芳却把这种父爱理解为男女之爱了。这是芳芳没有享受过父爱及不知道何为父爱造成的。

其实，芳芳对男友的爱也是亲情之爱多于爱情的，因为她选择男友的标准就是像父母疼女儿那种关心式的爱，因为她一直缺少这种关爱。所以，芳芳要首先想清楚自己是在找爱人还是找亲人，想清楚自己对男友的感情。当芳芳确定自己真的爱上男朋友时，两人的关系才能真正地深入发展。只有芳芳理顺了自己的认知系统后，才能做出正确的选择。

39. 要步入婚姻殿堂，她却犹豫不前

唐某，今年31岁，有一个四口之家——妈妈，继父，哥哥和她。她大学毕业，身体健康，没有重大疾病史，高中离开家开始上寄宿学校，成长道路虽不是很顺利，经常出一些小事故，但在母亲的关爱教育和继父的厚爱中也没有受过什么大的挫折。可到了该谈婚论嫁的年龄，却一直没有什么动静。终于有一天，她回家宣布有了一个正式交往的男朋友，家人总算松了一口气。可好景不长，原本性格外向爱说爱笑的唐某，谈了恋爱之后却慢慢变得反常，情绪波动非常大，要么异常兴奋，要么少言寡语，眉头紧锁，食欲不振，严重失眠……

唐某称那个男孩非常爱她，也非常想成家，一直催促着婚事。作为一个大龄青年，能找到各方面都比较满意又有感情的对象，她觉得很幸运，也很享受恋爱的感觉。可是，真的要让她步入婚姻的围城，她却又犹豫不前，内心的恐婚情结总会时而泛起。

她自己分析了一下，觉得自己的烦恼主要来自这几个方面：一是还非常留恋单身的状态，喜欢那种随性自在的感觉，喜欢一个人决定所有的事

情，很难想象结婚以后有了另一个人的约束，做什么都要两个人商量着办的日子；二是她的男朋友是那种传统型的男性，他自己高薪、工作很忙，所以希望妻子的工作安稳舒适些，能够多照顾家庭，但是，恰恰唐某也是单位的骨干，工作压力也很大，而且她在事业上也很有上进心，绝不想做那种上班混混日子、把老公孩子看作自己整个世界的家庭妇女。她觉得婚后两个人很可能因为这事产生矛盾，但是她又不知道自己是否有足够的智慧和能力去平衡好工作和家庭的关系，因为现在仅仅是工作就快把她压垮了，想着以后还有烦琐的家务和小孩需要照管，她真的很怀疑自己能不能扮演好妻子的角色；三是她常听人说，结婚不是嫁给一个人那么简单，而是嫁给对方的家庭，她对自己是否能以女主人的身份处理好那么多的亲戚关系感到迷茫。

都说恋爱中的女人最美丽，可唐某却像是得了躁郁症，这可急坏了家人，尤其是她母亲，因为她最近总是向母亲追问和父亲的过往，这让母亲的心里隐隐不安。但母亲还是把伤心往事回忆起来讲给女儿听。这一说，反而让唐某的症状更加严重，连着一个月不能去上班……唐某说："不知怎么回事，我最近总是做让人很难受的梦，醒来后那种阴郁或者恐惧的情绪像迷雾一样笼罩一上午甚至一整天，在这种情绪状态下非常影响工作和正常生活，每天生活像梦游一样……比如一次做梦，梦到男友来看我，带着一个白色的大盒子，打开盒子，是一盒密密麻麻的蜘蛛。我当时就吓醒了，惊出一身冷汗，颤抖不止。"

唐某的父母在她6岁时离婚，婚后几年各自组建了家庭，唐某的继父是一位非常称职的父亲，给予她的关爱比生父有过之而无不及。但她始终记得童年时期家里的冷战，家里冷得似乎空气都凝冻的压抑；记得有几年母亲一个人带她的艰辛和隐忍；记得母亲提起生父时眼中的痛楚……

- **问题聚焦：恐婚症**

恐婚症是很多现代都市白领常见的问题，对婚后可能有的平淡生活的恐惧、对婚后应该承担的责任的恐惧，是他们害怕步入婚姻殿堂的最重要的因素。纵观陷入婚姻恐惧中的人，往往有两类：一种是不够自信的人，他们知道婚姻有幸福的可能性，但却不敢承担未来变化的风险与责任。面对危机，他不相信自己有应对解决的能力，所以不敢或不愿去进行这项"探险活动"；另一种是个性张扬、过度追求自我的人。

- **心灵鸡汤**

婚姻是一双鞋，合不合适只有自己知道。如果你拒绝穿鞋，也许避免了因为鞋子不合脚而磨出血泡，但也可能因赤足行走而踩到钉子上。到那个时候，你或许会意识到，婚姻其实也是对爱情的一种保护。

幸福的婚姻生活是治疗"恐婚症"的最佳方法。

- **黄老师点评**

本文中的唐某虽然因为之前的经历和认知让她懂得了很多关于婚姻的客观的东西，但是这一切，让她对婚姻有一种本能的恐惧和拒绝。她从心里暗想，以后一定不轻易恋爱，爱情一定是两个人思想上的共鸣、生活中的默契，是志趣相投，是品位相近，是相互理解包容，是责任担当，是细致入微的关心，是无条件的信任，否则她一定不会去爱。

抱着这样的期望，她把感情划分为非黑即白的两个区，不符合的统统拉入黑名单。一旦投入感情就抱有太多的期望，而这些期望多是幻想的、美好的、不切实际的。一旦失望，就把一切都否定掉，觉得自己必然不会幸福，然后自己在那里痛苦，所以往往是对方什么都不觉得，但这边已经痛苦得死去活来。

恋爱中因为发现男友的一些特质像生父，导致她把父亲的角色投射在男友身上。对父爱缺失的渴望，他希望男友能包容自己，能像一位父亲一样去宠爱疼爱自己。内心深处对父亲的爱与恨的交织，在与男友的相处中导致她内心不断处于纠结冲突中。她一方面很爱男友，另一方面又因为男友某些言行触碰了她内心的伤痛，而对男友发火或者冷战。在男友身上投射了太多她所缺失的生父的爱，想从中弥补这种缺失，抱有太多不符合实际的期望。因为父母离婚又让她对婚姻持有一种很悲观的态度。高度的期望值和对未来的悲观态度，不断煎熬着她，同时也煎熬着男友。所以两个人在相处中就有可能冲突越来越多，越来越大，这也更让她对爱情失去信心。一方面内心特别渴望爱情，一方面内心对爱情极度恐惧，缺乏安全感，焦虑抑郁。

在唐某的心里，总有种不安全感，她觉得自己一旦结婚了，就会和父母一样有不幸的婚姻经历。加上唐某性格敏感，追求完美，对婚后生活的过多考虑在面临婚姻时的表现形式就是对结婚的恐惧和逃避，因此推迟结婚，甚至宁愿独身，也不愿意"受罪"，采用"不婚"的方式来逃避。

据此建议唐某进行心理调整：重新从客观的角度认识并理解父母的婚姻；与生父多加沟通，建立依恋；弄清楚自己想要寻找什么样的爱情；学会以正确的方式与恋人沟通。只要做好充分的心理准备，唐某就能真正步入幸福的婚姻殿堂。

第二章
家庭问题巧解决

夫妻关系和谐之法

1. 夫妻相处基本原则

（1）尊重对方。

夫妻应该是相互依赖，为此彼此应相处尊重、和睦相处。在柴米油盐中，夫妻间难免发生摩擦，但请注意切勿说话做事不留余地。事后，一定要及时检讨自己，得到对方原谅。大家应给予对方足够的理解与宽容，多一份体谅，少一份抱怨。两个人相遇走在一起不容易，将心比心，尊重对方才能走得更长久。

（2）坦诚相待。

两人经过认识、恋爱才决定携手一生，那么对彼此应有一定的了解。婚后应真诚对待彼此，遵守两人的约定，齐心协力，共同经营婚姻，建立美好物质和精神家园。

（3）换位思考。

作为丈夫或妻子，彼此应以心换心，平时多关心对方。不仅要看到对方为自己、孩子、父母以及家庭的各种付出，还应带着一份爱的谢意感恩对方。如此，夫妻相处更加和谐。

（4）共同承担责任。

两个人既然选择在一起，那就从此就是相依相伴。不要再受"男尊女卑"思想的误导，而应像好友般相处，找新的角度欣赏对方。凡事都要共同商议共同商议共同承担，不要一个人说了算，否则不利于家庭的健康发展。

（5）处事公平。

很多夫妻婚后对待对方父母的态度与婚前有所差别，这种行为很伤害夫妻感情，甚至会导致夫妻感情的决裂，家庭破碎。如果想要拥有一个美好和谐的家庭，那么需要夫妻两人把对方的家人一并当作自己的家人，履行好儿子、女婿或是女儿、儿媳的责任和义务。若是处事不公，那么首先伤害的是你爱人，最终还是伤了自己。

2. 夫妻和睦的三要素

在日常生活中，恐怕每对和睦恩爱的夫妻，都有一套相互适应的秘诀。而撒娇、温柔和幽默可以称得上是最有效的夫妻和谐"三要素"。这"三要素"并不是女性的专利，其中的"温柔""幽默"也应该是男性必备的要素。

（1）撒娇。

撒娇是一种生理现象，也是女子的天性。美国学者发现，血清素是一种能抑制情绪的物质，而女性血液中血清素明显高于男性。所以，血清素就像高超的魔术师一样，赋予了女性温柔、和气、爱撒娇的特性。试想，当夫妻间遇到了不顺心的事时，妻子主动以和气、撒娇的方式处之，那么不愉快的气氛很快就会"由阴转晴"。

（2）温柔。

一般观点认为，温柔似乎更多的是属于女性的"专利"，与男子汉性格格格不入，其实不然。据德国一家生活杂志调查：英俊潇洒、阳刚气盛，但却缺少温柔的男人是最令人头痛的，他们常常会使女性感到孤独和苦闷。不少女士觉得，丈夫的温柔体贴是任何物质享受所无法补偿的。纵观古今，真正的男子汉大丈夫，往往不是剑拔弩张、横眉立目者，而是剑胆琴心、侠骨柔肠式的人物。男人往往在婚前对恋人极尽温柔，而婚后则原形毕露，视温柔为婆婆妈妈，只愿享受，不屑给予。其实做丈夫的平时对妻子多几分温柔，特别是在妻子情绪不佳的时候，温柔相待是丈夫让妻子恢复平静的最好方式，即使什么也不说，什么也不做，只是轻轻地把妻子拥入怀中，也会让她对你的体贴充满感激。

（3）幽默。

幽默更能使夫妻恩爱和睦。如果夫妻间的冲突迫在眉睫，那么，幽默可以让一触即发的矛盾"冰消雪融"。夫妻间经常保持幽默感，会使夫妻恩爱，感情历久弥新。丈夫的幽默感更为重要。比如：妻子爱唠叨，晚上临睡前一遍遍地问丈夫，厨房灯关了没有，煤气关了没有，大门关了没有。丈夫此时本已不耐烦，但他却用一种幽默的方式表达自己的不满，他不紧不慢地说："亲爱的，现在咱家除了你的嘴没关，别的都关好了。"这个丈夫就很聪明，既能让妻子意识到自己的不满，也不会让妻子难堪，总比听到"你烦不烦呀"之类的话要顺耳得多。夫妻之间用好撒娇、温柔和幽默这三个法宝，会令你们的家庭生活更加充满情趣，更加和睦幸福。

3. 爱的艺术

（1）相互欣赏。

夫妻之道，千言万语，可以把它归纳为两个原则，一是"努力使自己被对方欣赏"，二是"努力去欣赏对方"。爱情的真正魅力在于发现相悦。欣赏是花，爱情是果。对自己所爱的人，不要羞于表达你自身的爱，同时也不要吝啬你的称赞。

如果能在适当的场合、用适当的方式告诉对方："我爱你"，三个字足以抵得上千军万马。欣赏则是对对方的一种承认、肯定和鼓励，必然会使人产生一种满足感，所谓的了解，最大的意义就是肯定、承认、赞美与欣赏，欣赏是双方心理的共同需要，同时也是处理好夫妻关系的秘诀之一。

（2）储存感情。

每个人在自己的内心深处都拥有一个情感银行户头。如果你经常在感情户头中储存真爱与默契，那么你户头的款项越多，自然提取幸福和快乐就会越多，还可以提取微笑、温柔、鼓励、安慰等利息。即使偶尔因自私或不够体贴而支款，你也不至于因此而透支。如果户头存储款项很少，每次发生的冲突将会扩大化甚至发展到更严重的地步。

而当信任和欣赏的准备金陷入负债的状态后，如果我们仍不断地透支的话，感情或婚姻就会被推入到一种破坏的边缘。人生状况错综复杂，我们都有可能偶尔失控，伤害了配偶。避免情感银行户头透支的最有效的办法是：平常多存款，多说感激与欣赏对方的话语，多做体贴关怀的事。

（3）人格独立。

纪伯伦在论婚姻当中讲道："在合一之中，要有间隙。"琴弦虽然在同一的音调中颤动，但每根弦却都是单独的，这样才能演奏出人世间美妙的乐曲。婚姻是一对一的自由，一对一的民主。不要偏执地认为"你是我的"，那样就只能会使自己的爱巢变成囚禁对方的监狱，里面的人十有八九想越狱，只是看他（她）有没有胆量而已。一首古老的法国歌曲唱道："爱是自由之子，从不是统治之后。"

如果我们企望爱情"增长"，首先必须确认它得到了悉心的培植和坚定不移的呵护。不是改变自己，更不要试图去改变对方，而应该把各自调整到一个适度的空间，既要长相守候，也要让彼此独处。在婚姻的土壤中，让两棵个性不同的树，自由地成长，这样自然就可以收获幸福的果实。

（4）尊重对方。

《圣经》上曾讲道："要想让别人怎样对待你，你就要怎样去对待别人"，要想使你的婚姻更加稳固，最重要的一条是要学会尊重，只有懂得尊重对方，你才能得到对方的尊重，不仅要尊重对方，更要紧的是要爱屋及乌，尊重对方的父母兄弟姐妹以及对方的亲朋好友。如果你瞧不起对方的家人，更有甚者将对方家人推到自己的对立面，这种做法非常愚蠢，这样做会使自己陷入孤立无援的境地，对你婚姻的稳固，将是致命之伤。

（5）金钱与爱情。

家庭的基础有两个，一个是金钱，另一个是爱情，缺了其中的哪一个都不行。通俗点讲：有爱情还要有面包；文雅些讲：经济基础决定上层建筑。离开金钱，至少也会影响爱情，这是没有人能够否认的。不过，钱虽说是好东西却又是坏奴仆。在家庭生活中千万不要将钱看得太重，如果你天长日久地对钱铆足了劲儿，总用"计划经济"管对方，使得对方没有一点"搞活经济"的自主权，那么势必物极必反，对方也许总有一天会不执行你这种"政策"而溜之乎也。如果婚姻这个爱巢里没有了"那只鸟儿"，这时，你的思念会因为对方的缺席而获得长时间的滋长，你也许才真正意识到：钱是死的，人才是活的，唯有人才是情感高楼中的顶梁柱。

经济基础决定上层建筑，家庭中的财政问题也是家庭是否和睦和稳定的核心。想要过上财政自由的幸福生活，管理家庭财政对两人来说是非常重要的。很多夫妻吵架都是因为没有管理好家庭的收支，为了解决婚姻生活中存在的许多财务问题，你必须做好财务规划。

①管理家庭财政。夫妻之间最好能公开谈论财务状况，包括在你结婚之前的财务。因此，每个人在结婚之前，都应该与对方的亲人了解一下他目前的财务状况，包括他的信用记录，以及他所携带的大笔债务，这是管理家庭财政的基础。

②夫妻双方共同理财。不要让一个人来管理家庭财务，许多家庭选择一个人负责所有家庭的财务，但是这样会给这个人造成不必要的负担，并会导致其他人不清楚自己家庭目前的财政状况。此外，如果婚姻破裂了，就会出现财产转移等有损家庭其他成员利益的问题。所以，家庭财务最好是夫妻双方一起管理，并且争取做到公开、公正、公平。如果有条件的话，那么你们可以雇用一个理财师，或者购买一些理财产品来管理财务。

③限定每个月的花费。只要确定每个人每个月可以花多少钱，这样就可以防止家庭花费的混乱，以及不公平的现象，还有，一切有关于孩子的费用，最好额外规划出来，这样就可以保证孩子的正常生活不会被影响。

④记录生活的支出和收入。很多小夫妻喜欢使用记事本和笔来记录平时的支出和收入，其实，爸爸妈妈们也可以用电子表格或财务软件来记录他们的收支，现在已经有许多在线免费软件平台可用于建立记录生活的支出和收入了。

⑤做预算。未雨绸缪总是好的，所以，要想收支平衡，最好在用钱之

前，做个预算。例如，像 Mint.com 这样的程序就可以提供免费的预算服务。如果你想要全方位服务的金融软件，在做预算之前，你必须决定如何保留预算。

⑥改掉不良的消费习惯。要想改掉乱消费的习惯，你可以在你每次花钱的时候，将买的东西和花费的钱都记录下来，即使只是几元钱。等到一个月的时候，再根据你的记录，撤销一些不必要的开支以及增加一些必要的开支。还有，也要学会按轻重缓急来选择优先需要购买的东西。

（6）珍惜善缘。

佛说："前生千次的回眸才换得今生的擦肩而过。"在茫茫尘世中不早也不晚，我们与自己的另一半相遇了，这需要多大的缘分啊，我们没有理由不珍惜这份善缘，我们没有理由对待自己的婚姻像看电视，随时地转换频道。

试想：一个连第一次婚姻都不能够认真对待的人，那么，他的第二次婚姻就一定能够经营好吗？不错，因为人类思想的、意识形态的以及感情的变化，影响着男女结合的稳定性。如果不是遇到了一段无法挽救的死亡婚姻，就要竭尽全力去补救，既然今生牵了手，最好能"执子之手，与子偕老"，绝不要轻言放弃！

在很多人的观念中，结婚后，热情消失是理所当然的。多数人早已接受蜜月结束，孩子降临，夫妻间的热情慢慢消退的事实。

为此我们总结出了一些改善夫妻关系，让婚姻保持热情的小妙招，大家不妨借鉴一下。

①做一次实事求是的总结。对婚姻进行检查，找出婚姻生活中存在的问题，仔细思考应对方法，并做出改善婚姻关系的详细和长期计划。

②互相做一次交易。约定一个下午，妻子可以陪丈夫看球赛，前提是丈夫要陪妻子去做美容、做按摩。

③庆祝每个纪念日。让每个生日、周年纪念和假期都成为你们互表感情的契机，从而使爱情更深沉、更热烈。

④深入沟通。对一些重要的事情，如孩子、家务、金钱等，需要及时讨论并交换双方对这些事情的看法和态度，找出最佳解决办法。

⑤相互交换角色。如果总是丈夫洗碗，某个周末你可以争着去洗碗；假如总是妻子做晚饭，某一天丈夫可以一显身手，去准备一桌晚餐。

⑥定期约会。约定某天一起去看电影或话剧，或去餐厅共进美味佳肴，当然也可以做两人都喜欢做的其他事情。总之，要一起寻找并尝试双方都感兴趣的事情。

⑦帮对方做一件小事。例如在丈夫洗澡之前，妻子准备好毛巾和衣服，帮忙放好洗澡水。或者丈夫早上先起床，准备好早餐，并帮妻子把上班的东西准备好。

⑧一起散步。晚饭后可以一起散步，两人边走边交谈。每个月可以打破一次常规，尝试去做一件新鲜事。美国心理学教授苏珊·亨德里克博士说："做一些与往日不同的事，或用不同既往的方式去做某件事，可以使对方产生新的感受，使封存已久的爱意重新迸发。"

⑨共用一样东西。比如，打开一瓶饮料两人共享，而不是各开一瓶；买一只冰激淋，两人一起吃，而不是各买一份。

⑩亲吻和拥抱。早晨上班前或是晚上回到家，两人一见面就亲吻或者拥抱，家里会天天充满爱的气氛。

（7）学会给予。

婚姻生活中的很多人都把爱看作是"被爱"，而不"去爱"，只想让自己如何变得可爱，而不是主动地学会如何去爱对方，如何去关心对方的精神需要。真正的爱是倾其所有的"我给"而不是"我要"，是以自己的生命力去激发对方的生命力。给予比接受更快乐,并不是一种被剥夺,因为在给予的行为中表示了自我生命的存在。爱就应该是纯粹的东西,不夹杂任何条件和功利。爱是一种分担而不是迷恋,爱意味着关心、责任、尊重的认识。达到"你中有我,我中有你"这样的关系才称得上是婚姻的上品。

(8)相互宽容。

在家庭生活中,夫妻双方往往会因为一些鸡毛蒜皮的小事而产生摩擦,影响家庭的和谐气氛。夫妻之间产生摩擦,彼此或多或少都有一定的责任。一位哲人说:"结婚前要睁大你的双眼,结婚后就要闭上一只眼睛。"这句话何其有道理,不是吗?一个人本来就不可能十全十美,今天你之所以会去喜欢一个人,那么一定是这个人的某一点个性吸引了你,才让你倾心。如果我们都能学会生活的艺术,相互宽容,从而给家庭生活增添一些"润滑剂",那么家庭生活中就不会或少有"火药味"了。

(9)学会"懂"。

夫妻之间要读"懂"对方,所谓的"懂"就是:当你遇到挫折时,他(她)不说一句有损你尊严的话;当你意气用事时,他(她)娓娓解说事理给你听;当你心情不好时,他(她)绝不和你一般见识;你若开颜他(她)先笑,你若烦恼他(她)先忧,他(她)的欢喜会告诉你,但他(她)的忧愁却不会轻易地向你表露;即使你们远隔千山万水,他(她)也深信你。懂,需要的是了解、需要的是体贴、需要有一颗爱对方的心。为此以下列举了男女双方的需求:

①女人需要尊重,男人需要感激。如果男人能够认识并优先考虑女人的愿望和需求,女人就会觉得自己很受尊重,例如,以送花或庆祝结婚周年来表示对女人的尊重。若她能感受到尊重,她就能轻易给予男人需要的感激。

当女人承认自己因男人的努力而得到利益与价值时,男人就会觉得自己受到感激。如果男人感受到感激，他就知道努力没有白费，因而会给予更多，也会更加尊重伴侣。

②女人需要关心，男人需要信任。当男人对女人的感受表示兴趣并关心她是否幸福时，她会觉得自己被爱、被关心。如果他让她觉得很特殊，他就已成功地满足了她被关心的需求，这样她自然而然地会更信任他，会更有度量。

信任男人就是相信他能够尽力而为。当男人受到信任时，就有可能表现出他最高贵的一面，但当他感受不到信任、失去活力时，他会马上停止关心女人。

③女人需要了解，男人需要接受。男人如果能够不加批判地倾听女人诉说情怀，女人就会觉得自己被了解。女人被倾听与被了解的需求越得到满足，她就越能满足男人的需求。

当女人接纳一个男人的想法且试着不去改变它时，就会使男人产生一种被接受的感觉，且让他知道女人相信他很完美，相信他即使有缺点也有能力改进。男人一旦觉得自己被接受，他就会乐于倾听，并给予对方所需要的了解。

④女人需要认同，男人需要肯定。当男人不与女人进行争论，并接受女人的感觉时，女人就觉得自己被认同了，同时，男人的认同态度也坚定了女人去感受男人行为的决心。

男人在内心都希望他能成为女人心中的英雄，女人对他行为的肯定就是他已成为英雄的信号。女人的肯定态度既确认了男人的地位，也表达了对他的满意。

⑤女人需要安慰，男人需要鼓励。当男人反复表现关心、了解、尊重和认同时，女人寻找安慰的愿望就实现了。男人通常误以为他只要满足她

对爱的所有基本需求，使她感到快乐、安全，她就会相信他永远爱她，其实不然，只有不断去安慰她，才能使女人相信他仍旧爱她。

同样，女人的鼓励态度使男人有勇气将信心表现在能力和人格上。女人表达出来的信任、接受、感激、赞美和肯定都可以鼓励男人勇往直前。

⑥女人需要忠诚，男人需要赞美。当男人满足女人的需求，并骄傲地承诺自己会支持她时，她就会因受到特殊对待而感到满足，因此，女人就会觉得男人对她很忠诚。

正如女人需要男人的忠诚一样，男人也需要女人的赞美。赞美男人就是以惊奇、喜悦、肯定来尊重他。她如果因他的特质或才干而惊喜，男人就会觉得受到赞美，这些特质和才干包括幽默、毅力、正直、诚实、浪漫、仁慈、爱心和其他的传统品德。

由此可见，男人和女人的情感需求虽有不同，但却是相辅相成、相互促进的，只要有一方能够主动去满足伴侣的情感需求，那么在大多数情况下，另一方就会积极回应。可惜的是，在现实社会中，许多男女在出现矛盾时就放弃了爱情。如果我们能够了解伴侣的基本情感需求，就比较容易维系彼此的关系。给予对方所需要的情感，可避免我们在处理两性关系时筋疲力尽。为了满足你的伴侣，你必须学会如何满足对方基本的情感需求。

4. 把握婚姻的五大重要时期

世界上每天都会有很多人结婚。步入婚姻殿堂是幸福的，但是很多人在结婚后，也会面临诸如柴米油盐的家庭琐事，也要处理纷繁复杂的家庭关系，逃避不了赡养老人和抚育子女的责任和义务，更是避免不了夫妻之间偶尔的摩擦和争吵。即使夫妻情感深厚，也很难做到时刻恩爱。婚姻中的一些阶段更是决定未来婚姻发展情况的重要时期。下面列举了婚姻发展的重要五大阶段。如果在这些时期里没有处理好双方关系，婚姻就很有可能面临崩塌的危机。反之，如果及时处理，两人的关系很可能又要更上一个台阶。

（1）新婚期。

刚步入婚姻殿堂的夫妻，由于体验了不同于以往的恋爱时期的生活，往往会在新鲜劲感的促使下恩爱异常。但是新鲜感总是有保质期的，过了一段时间，新婚热情便会被消耗，一切又回到原来的样子。此时柴米油盐的生活会和之前恋爱的生活落差极大，双方都有可能会变得浮躁和彷徨。此刻，如果双方不处理好关系，婚姻极有可能会向不可挽回的方向发展。一对新人从陌生人走过熟悉期，相交相识相恋到最后结婚要经历很多。可以说走到结婚不仅仅是两个人相爱就可以的，还要经过双方父母乃至长辈们的各种考验才走到婚姻殿堂的。

①互相体谅。结婚后，个人的行为不再是以个人的想法为核心，而是要考虑另一半的感受。例如，新婚燕尔，丈夫就把妻子扔在家里出去和朋友运动玩乐，那妻子得多伤心？做妻子的不顾丈夫的想法就去和闺蜜逛街，买一堆东西还不接老公电话，等到中午买东西拎不动了，才想起丈夫让其来接驾，你当老公是保姆？因此结婚后应尽量多给对方一些陪伴。

②敬爱长辈。这里的长辈就不仅仅是父母了，现在的独生子女多，但是上一代却有很多的兄弟姐妹，所以在这里敬爱长辈可以说是敬爱父母的兄弟姐妹，另外有的还包括爷爷奶奶辈的。作为一个家庭的新成员，尊敬长辈是必须的，在婚礼之后见长辈收红包的时候不能像小孩子一样表现得过于兴奋，应该礼貌地表示感谢，红包可以交给婆婆或者老公暂为保管，

这也体现出了新媳妇比较懂事。大家族可能会有婚礼过后的过门仪式，那么你就要跟你老公或者婆婆或者婆家已婚比你年长且有过经历的人稍微了解一下要如何做。可能会有祭祀宗亲，还有可能要早起给家族的所有人敬茶，记得礼貌用语，手不要抖，不要害怕，想着只是要跪着敬茶而已没什么大不了的就好了。而女方婚礼之后三天要回门，做老公的自然不能让长辈说闲话，带上礼品陪妻子回家才是个好女婿。女婿就是半个儿子，让岳父开心的女婿何止是半个儿子啊，尽管妻子可能会嫉妒，可是自己丈夫受到父母喜欢也是个高兴的事。

③有计划备孕。婚礼之后，双方父母头等大事就是催要孩子。就算新婚夫妻没有想法要孩子，也不得不开始做准备，尤其是和婆婆住在一起怎么可以不听话？如果真的是年龄偏小几年内不想要孩子，最好和老公商量好，这样如果公婆问起也有办法回答。不过最佳受孕年龄是三十五岁之前，高龄产妇不仅自己身体状况不行，生出来的孩子也不一定健康。

④和婆婆搞好关系。前面已经写到敬爱长辈，那么为什么这里又单独写出来和婆婆搞好关系呢？实际上，那些长辈一年也见不到几次，只要见面懂得礼貌就好了，但是和婆婆礼貌是仅仅不够的。和婆婆太过礼貌显得生疏，而没有礼貌则会被认为不懂规矩，那么这个度要怎么掌握呢？我们要明白，婆婆不是妈，尽管你改口了而且觉得婆婆对你不错，但是请永远记得她不是你妈，不可能像妈妈一样撒娇也不可能一切偏袒你，她永远是护着儿子的。所以，如果她对你好，而且不算是一个恶婆婆，也不会让你做家务，你应该满足！多夸夸她，经常在老公面前夸奖她，就算饭菜再难吃也不要不高兴，毕竟你是在白吃而且她对你又不错。假如你老公总抱怨自己妈妈怎样，那你要注意一定要站在婆婆那边，这些都是对你的考验；如果你遇到一个什么都让你做，而你还要上班的婆婆，那么你只有躲避这

一个选择了。如果不得不住在一个房子里，那就竭尽全力去做到最好。这其实也是婆婆在培养你，切记不要跟婆婆吵架，也不要跟老公抱怨，新婚刚过的男人只有可能向着母亲，最后吵架抱怨导致没有支持你的人了你要怎么办？记住不要和任何人吵架，也不要去跟婆家的其他亲戚诉苦，这对你没有任何好处。对于沟通不好甚至说婆媳关系不好的媳妇一个建议：试着把要沟通的话用写的方式，在家里弄一块黑板作为留言板，或者写信的形式都可以，避免矛盾争吵。还可以每天晚上弄一个家庭茶话会，都在一起平等的交流，保证这个时间内所有人都不能说一些尖刻的语言，说一下对家庭其他成员的建议看法和一天里发生的事情。

⑤放弃暧昧关系的蓝（红）颜，拥有几个比自己稍大的女（男）性朋友。不论你婚前如何和其他人暧昧，你结婚了就要断掉暧昧关系。异性朋友不是说不能有，尤其女性如果把握的好可以有一个聊得来的异性死党，不谈情，不说爱，只因他们比你更懂男人。异性比你更懂对方，心情不好他们还可以安慰你，但是前提是一定要把握好界限，让另一半知道才可以。而说到稍大的男女朋友，不是说一定年龄大，只是说心理年龄或者阅历比你多，比如同龄但是已婚好几年了，比你更懂得如何经营婚姻如何和婆婆相处等，有几个这样的就足够了。

⑥在朋友亲人面前给另一半留点余地，尊敬他（她）。新婚男女在对方亲人朋友面前不要数落对方，尤其是做妻子的不要在他的朋友面前数落他。男人也有尊严，你在他朋友亲人面前骂他数落他，让他怎么能在朋友面前抬起头？而且还会被家人说不懂事，像个小孩子一样。另外也不要和老公腻腻歪歪的，刚结婚自然有甜蜜期，但是在家人朋友面前最好不要那样，尤其是在他妈妈面前，这样会让婆婆觉得你不懂她的感受，故意让她伤心。

⑦关于性生活。新婚夫妻在性生活方面还是很有激情的，但是很多老

公会不顾妻子的感受，没有前戏就直接进入，双方也没有过多的交流沟通，导致的结果就是可能男方很满足而女方总也没有高潮没有尽兴。长期没有沟通的性生活会让夫妻性生活不和谐，那么女方得不到满足就会抱怨，也会不愿意性生活，那么长期下去就有可能成为无性婚姻，甚至影响生育。

（2）怀孕期。

很多人提到怀孕就会想到丈夫出轨，其原因是这个阶段夫妻生活终止。这个时期孕妇需要得到更多的关怀，也需要对丈夫保持足够的信任。

①男方应陪伴和赞美。妊娠期的一系列生理变化和对分娩的恐惧会使孕妇产生一些心理反应，如矛盾、接受、自我关注、情绪波动等。丈夫如能关注和理解这些心理变化，并很好地帮助妻子适应和调整的话，不仅能使孕期顺利度过，还能加深夫妻感情。反之则影响妊娠期母婴健康乃至今后的生活。

无论妊娠是否在计划内，大多数妇女在受孕之初都会感到妊娠来得不是时候，如工作、学习、经济、住房等问题还没处理好，自己并未做好为人母的准备。这种矛盾心情通常表现为情绪低落、抱怨身体不适、认为自己变丑，且不再具女性魅力、担心丈夫嫌弃。此时丈夫除关心妻子饮食起居外，还应多陪伴她，多赞美她的母性魅力。

②女方接受停经及早孕反应。妊娠一开始，孕妇并未真实地感受到"孩子"的存在。随着腹部的隆起和胎动的出现，才使孕妇真实地感受到。同时她非常在意丈夫对"孩子"是否认可，她会对丈夫触摸胎动和倾听胎心感到很满足。孕妇的配偶对"孩子"的接受程度越高，孕妇感受到的不适就越少。

一个非常活泼开朗的妇女在妊娠后可能会从对以前喜欢的活动失去兴趣，喜欢独处和独立思考。这种状态有助于她更好地计划准备，以应对妊娠和分娩、接受新生儿的到来。但这种自省行为也会使丈夫感到冷落而影响他们的关系，从而影响孕妇的心理健康。

③情绪波动。孕期绝大多数的妇女情绪都不很稳定，易于激动、敏感，她们可能因为极小的事情而产生强烈的情绪变化，这种情况会使其配偶感到茫然不知所措，严重者会影响夫妻感情。

为人母的强烈责任感。妊娠妇女为保持自身和家庭的完整性，常通过各种渠道寻求有关妊娠分娩的知识，寻求他人对"孩子"的接受，寻求他人对自己母亲角色的认可，学习为孩子而奉献。

女性妊娠期间可以被看作是家庭发展的一个阶段。此时，家庭和社会角色产生相应的变化，夫妻双方要不断调适，做好迎接新生命到来的准备，学会如何为人父母，以适应新的家庭成员到来。

（3）孩子出生后。

孩子出生除了带来添丁的喜悦，也会带来相应的经济和精神压力。这个时间段经济负担增重、夫妻沟通时间减少，经常会因为孩子的问题争吵。事实上，这个时期夫妻之间的争吵很多时候并不是由于孩子，孩子只不过成了双方争吵的理由。这一时期如果不处理好这些问题，婚姻极有可能走向死角。

①在孩子出生前就做好各种准备。在孩子出生前，夫妻双方要尽可能全面地认识孩子的到来对于你们的生活意味着什么，理清并想办法解决你们之间所有的重大分歧。不要以为孩子的到来会让这些问题自然好转。你们关系中任何没有解决的严重分歧，将会在孩子到来之后变得更为严重。

②要努力保护和滋养健康的夫妻关系。在孩子出生后，夫妻双方都要努力以保护和滋养健康的夫妻关系。夫妻双方都要提醒自己，尽管为人父母责任重大，为人妻、为人夫的责任同样不可懈怠。

③孩子出生后夫妻相互间要经常沟通。这是维持夫妻间健康关系的最重要原则。沟通的内容不仅包括孩子的情况，还包括生活的其他各个方

面。丈夫的情感支持会让妻子感到温暖，让夫妻双方更有信心应对孩子出生带来的巨大变化。

④对家务的划分进行现实而细致的协商。丈夫必须意识到孩子出生之后，家务劳动量将会翻倍。不要期望自己承担的家务责任还和原来一样。妻子则要清晰、温和的表达自己的愿望，不要让丈夫猜测，并且不要在丈夫没有猜到的时候责备他。

⑤夫妻间一定还要保持亲密的关系。产科专家通常的建议是分娩6周后，夫妻之间就可以恢复性生活。但是每个人的情况各不相同。有些女性可能在产后3~6个月之内都没有做好这方面的准备。生理因素只是原因之一，情绪、体力、注意力的原因也很重要。夫妻应当公开坦诚地讨论这个问题，明确表达自己的感受和想法。此外，亲密并不一定意味着一定要有，一个亲密的拥抱或者一次贴心的按摩，都会让你的丈夫感受到你的爱意。

⑥夫妻间仍然要保持独处时光。承担起新角色的同时，也不要忽略了旧角色。每周安排一小段时间，将你和丈夫放在第一位，安排些温馨的活动，让夫妻双方感受到彼此的关爱。你们并不需要花费很多的时间和金钱，可能只是在以前常去的餐馆吃一顿安静的晚餐，或在街边的椅子上交谈一会儿。尽管时间短暂，但是对于维持夫妻间的亲密感，这种甜蜜的"幸福时刻"非常重要。

（4）七年之痒。

这时候，已经结婚数年，夫妻双方的优缺点又会暴露无遗，双方在一些想法上的差异也会暴露出来。双方的厌倦感疲乏感很容易使婚姻进入"瓶颈"阶段，如果不及时选择有效的方法来冲破这个"瓶颈"，婚姻就会走向终结。

当爱的激情逐渐褪去，婚姻就自然归于平淡，夫妻毕竟是不同的两个个体，不可能天生什么都能保持一致，婚姻想要幸福，就必须得进行各方面的磨合，而其中良好的情感习惯是最需要加以磨合和培养的。你也许一切都好，对感情专一，有孝心，工作上进有事业，无不良嗜好，也懂得夫妻间的情调，但就是缺少良好的情感习惯，那么婚姻照样难以幸福，爱情照样难以甜美。夫妻的情感习惯当然需要两人共同努力，在生活中慢慢形成和培养。幸福的前提与基础是爱与忠诚，而最终能否真正幸福则取决于夫妻良好的情感习惯。好习惯成就幸福婚姻，也许你不一定同意，但确实是我真实的感悟。婚姻要幸福，爱情要甜美，光有主观愿望是不行的，深刻反思，对照自己，付诸行动，让婚姻更幸福，让爱情更甜美，让生活更温馨。

好习惯之一：经常反省和自我检讨。想一想，有时自己在无意中伤到了自己最爱的人，或者在不经意间忽视了对方的感受，有时还意气用事，说出伤人的话语，所有这些也许看起来并不是什么大问题，但如果任其发展下去，它就可能会是毁掉千里之堤的蚁穴，不可不警醒。经常反省和自我检讨则可以减少此类事件的一再发生，让彼此更能感受到对方的爱。人难免在不觉间以自我为中心，反省和自我检讨让你能跳出狭窄的思维圈想问题，你就会意识到自己的冲动和无知，从而变得更加大度而增添人格的魅力，变得越来越优秀。

好习惯之二：随性而不吹毛求疵。人总会有这样或那样的缺点和不足，只要不是原则性的问题，作为夫妻就没有必要过于吹毛求疵，随性宽容大度能解决生活中的大多数问题，如果对一些小的非原则性问题总是习惯于抓住不放，对对方所做的事过于挑剔和严格要求，则会把小问题放大。比如男人忘了结婚纪念日，女人不要上升到爱还是不爱的高度，比如女人菜做得不好吃，男人也没必要动不动就指责，女人喜欢逛街，还爱买些小东西，男人用不着批评女人是乱花钱，为什么不满足女人逛街购物的天性？何况这只是花的一些小钱。当夫妻彼此不再吹毛求疵，生活和感情就多了一份轻松与自在，夫妻自然就很少有争吵，幸福感也就会随之而增。

好习惯之三：彼此信任、不猜忌。夫妻在一起，要彼此信任，这些道理都懂，关键是要在婚姻生活中加以培养，作为夫妻任何一方首先要值得对方信任，决不做任何背叛对方的事，建立对方的信任很重要。做好自己，然后信任对方，不猜忌，不要给对方以负担。如果丈夫没有花心的前科与让人怀疑的举动，就应该对他放心；如果妻子做得很好，在感情上确实做到了自尊自爱值得你信任，男人就没必要整日猜忌瞎想，对方感到累，自己也很累。

好习惯之四：经常一起重温美好时光。你们是那么的相爱，只是因为婚姻生活的琐碎与平淡让你们在不知不觉间变得有些麻木。人们总是倾向记坏，不记好，对于别人的好，当时记得，过后就容易淡忘，而对于对方的不好，则印象深刻，所以必须克服这一点，学会记好不记坏，学会一起回味曾经的美好时光，记得对方的好，记得对方对自己的深情，记得对方对自己关怀与温馨的细节，你们的爱就会再次泛起而不会被岁月冲淡。不要总是记着对方不好的地方，曾经的过去就让它过去，即便是偶尔的一次不忠，如果真爱，那就让它过去吧，当然也许无法真正的忘记，那就让它沉入心底最深处，不要去触碰它，记得对方的好，他或她不会一再辜负你的爱和深情。可以一同回想曾经的美好，可以一起聊天，可以一起翻相册，有时也可以一起重回曾经带给你们浪漫的地方，如此你们的感情就不会被平淡和烦琐所冲淡，就能经得住各种考验。

好习惯之五：遇事一起商量。这对夫妻来说，实在是非常好的习惯，只可惜很多的夫妻忽视了这一点，特别是男人，最容易倾向于大男子主义，什么事都是一个人说了算，一个人做主，不容妻子考虑，不给妻子以商量与讨论的机会。这样做的后果，首先是决定的事情容易失策，毕竟一个人考虑问题有时难免出错或看走了眼,其次是对妻子的不尊重,遇到温柔善良随性的妻子也许不会有大事,否则就容易起冲突,而且不给对方商量的机会,对方心里必然感到万分的压抑,时间久了,夫妻感情就会出问题。所以,遇事一起商量实在是最值得推崇的情感好习惯,它可以解决很多现实物质和精神上的困难和矛盾。

(5)更年期。

更年期不仅是女性会有,男性也会有更年期。女性更年期综合征多发生于40~60岁左右,由于生理和心理改变而出现的一系列临床症状,常见有烘热汗出、烦躁易怒、心悸失眠或忧郁健忘等。而男性更年期来得较晚,出现的时间很不一致,发病年龄一般在55~65岁左右,临床表现轻重不一,轻者无所反应,重者影响生活及工作,患者感到很痛苦。约30%的男性会出现更年期症状,如精力不集中、睡眠减少、容易疲劳、对周围事物失去兴趣、焦虑、易怒、多疑、说不清部位的疼痛不适等。当更年期到来时,夫妻双方常常会认为对方无理取闹、不可理喻,为避免之后的生活还这样度过,一些人都会一时意气、草率离婚。

首先,夫妻双方要对这一过程中的生理与心理变化有所了解。如果双方对此期的心理特点、生理特点不了解,对对方由此引起的烦躁、猜疑、发无名火的表现不理解,就会造成许多误解,产生许多不应有的矛盾。

有的人刚从工作、劳动岗位上退下来,一时对生活模式的改变不适应,会有一些反常表现,给人的感觉是"他变了""像换了一个人似的",甚至会很"粗暴",一反以前的体贴、温柔等。此期有些女性,往往表现更为突出,一反平日的贤慧、温柔、大度,常常心情烦躁、忧郁、多疑、脾气大等等,这都是难免的。如果不懂生理特点,对更年期毫无所知,一旦老伴出现与平日反常的表现,就会大惊小怪,疑神疑鬼,甚至采取火上浇油的行动，结果丈夫的反应越来越大，双方感情的裂缝越来越深，造成夫妻关系不和谐，甚至破裂。更年期夫妇不仅要懂得人的生理特点，还要学点心理学，这对调适夫妇关系，正确处理生活中发生的矛盾，防止悲剧的发生，极为重要。如能这样，在遇到更年期异常反应时，就会采取正确对策，对对方宽容大度，主动照顾、体贴关心，从正面积极配合渡过这个不适应阶段，从精神到行动帮助对方顺利度过更年期，那么一切就会恢复正常了。

其次，老夫老妻更需要互相的体谅和关照。在以婚姻和血缘关系为基础的家庭中，夫妻关系是家庭关系的重要组成部分，也是家庭关系中最基本的关系。既有感情上的相互爱慕，又要尽社会职责，因此，夫妻间需要高度的融洽与和谐。特别是更年期夫妇，他们为社会、为家庭奔波了大半生，面临退休回家安度晚年时，夫妻间的互帮互助、恩恩爱爱就显得更加重要。然而，有的夫妻往往认为已经是老夫老妻了，没有什么大不了的，而不注意调适夫妻关系，对发生的矛盾，也大大咧咧的，不在乎，结果是越闹越糟，造成夫妻关系的不和谐，甚至破裂，这对健康是没有好处的。

夫妻恩爱，和睦相处，即使在缺乏儿女们的爱、尊重和孝敬的情况下，也能保持良好的精神状态。精神状态的好坏，与个人的健康状况有着十分密切的联系。人处在精神状态极佳的情况下，能促进体内分泌出有益于机体的物质，这些物质能把体内血液的流量和神经细胞的兴奋程度调节到最佳的状态，这对人们的身体健康是大有裨益的。相反，如果夫妻感情不和，整天闷闷不乐，充满忧郁，则会造成这些有益物质分泌紊乱，使体内的生物化学平衡发生剧烈的冲突，从而导致高血压、动脉硬化、代谢障碍等一系列疾病。所以，更年期夫妻要相互体谅，相互照顾，相敬相爱。要做到相敬相爱，除了在感情上相互沟通外，还要在日常生活和事务中，互谅互让，相互体贴。特别是当身体不佳或心情不愉快的时候，生气发脾气的情况就会增多。

这时就特别需要夫妻之间相互的谅解、帮助和体贴。老夫老妻在日常生活中以关心体贴的方式传达着爱恋,一言一笑、一举一动充满着只有双方才体会得到的情意,这是一种在互敬互爱、互帮互谅的具体交流中的默契,它将使历经人事沧桑,饱尝世事磨难的夫妻感受到爱情的新的意义,更增加了夫妻间的和谐与融洽。

最后,利用空闲时间多干一些家务活。男女无论任何一方,当从工作岗位上退下来以后,空闲时间相对地会多一些。利用空闲时间多干一些家务活,多分担一部分家庭的责任,除了可以调适夫妻关系以外,还有不少其他的好处。这样做既可以解除心理上的寂寞无聊感,减少对身心健康不利的因素,又可以增强体质,保持旺盛的精力,更重要的还在于能够融洽彼此的感情,使家庭里更有温暖感,使双方身心健康,生活美满,家庭和睦,夫妇和谐,幸福地安度晚年。

婚姻是夫妻需要经营一辈子的事业,想经营好这项事业,除了需要以积极正面的心态去面对上面五个重要的阶段外,还要理性看待逐步平淡的婚姻,努力创造条件,找回昔日的感情。

5. 婚姻关系中的禁忌

婚后生活,难免磕磕绊绊,顶个嘴、吵个架,有时候也是生活情趣。但是,有些话,有些行为,一旦过了对方的心理承受线,就会影响了两人的感情,甚至让婚姻走向崩裂。请看看,是什么谋杀了你们的幸福!

（1）离婚分手挂在嘴边。

这是婚姻爱情里的第一大忌，不到了真要分手的时候万万不能把这些话说出口。

这些话不是随随便便可以说的，不管是气话，还是玩笑话，总之是伤感情没商量。

因为，不管你以什么样的一种方式提出，对方总会很顺其自然地认为，你是不是开始质疑你们两个的感情了，是不是开始对他反感了。绝对要记住，你们之间的感情会随着这些你不怎么注意的话日渐衰减。

（2）对着伴侣夸奖异性。

爱人之间，谁都希望自己在对方眼里是最好的，尽管客观上这是不可能的。但要记住，这种客观上的事实，你们心照不宣就OK了，千万不要明明白白地提出来。

如果你当着他的面说别人的好，即便你是无意的，他也会很自然地认为自己的这一方面有了很大的缺失。进而产生自卑，产生不平衡的心理，引发婚姻裂痕。

（3）过往情人偷偷联系。

既然已经结婚，那过去的就都过去了，如果你还认为过去的情人有些许的好处的话，那为什么要草草结婚呢？结婚之后，就不能再那么随性了，这是一个道德问题，也是一个品质问题。

不管发生什么事，跟过往的情人偷偷联系，这都是一个严重的原则问题。当然，有些人比较开放，认为这也不是什么大事，其实不然，偷偷与过往情人联系，这从某种意义上讲就是对现在感情的一种否定，至少是某个方面的一种否定，害人害己。

（4）性不美满放弃努力。

夫妻两人一开始这方面不美满，那是很正常的，由于受一些传统文化的影响，普通人在一开始进入两性生活中都是生涩的。新手嘛，就必定要有一个适应过程，所以，当不美满的时候，要给对方时间，最好要有一定的安慰和鼓励。在两人的继续努力中，会逐渐好转的。如果一不满意就放弃努力，这会让对方很伤心。两人之后的感情多半也会因此而终结。

（5）对方父母毫不在意。

有人说，婚姻是两个人的事，与其他无关。可以这么说，爱情是两个人的事，与其他无关。但婚姻不一样，婚姻是两个人，以及两个人周围所有关系的事。父母毕竟是生他（她）养他（她）的人，亲情的纽带是剪不断的，你怎么能毫不在意呢。通俗地讲，你对他（她）父母的忽视，他（她）一定会认为这是对他（她）的忽视。

亲子关系优良之策

1. 亲子关系的重要性

亲子关系，从法律上来说，即爸爸妈妈与亲生子女之间存在的权利与义务的关系。父母与孩子属于直系血亲，在血缘上，是最近最亲的关系，是一个家庭关系中的核心部分。亲子关系，从婴幼儿时期就开始影响着孩子各方面的发展，比如性格、毅力、人际交往等等，对孩子的成长有着不可忽视的作用。

亲子之间的互动从孩子的婴幼儿时期就起着潜移默化的作用，基本决定了孩子以后的行为模式、性格养成等。随着少年期、青春期等转折时期的到来，孩子就会慢慢发展变化为成熟的、个性化人格。小到身心健康，大到价值观、人生观的建立，亲子关系对孩子的影响之广泛，不可小视。其中主要的三大影响有：

（1）对语言发展之影响。

在语言方面，比起爸爸，妈妈对孩子语言方面的影响更大。

（2）对人格形成之影响。

倘若家庭关系不和谐，容易导致孩子口吃、神经官能症、脾气暴躁、少年时期触犯法律等等。

（3）对社会人际关系之影响。

家庭关系融洽、亲子关系亲厚，让孩子在爱的环境中，有被关爱、被需要的感觉，那么孩子多数会有良好的人际关系；假如孩子一直在不和谐的亲子关系中成长，那么孩子多数会不信任他人，没有令自己满意的朋友关系。

亲子关系是一门难懂的学科，但又是一门有意义的学科。现在大多是三口之家，父母对建立怎样的亲子关系很是头疼：关系太近，怕是对孩子的溺爱；关系生疏，又怕影响孩子的心理健康。因此，父母可以从细节中来展现对孩子的爱，比如了解孩子的心理需求、看懂孩子的眼神等。假如亲子关系是良性的、正面的，那么父母与子女之间就不会有沟通障碍。

2. 常见的不良亲子关系类型

（1）溺爱型。

表现：家长过度宠爱孩子，对孩子的要求无条件接受，想尽一切办法满足，即使孩子做错了，也要为其争辩。

危害：在这样的亲子关系中，孩子习惯高人一等、以自我为中心，容易形成任性自私、不懂礼貌、缺乏同情心等不良的性格特征。在人际交往中，他们缺乏责任感、不懂得关心别人，难以交到朋友，逐渐孤僻离群，遇到不满容易导致攻击报复等反社会行为。现在，大多数家庭都是四位老人，双方父母共爱一个孩子，溺爱已成为严重的社会问题。

（2）矛盾型。

表现：父母对孩子的管教态度缺乏一致性，同一行为有时斥责、禁止，有时却宽恕、勉励。父母管教态度不一致也是矛盾的一种表现，例如父亲严厉，而母亲放纵，父亲斥责子女时，母亲却来阻止。

危害：大多数的中国家庭中，母亲负担更多的教养孩子的责任，对细节更为关注，对孩子的要求也更严格；父亲则相对宽松。因此，多数孩子抱怨"妈妈很烦，太唠叨"，产生逆反心理。但是，长期的不一致态度，孩子无所适从，做事难以决定，时间长了出现焦虑情绪，甚至强迫症状。

（3）期待型。

表现：父母对孩子虽有爱，但常以严厉、顽固、强迫的态度或禁止、命令的方式来监督孩子；或者把自己的夙愿、希望投射在孩子身上，忽视子女的能力与性格，希望孩子完全遵从父母的要求和标准去做。

危害：用过高的期望要求和监督孩子，孩子容易变得敏感，性格胆小畏缩，缺乏自信，独立性差，做事缺乏主动性，不善与人交往。他们情绪不稳定、易自卑，严重时甚至出现抑郁症状。

（4）干涉型。

表现：家长出于一种保护的态度对待孩子，为了使孩子变得更好而细心照顾，尽量给予帮助和嘱咐。有的家长甚至对孩子的学习、健康、前途等过分担忧。

危害：由于过分保护，孩子的社会适应性差，缺乏独立思考能力和创新意识。由于习惯依赖父母，他们做事没有主见，犹豫不决。心理承受能力差，遇到困难容易灰心沮丧，甚至焦虑不安。此外，这样的孩子到青春期容易出现对抗行为，对父母和老师的要求故意反着做，导致学习成绩下降。

（5）忽视型。

表现：家长感情冷漠，与孩子很少沟通，对孩子的成长不闻不问。此外，忽视还可能表现为对孩子体罚、虐待、威胁等。

危害：这种亲子关系容易导致孩子性格冷漠消极、孤独自闭，人际关系敏感，难以交上朋友。对家庭和社会产生敌对心理，甚至受到不良社会团伙的引诱，成为问题儿童或青少年。

3. 协调亲子关系的认识前提

（1）家长不是超人，也不是完美的人，家长只是平常人。

家长需要承认自己：会胜，也会败；有心情好的时候，也有心情不好的时候；比一些人聪明，也比一些人笨；在一些事情上能力强，在另一些事情上能力弱；不能拥有所有想要的东西；不能永远没有错。

（2）家长与孩子有相同和平等的需求，因为家长与孩子都是人。

孩子应该得到别人的尊重，家长也是一样；孩子应该得到公平对待，家长也是一样；孩子希望别人对他们和蔼、友善，家长也是一样；

孩子希望做得好的时候有人赞赏，家长也是一样；孩子在做得不好时，应该得到谅解和鼓励，家长也一样；当孩子感到悲痛、烦恼、颓丧的时候，希望有人给予支持、安慰，家长也是一样。

（3）家长永远是孩子的家长，永远给孩子爱和支持。

孩子成功，家长分离喜悦；孩子快乐，家长觉得开心；孩子不断地学习和进步，家长不断地予以鼓励和嘉许。

（4）家长用语言和行为来证实上面的道理，因此言行必须一致。

在孩子面前，家长无须永远正确、成功、愉快，家长不要害怕对孩子承认错误。面对孩子，家长无须隐藏内心的情绪，家长也不用担心孩子会因此变得脆弱。家长遇事显示出自信、自爱、自尊，孩子看在眼里，便也会这样做；家庭面对事情表现出坚定并及时做出决定，孩子便也会当机立断；家长表现出对事情的结果负担责任，孩子便也会愿意承担责任；家长礼让谦和，孩子便也愿意礼让谦和。总之言传身教才是教育孩子的根本。

4. 营造良好的家庭环境

环境具有强大的影响力，它给孩子耳濡目染、潜移默化的力量。就像青蛙在不同的环境中会改变不同的体色，孩子在不同的环境中养成不同的个性。孩子成长需要哪些环境，父母又该如何给孩子建设一个有利成长的环境呢？

（1）人际环境——民主、平等、亲爱、和睦、欢快、恬静。

孩子是家庭中平等的一员，父母不要娇宠溺爱，也不要冷落他。一家人要做到互相关爱，分工劳动，遇事商量，共同享受生活的乐趣；一家人还要互相赞美良好的行为表现，运用礼貌语言和幽默；一家人可以经常开故事会、朗诵会、运动会，表演各种节目，还可请亲戚、朋友、小伙伴来家里玩，尽情享受亲情和友情。

（2）智慧环境——丰富、整洁、优美、爱阅读、提问、爱操作。

父母要给孩子准备好小书桌、小书柜、玩具柜、科技百宝箱、大地图、地球仪、科学实验器具，再给孩子一个植物园、动物园就更完美了。生活环境要整洁优美，特别是孩子的生活环境要有色彩鲜艳的图案，美丽的风景画，优美的书法作品，"好宝宝表扬栏"更对孩子有积极的鼓励作用。当然别忘记给孩子设立一个锻炼身体的环境，如沙包等。一家人要经常读书、讨论，一起动手做玩具小实验，并不断鼓励孩子。对于2岁半以后的孩子，父母可以每天设立20分钟的"静悄悄"时段，各人在自己固定的位置专心做事情，不说一句话，事后评定孩子的表现情况。

（3）意志环境——按时起居、规律生活、自我控制。

养成孩子良好的行为习惯，父母可以和孩子一起制定各种作息时间，如早起、早锻炼，制定作息时间表有利于孩子养成有动、有静的活动习惯。培养孩子按时吃饭、洗漱、排便、睡眠、劳动、看电视的习惯，逐步做到不催促、不提醒，培养孩子的责任感和坚持力。

3岁以后的孩子看什么电视，父母要事先与孩子商量好，以儿童节目为主，在规定的时间内不多看也不少看。3岁以前的孩子每天以10分钟为宜，3岁以后每天20～30分钟为宜。当孩子逐渐长大，还要教给他怎样用钱，怎样节约，怎样存放，鼓励他买书和智力玩具，援助他人等。

5. 父母对孩子的引导模式

（1）积极选择。

①经常对孩子讲事情的两面性，让孩子懂得任何事情都有积极的一面和消极的一面。

②用积极的眼光看待孩子，赏识他们的长处，并告诉孩子积极看待问题的好处，让他们对积极的选择有切身体会。

③对孩子存在的短处，要客观看待，甚至积极看待，相信孩子会越来越好。

④当孩子心情不好的时候，告诉他用积极的心态去解决问题。

⑤在家里营造轻松愉快的生活环境。

（2）独立是前提。

①帮助孩子发现自己的能力。父母们首先要相信自己的孩子是能够独立的，同时又要在生活中创造各种条件让孩子们去发现自己的能力。您可以制定一些小的、容易实现的目标，让孩子在成功的体验中感受到独立的快乐。

②能放手的时候尽量放手。天冷的时候，父母们不要先对孩子说"该穿大衣了"，而是要让孩子自己在感受中学会加衣服。为了孩子的独立，有时候父母不要对孩子无微不至。

③尊重孩子的选择是让孩子独立的前提。篮球之神乔丹的母亲曾经深有体会地说，最棘手、最不放心的问题，是允许儿女不按我为他们确定的发展道路而独立决定自己的梦想。"这也恰恰是天下多数父母都担心的问题。可是，要想让孩子真正独立，父母一定要冲破这一关，这是孩子独立的关键所在。"

④让孩子有独立的思想。独立的行为来自独立的思想，孩子的想法与父母不同时，父母不要急于否定他们的想法，而是要问他们为什么这样想。仔细听听他们的陈述，让孩子独立表达自己的见解。

（3）强烈的责任心。

①从简到繁，从易到难。在家庭中有意识地给孩子布置一些适当的、力所能及的任务，如打扫卫生、负责给花草浇水等，看他能否完成，完成了立即加以鼓励。

②听取孩子对家庭生活的建议。经常和孩子讲讲家里的花销添置、人事来往，并请孩子谈谈自己的看法，或者请孩子出主意想办法。当父母经常聆听他们的意见、采纳他们有价值的建议的时候，孩子心中就会油然而生对家庭的责任感。

③让孩子学会自我服务。不要总是对孩子说："你还小""你不懂""你不行"，而要给孩子一定的锻炼机会。孩子们的成长速度是惊人的，远远超出成年人的想象。成年人认为孩子不能做的事，可能孩子已经完全有能力驾驭。因此，父母们要尽量给孩子一些锻炼的机会，这样孩子便可以在自我服务中增强责任心。

④强调做事的结果。使孩子养成凡事要么不做，要做就要做得认真、做得出色、做得卓越的自我要求。

⑤父母不要轻易许诺。给孩子提出的要求要符合他的年龄特点，否则

孩子容易养成说了不算、算了不说的坏习惯。

（4）持之以恒的毅力。

①给孩子订立一些具体的目标，每天坚持去做，并及时鼓励他们。

②当孩子坚持做一件事取得一定成效时，给他们一个奖励。奖励未必是物质的，可以是一个眼神，一个微笑，或者给孩子做一个进步记录。

③从容易培养的习惯开始，逐渐培养孩子的毅力，这样慢慢就可以达到持之以恒。

有的父母总是觉得自己的孩子做事没有长性，做事不够坚持，也有的父母认为毅力就是天生的东西，是没有办法培养的，因此只能"望孩子兴叹"。其实，毅力完全可以培养出来，而培养习惯正是增强毅力的好办法，可以说，这两者是相辅相成的。毅力会在习惯的培养过程中逐步产生、增强；逐步产生、增强的毅力反过来又可以强有力地促进习惯的培养。

（5）充满自信。

①自信和自卑往往一念之差。如果一个人善于用积极的心态去看待自己，就容易自信；如果总是用消极的心态去看自己，则容易自卑。因此父母要在这方面多引导，帮助孩子看到事情的积极一面。

②自信在于积累。把一件事做成功就容易增加自信，把一件事做失败，就容易增加自卑。所以，建议父母们不要给孩子设立不切实际的奋斗目标，那样非但不能帮助孩子成功，反而会打击孩子的自信。

③培养孩子的钉子精神。钉子之所以能钉在坚硬的墙里，一是因为它很尖，也就是目标不很大；二是因为钉钉子的时候，我们使用的是榔头，就是用的力很大。如果我们不是用榔头钉钉子，而是用擀面仗砸，就一定钉不进去，因为目标太大，用力太小。父母也要给孩子讲些类似的道理和故事，让孩子懂得做事的目标和力量之间的关系，并用钉子精神去处理生

活中所遇到的事故。

④要让孩子相信天生我材必有用。世界上的每样东西，都有自己的个性特点和用处，因此组成了大千世界。父母要给孩子讲这样的道理，也可带孩子到大自然中去，让孩子看看山水花草。告诉孩子山有山的伟岸，水有水的潺潺，花有花的芬芳，草有草的绿茵。父母也要善于发现孩子的长处及与众不同的特点，并及时发扬光大他们的特点。

（6）懂得尊重。

①尊重的重要特点是给人发展的机会，张扬每个人的个性。因此，无论是自尊还是尊重他人，都需要我们不用固定的模式去看待人，要求人。相信每个人的行为都有自己合适的理由。

②要尊重孩子的想法。不要总是把孩子看成被教育的对象，给孩子表达自己意见的机会。这样，就意味着父母在给孩子做出榜样，让孩子懂得什么是尊重。

③尊重别人的劳动。尊重人，不仅要尊重每个人的想法、人格，还要尊重别人的劳动。比如，当他人把地扫干净时，你是否懂得爱惜；当朋友请你吃饭时，你是否懂得感谢……

④尊重不同阶层的人。尊重强调的是每个人的生命体验，既然是每个人的，就说明每个生命都可以有不同的体验。因此，在面对弱势群体的时候，要告诉孩子平等地看待他们，以心和他们交流，而不仅仅是怜悯和施舍。

⑤尊重的前提是民主，因此父母要尽可能地在家庭中创造民主的环境，这是无声的培养。

（7）保持诚信。

①父母以身作则，言行如一，对同事，对朋友，对邻居，对孩子讲究

诚信，讲话要诚实、有信用。

②如果出现了问题，父母不要推卸责任，也不要教孩子推卸责任。责任其实是和信誉联系在一起的，如果责任在孩子身上，抓住这个教育机会，让孩子学会承担责任。

③给孩子建立一个"信誉存折"，每次孩子做了诚信的事，都要在上面记上一笔，这样就相当于给孩子一些鼓励。时间久了，诚信的习惯就会慢慢养成。

④不存侥幸心理，不贪小便宜。无论是学习上还是生活上，都要告诉孩子不贪小便宜，任何一次小便宜都会毁掉你的信誉。诚实地对待每一个人、每一件事，身边的人也会同样以诚信来回报你。

6. 孩子心智发展的五个阶段及其成长需要

社会学家埃里克森的研究指出，人的一生可以分为八个发展阶段，每一个阶段都有其心智成长的特定目标。如果在该阶段因为某些原因不能正常发展，这个人会在生活上出现一些问题，长大后他就需补回这个过程，但要付出很大的人生代价。

埃里克森的研究结果，被现代的社会心理学家所尊崇，因为它解释了在不同社会里成年人性格和行为上出现种种偏差的成因。八个阶段的前五个，在一个人的21岁之前完成：

第一个阶段：0至1岁信任与不信任；

第二个阶段：2至3岁自主与羞愧；

第三个阶段：4至5岁主动性与内疚；

第四个阶段：6至11岁勤勉与自卑；

第五个阶段：12至21岁身份（与对角色）的困惑。

孩子心智发展的五个阶段

阶段	孩子的需要或行为	若在这一阶段孩子的需要得到满足	若家长未能在这一阶段满足孩子的需要	由于孩子的需要未能从家长那里得到满足，长大后可能会出现以下的个性／特征	与此阶段有关的成人心理障碍
第一阶段（0至1岁信任与不信任）	肚饿——被喂食物 受惊——被拥抱 哭泣——被拥抱	让孩子知道他的重要性及家长多么需要他 孩子会觉得生长在一个安全的地方 长大后，会是一个开朗及信任别人的人	孩子会觉得生长在一个不安全的地方	1. 表现出一种异乎寻常及极度害怕被遗弃的表现； 2. 拼命地寻找一个依赖的对象； 3. 需要别人照顾； 4. 深信不能信任任何人	竭力维持毁灭性的感情关系，而且展示偏执狂症的倾向，如暴饮暴食，或过分地需要别人的夸奖
第二阶段（2至3岁自主与羞愧）	孩子开始学习如何控制自己的生理机能及注意到身体的能力及限制（如控制大小便）	如果有家长支持及受到尊重的对待，他会获得充满自主能力的感觉，并觉得他自己对这个世界有一份影响力	若孩子在这个成长阶段中得不到鼓励，或受到恶意的批评及嘲笑，尤其是在他尝试学习如何控制大小便的过程中，他很容易会产生害羞及惭愧的感觉	1. 经常觉得自卑、无用及不可爱； 2. 不相信自己在世界上有存在的理由； 3. 把自己塑造成一个必须依靠别人的人； 4. 觉得自己生存的权利取决于对别人的重要性； 5. 经常做出不恰当的道歉	不知道自己真正需要些什么，不能拒绝别人的要求，害怕有新的经验，害怕面对别人的愤怒

续表

阶段	孩子的需要或行为	若在这一阶段孩子的需要得到满足	若家长未能在这一阶段满足孩子的需要	由于孩子的需要未能从家长那里得到满足，长大后可能会出现以下的个性／特征	与此阶段有关的成人心理障碍
第三阶段（4至5岁主动性与内疚）	1. 喜欢幻想，创造及按照自己的主意行事； 2. 发展出主动性	如果在这阶段受到家长的支持，他会说出他的想法及表达他的情绪，并且他会发展出一份健康的好奇心	如果在这阶段，家长不支持他，反而因他作出新的尝试而处罚他，他会觉得内疚、有犯罪感，因而停止他的主动性，或会秘密地做	1. 害怕犯错； 2. 感到无助及内疚； 3. 只懂得安慰别人； 4. 回避风险； 5. 隐瞒错误	1. 不能认识或表达内心的感受； 2. 害怕说出内心的事情； 3. 对感情关系负上过分的责任； 4. 不断地去讨好别人
第四阶段（6至11岁勤勉与自卑）	这一阶段的孩子，会开始与别人竞争及比较	如果老师和家长鼓励孩子学习及表示孩子与其他孩子一样有同样的能力，孩子将会受到激励而变得有活力	如果老师和家长经常严厉地批评或忽略了孩子，孩子会不信任自己，或者不会自觉地做事。他会产生不配做某件事或不及别人的感觉	1. 避免参与任何的竞赛或极度喜欢与别人竞争； 2. 觉得不安全及不如别人； 3. 对自己或别人吹毛求疵	1. 凡事要求完美； 2. 经常拖延及耽搁； 3. 不知如何达到目标
第五阶段（12至21岁身份与对角色的困惑）	青春期： 1. 找出他自己怎样去适合这世界； 2. 接受自己身体生理上的变化； 3. 界定自己对异性的身份； 4. 界定在同性和同辈里的身份； 5. 找出人生应怎样过	若这阶段容许他去探索他自己的梦想及感觉、改变想法及尝试新的方向，他会发展成为一个接受自己的人	若家长及身边的成人不支持他，又不引导他去探索，而只是过早地强逼他进入某一个角色，他会形成反叛的个性或者变成一个轻浮的人	1. 不正确地表现出青春期的行为； 2. 对自己人生角色感到矛盾； 3. 不能订立人生目标； 4. 依靠情感关系或事业成就去肯定自己的身份	1. 需要不断地谈恋爱； 2. 需要凭拥有的东西、认识多少人及工作成就去确定自己的人生角色

上述表格指出了在每一个阶段里孩子的需要和家长正确的做法，家长若忽略了便有可能出现的情况，导致日后孩子长大后会出现的个性特征与这个阶段有关的成人心理倾向。家长要了解不同阶段孩子的需求，针对不同阶段不同侧重点。

7. 处理孩子情绪的技巧

要做智慧的家长，拥有理想的妻子关系，只有爱是不够的。还需要用"同理心"来对待孩子（"同理心"是了解和分享别人的看法和感受），并且帮助他们处理负面的情绪，譬如愤怒、悲哀及恐惧。如此，家长才能在自己与孩子之间建立起信任及爱的桥梁，适时地对孩子在情绪方面加以有效的辅导，以使他们在成长过程中和长大后成为更成功、更快乐的人。

丹尼尔·高文在《EQ》一书中指出，能够妥善地认知和处理情绪的能力，比起智力（IQ）更能保证一个人在人生的各方面，包括家庭关系和事业上的成功与幸福。

在处理孩子情绪方面，传统上家长的行为有四种类型：

第一种，交换型——用具吸引力的事物换取孩子停止某种情绪。例如："不要哭，妈妈带你去买雪糕吃。""来，爸爸带你逛街去，不要再发脾气啦！""再这个样子，我就不让你出去玩啦！"

孩子看到交换型家长的这些反应后，会对自己产生怀疑："既然这不是什么大不了的事情，为何我感觉这么糟？"这个类型家长的反应，其实是给孩子一个否定自己的信息："你对这情况的评估或判断是错的，你的情绪反应也是不对的，你不能相信自己的内心感受。成熟的人不会像你这样。"孩子会经常感到迷惘、怀疑，累积下来，他们会显示出自信不足，在情绪生活上容易产生很大的压力。

第二种，惩罚型——对孩子的情绪表现感到不满，加以责骂或者恐吓。例如："你这个样子怎么像个女孩？真不争气！""你再吵我就打你！""你也知道家里不容许这样的行为！做错了还在生气，是否讨打？"

受到惩罚型家长对待的孩子，与受到交换型家长对待的孩子相似，不相信自己的判断、对自己没有信心、觉得自己的感受毫无根据、不适当，或者不正确。他们的自尊受挫，在学习调整自己的情绪和解决自己的问题方面，会遇到更多的困难。比起其他孩子，他们在集中注意力、学习和与同龄孩子的相处上，会出现更多的麻烦。他们历次的经验告诉他们：表达自己的情绪可能会带来耻辱、被抛弃、痛苦、受虐待。所以，他们憎恨负面的情绪而又感到无可奈何，他们长大后面对人生的挑战会显示出能力的不足。

第三种，冷漠型——接受孩子的情绪表现，但没有积极的引导，任由他自己处理。例如："你回你的房间吧。待你气消了再出来！""心情不好就躲起来，不要去烦人，谁想跟你这个样子的人说话！""爱哭就哭一顿够的吧！我回头才跟你说话！"

冷漠型的家长不懂得如何帮助孩子在体验情绪的过程中学习。他们不教导孩子如何去解决问题，因而往往纵容孩子表达不适当和无约束的情绪。例如：一个愤怒的孩子会变得有侵略性，运用言语或行动去伤害别人；一个伤心的孩子会尽情和长时间地哭闹，而不知怎样去安抚和舒解自己。对孩子而言，这可能是十分痛苦的：他们不知如何是好，感到恐慌，像进入了一个情绪黑洞却不知怎样才能逃出来。

第四种，说教型——喋喋不休地给孩子教条文字的训导，不理会孩子的情绪表现。例如："人生总有不如意的时候嘛！像你这么大的时候，我已经懂得照顾自己了。你也要想想，我们怎样期望你会做到出人头地，看到你这样，家里每个人都会说……"

与冷漠型的家长一样，说教型的家长不懂得如何帮助孩子在体验情绪的过程中学习。孩子感到孤单无助，需要独自去面对负面情绪带来的痛苦，不知如何是好，身处黑洞的感觉就更为强烈。而说教型家长喋喋不休地说话，其实会进一步地制造出更多的痛苦，孩子会在本来有的负面情绪之上更多添一份不耐烦，甚至愤怒，亲子关系因而会发展得更差。

上述四种传统的处理情绪的类型，往往会忽略孩子的内心感受，孩子的情绪并没有得到合理的解决，只是表面上的和解，其实从根本上破坏了亲子关系的亲密性。

现在比较提倡的是 EQ 型父母，EQ 是"情绪智能"的代号，而不是简写。最能表达 EQ 意义的是"同理心"。在最基本的概念上，"同理心"是感觉别人情绪的能力。有"同理心"的家长，看到孩子流泪时，能设身处地地想象孩子的处境并且感受到孩子的悲痛；看到孩子生气，他们能感受孩子的挫败与愤怒。

家长接受并与孩子分享这些感受，会使孩子更有信心地学习怎样处理面临的问题，因为孩子感到身边有可以信赖的盟友支持。如果家长不去批评孩子，不轻视孩子的情绪，不主观地否定孩子的意向，孩子就会让家长进入他们的世界，家长就能更容易地引导和教育孩子成长。孩子会感到与家长有共同的立场，肯与家长一同解决问题，自然也愿意听家长的意见！

一些家长为了掩饰自己害怕情绪而装出一副"超级家长"的样子，心情不好时装得若无其事，以为能够对孩子隐藏他们的情绪。其实，孩子有很敏锐的洞察力，他们察觉出一切，只是他们看出家长企图隐藏因而在表面上加以配合而已。EQ 型家长对情绪的态度是：认识它的存在，并且接受它的存在，正视它和处理它。以前人们认为时间可以化解负面情绪，时间并不真的消减负面情绪，时间只让我们学会怎样与它共存。负面情绪蕴藏在内心，我们便不能尽情地发挥本有的能力。而孩子在成长的过程中，必须尽情地发挥本有的能力，才能有最好的成长效果。

EQ 型处理他人情绪的方法共有四个步骤：肯定、分享、设范、策划。

（1）肯定。

处理孩子的负面情绪，首先要用"同理心"去帮助孩子描述他的感受。"同理心"是从孩子的角度去与他分享他的看法与感受。最有效的方式是直截了当地说出你看到的在他脸上流露出的情绪。例如："小明，你看来有点难过。告诉我发生了什么事？"或者，"我看到你有点怒气。什么事使你生气呀？"

孩子跟所有人一样：他们的情绪都是有原因的，虽然孩子未必能够清晰地表达出来。而且用成人的角度和标准去看，这些原因或许不合理，无须有情绪，但对孩子来说，那些理由是重要和必须的。当改换用孩子的角度去了解情况时，家长会更易接受那些原因。

有时问孩子为什么感到伤心，孩子未必能够好好地回答你。无论是怎样的回答，你要表现出尊重孩子的感受，肯定地接受和认识他们的感受。如此，每一次的沟通都能促进亲子之间的亲近。"肯定"的意思是说："我注意到你有这个情绪，并且我接受有这个情绪的你。"

（2）分享。

①先处理情绪。当孩子表现出有负面情绪而家长已经运用"同理心"使他肯与你谈下去的时候，首先应该做的是，帮助他们去捕捉内心的情绪。孩子们对情绪认识不多，他们没有足够和适当的文字描述情绪，因此

正确表达内心的感受会有困难。家长可以提供一些字眼帮助孩子将那种无形的恐慌和不舒适的感觉转换成一些可以被下定义、有界限的情绪类别。例如,"我敢说,那使你觉得尴尬,对吗?"或者,"你感到被人拖累了,是吗?"

如果孩子回应上面"肯定"部分的说话,想说出事情的内容、始末、谁人对错等,家长可以用说话把他带回到正确的方向(即先处理情绪)。例如:"原来是这些使你这样不开心。来,先告诉我你内心的感觉怎样。""哦,怪不得你这样反应啦!你心里现在觉得怎样?"

帮助孩子描述他的情绪,并不是告诉他们那是应该有的感觉。而只是单纯地帮他刻画出他当时的内心感受,并且帮助他发展一些表达情绪的语汇。

孩子越能精确地以言辞表示他们的感受,就越能掌握处理情绪的能力。例如,当孩子生气时,他可能也感到失意、愤怒、混乱、被出卖、妒忌等。当他感到难过,可能也感到受伤害、被排斥、空虚、沮丧等。认识到这些情绪的存在,孩子便更容易了解和处理他们所面对的事情了。

孩子需要一些时间去表达他的感受。用点耐心,若他正努力地说出情绪,尝试不要打断他们的话题,只要单纯地鼓励孩子继续谈论。

这个技巧最重要的一点就是必须先处理情绪,再处理事情。当孩子有足够的情绪表达后,家长会发现孩子的面部表情、身体语言、说话速度、音调、音量及语气等都会有舒缓的迹象。

②后处理事情。若上述的情绪处理得好,孩子会平静了一点。这时再引导孩子说出事情的细节,好让家长知道该怎样进一步引导孩子。

(3)设范。

家长应该对不适当的行为设立规范,就是说,勾画出一个明确的范围,里面的是可以理解或接受的,而外面则是不能接受或者没有效果的东西。一个受挫的孩子会以不适当的方式表达负面的情绪，例如打人、摔破玩具，或者谩骂别人等，家长在了解这些不良行为背后的情绪并且帮他描述感觉后，可以使孩子明白这些行为是不适当的，而且是不被容忍的。跟着，家长可以引导孩子思考一些较为恰当的方法来处理负面的情绪。

例一："你对小刚拿走你的游戏机很生气，我明白那份感受，但你打他就不对了。你想，现在他也想打你。这样，你俩便不能做朋友了，对吗？"

例二："你感到妒忌是正常的，因为妹妹比你抢先坐在车子的前座，但你用难听的字眼骂她就不对了。因为她不会明白，下次仍会抢先。所以骂人解决不了问题。"

允许孩子保留他们的尊严、自尊及权力，这样的规范会使得家庭的运作更成功。当孩子清楚了设定的规范，又有控制自己生活的概念，他们就会比较少地犯错。当他们学会调整负面的情绪时，就不需要家长责罚和管制。这样，孩子会接受家长为公平、可靠的盟友，也就比较能够让家长与他共同解决问题了。对6岁以下的孩子，无须深入解释"不对"的理由，除非他主动发问。这是因为"道理""是非"等需要运用抽象思考，是左脑的工作。而6岁以下的孩子用右脑学习，6岁以上才转用左脑学习。

重要的是让孩子明白他们的感觉不是问题的所在，而不良的言行才是问题的关键。所有的感觉及所有的期望都是可以被接受的，但并非所有的行为都可以被接受。因此，家长的职责是对行为而不是对期望设定规范。

（4）策划。

孩子最后会领悟到："现在我知道自己感觉糟透的原因了，而且我知道引起这些不舒服感觉的问题在哪里，我应该怎样去处理这些问题呢？"要帮助孩子解决问题就要询问他想得到些什么？然后与孩子一起讨论解决问题的一些方法。引导他去发展自己的想法，帮助他做出最好的选择，鼓励他自己解决问题。若需要家长的参与才能解决，应以爽快及愉快的态度一同去做解决的工作，而不是老在责骂、批评。除非事情需要家长独自处理，否则，尽量选择有孩子参与的解决方案。

人生的每次经验都会让我们学到一些东西，使我们更有效地创造一个成功快乐的未来。不明白这个道理的人，会抱怨人生不如意的事情太多，因为问题总是不断地出现。而明白这个道理的人，则不断进步、享受人生、心境开朗、自信十足。当孩子很小的时候，便应该教导他懂得这个道理，而经过上述的肯定、分享和设范三个阶段，现在正是恰当的时候。孩子已经知道了行为的范畴，于是家长可以用说话去教导孩子想出其他的处理方法，以便将来有类似情况出现时，孩子有更好的应付能力。家长可以引导孩子往以下几个方面去想：

如果重新来过，你能想到其他的处理方法吗？

下次同样情况出现，怎样才是更好的做法，使效果更理想？

避免同样不如意的情况出现，你可以采取哪些预防措施？

家长可以说：

"刚才小刚走过来的时候，你要怎样说，他便不会拿走你的游戏机？"

"为了避免你不在的时候别人拿走你的游戏机，你可以想出多少个办法？"

"你可以怎样和妹妹商量一个公平的方法，去安排每一次谁坐在车子的前座？"

8. 良好而有效的亲子沟通技巧

很多家长都有这样一个认知：我对孩子的爱，孩子是完全能够感受到的。但是家长们忽略了许多客观存在的问题。孩子有自己的情绪，面对同样一件事，不同的情绪会让孩子产生不一样的体会。所以很多时候，家长们的一些行为，出发点是为了孩子好，但是孩子不一定能够有所体会。这也充分说明了沟通的重要性。

如果父母和孩子什么话都不说，全凭对方去猜，那么这件事的结果很有可能既违背了父母的初衷，也不合孩子的预想。不知道有多少家长能够意识到沟通的重要性，但是有很多了解沟通有多重要的家长不知道该如何去沟通。这就好比找到了通往孩子内心世界的道路，但是却没有钥匙。

（1）和孩子沟通要注意什么？

①沟通需要建立在平等的基础上。父母与孩子之间的沟通，最重要的前提条件就是平等。如果父母在孩子面前总是处于居高临下的地位，总是以一副严肃的面孔对孩子，以严厉的语气与孩子讲话，无形中会使孩子产生畏惧的心理，那么长久下去，孩子将不敢和父母交流，有的孩子甚至还会产生反抗的心理。这样不仅达不到教育孩子的目的，而且还会阻断和孩子间的沟通，也就人为地形成了代沟。

②和孩子交流时要多倾听。"倾听"是一种非常好的教育方式，因为倾听对孩子来说是在表示尊敬，表达关心，这也促进孩子去认识自己的能力。那么，父母应该怎样来倾听孩子的心声呢？跟孩子交流，有时候并不需要自己说，父母只需作为倾听者，给予孩子关注、尊重和时间，那是对孩子最有效的帮助。对于孩子来说，他们缺乏人生经验，更加需要向父母

倾诉，从父母那里得到指导。

同时家长也应善待孩子的错误，既算是孩子真的犯了错误，父母也要静下心来，以同情与认同的态度，站在孩子的立场让他倾诉，不要打断孩子的说话，加上自己的意见与批评。这样做不但可以增进亲子沟通的感情，也可以让孩子明白，当遇到任何烦恼时，回到家里都会得到父母的体谅和支持。

③帮孩子分析问题。孩子社会经历少，见识少，当他们遇到问题时往往不知道该如何解决，这时作为父母就应该适当地给予孩子指导，当然方案越具体越好，过于笼统的方法孩子有时并不能理解，更不会付诸实际行动。

在这个过程中，父母以长者的身份对孩子进行开导引导，相信一定能帮助孩子圆满地解决问题，在这个过程中，父母也取得了孩子的信任，加强了亲子间的感情。

④选择最适合的方式进行沟通。在与孩子的沟通过程中，不仅要考虑孩子是否能够理解，同时还应该选择易于被孩子接受的沟通方式。像说教、命令、强迫等方式，只会令孩子产生逆反心理，达不到教育的目的。而聊天、讲故事、做游戏等寓教于乐的沟通方式，才更加适合孩子的心理特点，从而更能够达到沟通的预期效果。

家长应该多换位思考，在与孩子交流前，应该根据孩子的性格特点、年龄阶段，选择一种更适合的交流方式，从而摆脱传统的、说教式的沟通方式，让孩子们在自己喜欢的沟通方式中去领悟更多的人生道理。

（2）和孩子沟通的技巧

①要尊重孩子的选择。孩子是一个独立的个体。现在父母在照顾其健康成长，但孩子总有一天要脱离父母保护的羽翼，走向自己独立的生活。

那么让孩子逐渐地学会进行合理分析并选择自己的喜好、意愿就是家长很明智的做法。当然，出于一种保护的心理，家长可以提出自己的见解，让孩子真正理解自己的经验之谈，并把自己的意见当作一种参考。如此一来，孩子就能逐渐养成一种对自己的选择、自己的决定负责的行为习惯和思维方式。

②要调动孩子的兴趣。与孩子交谈，如果家长有一种良好的愿望，想要孩子能接受的话，不要只是单纯地下达死命令，试试用一种平和的心态，一种新颖的方式来调动起孩子的兴趣。因为，兴趣是最好的老师。

③注意体会孩子的感受。如果孩子在外面受了委屈，孩子会难过好半天，如果家长认为：小孩嘛，很快就会忘记的。或者就只会一味地和孩子说："没关系的，要坚强点。"这样硬梆梆的安慰，孩子会觉得你根本体会不到他的难过，久而久之，他遇到困难时就不会和你说，而是一个人憋在心里了。如果父母改成说："我也很难过，我们一起来想想有什么好办法可以解决这件事情好吗？"相信孩子听到这样的话一定会有不同的表现。

④和孩子密切相处，了解孩子的想法和喜好。沟通最主要的一个方式就是聊天，爸爸妈妈们要腾出时间和孩子相处，密切观察孩子对哪些事物感兴趣，了解他最近是否遇到苦恼的问题，然后就孩子的想法和喜好寻找话题进行交流，这样会激发孩子和父母交谈的兴趣，促进亲子关系。

⑤及时了解孩子的发展程度。父母应该知道多大的孩子理解多少的话，如果父母尽说些孩子无法理解的话，或提出一些孩子达不到的要求。这不仅让孩子觉得辛苦、压力大，亲子间对话也势必难以搭得上线，就很容易形成交流不畅而使双方之间有代沟的产生。

⑥回答时要注意方式。孩子提出问题时，应先了解其真正含义，并针对孩子的需要做回答。孩子都是具有好奇心的，他们提出的每一个问题都

可能是他们思想火花的一次闪现，如果家长随意对待，敷衍了事或者信口雌黄，那么你可能扼杀了孩子一次具有创造性的想法或把孩子引到了一个错误的方向上。

⑦避免用负面意义的语气。所谓的负面比如家长不要用"我命令你……""我警告你……""你最好赶快……""你怎么那么笨……""我不允许……"等等带有指挥、命令、警告、威胁、责备、谩骂、拒绝等负面意义的说话语气。也许你一时控制不住自己说出的一句话，会对孩子幼小的心灵产生重大的影响，而且说得多了，孩子对此更是无所谓的态度，所以家长再说类似的话就没有任何意义，还让孩子感到厌恶。

都说沟通是桥梁，做为父母想要走进孩子的内心世界，真正地了解孩子的想法。首先应该学会的就是如何去跟孩子沟通。

婆媳关系调和之法

婆媳关系是指在一家中婆婆和媳妇的关系。婆媳关系一般都比较容易失调，因此在相处中需要注意很多问题。婆媳关系自古以来就很复杂。随着改革开放以来，受各种外来思潮的冲击和年龄代沟的影响，婆媳之间的矛盾也在随之升级。那么对于丈夫来说，是个很有挑战性的课题。常言道："家家有本难念的经"，其中一本就叫"婆媳经"。在家庭中，两代人之间的矛盾和冲突，最明显和最常见的，是出现在婆媳关系上。婆媳不合，是使不少人提起就摇头叹息的问题。

1. 婆媳关系分析

（1）婆媳关系也是一种人际关系。

（2）婆媳关系是一种比较特殊、比较难处理的人际关系。因为，一是婆媳共同存在于一个经济利益共同体中，经济和利益要产生矛盾，二是双方都想让事情由自己来控制，必然要产生矛盾。

（3）婆媳相处首先要调整好双方心态，要以沟通交流为主要原则。

2. 对于婆婆的理解

"婆婆"这个词，似乎戴上了一些隐喻的词语，比如说：刁难、不可理喻、守旧、多管闲事、啰唆，等等。加上如今的婆媳是60后遭遇80后，两代人成长环境差异较大，世界观、人生观都会有所不同，这导致很多人一听到婆婆的声音便闻声巨变。其实首先观念就没摆正。或许，在解决婆媳相处问题之前，你需要更正一下观念。

（1）其实每个婆婆都有一颗爱子之心，比你们的爱情更深刻、更远。

她是一位善良的母亲，生他、养他，二十多年里他对于婆婆来说，成了她生活的全部支柱和期望。或者你会说，将来陪伴他的都是我，几十年，一辈子。尽管这是事实，但在这几十年没有发生之前，她对她儿子的爱和你对你丈夫的爱，不会少一丝一毫。在这个时候突然有人要"取代"她的位置，她难免会感到落空。将来的几年，你也会成为一位母亲，不如站在她的爱子之心的立场上来有效地解决问题吧。

（2）她是过来人，看得比你多，经历得比你多。

这大概是每位婆婆都会有的心理，你经历的都是她曾经走过的路，所以她将你的一举一动都看在眼里，别说婆婆精明，其实她们只是怕你经验不足，对一些事情还不能应付自如。所以，她们喜欢用她们曾经解决事情的方式来解决你的问题，这其中有些方法已经显得老旧而不实用，但在她们眼里，那就是王道，因为曾经把问题解决了。

在你的婆婆第一次见到你的时候，她一定是非常客气的，除非在这之前你的条件非常不能让她满意，或者她跟儿子之间老早就有隔阂和矛盾。之所以后来你们从客气的关系，转变到水火不容的局面，那都是因为平时有矛盾没有及时解决，有情绪没有及时沟通，有意见没有好好表达。不是她们爱刁难，在她们眼里，那些都是出自她们的关心，当一片好心得不到回应的时候，自然也就产生了意见。

（3）在她眼里，是为人妻，为人母，就应该承担相应的义务与责任。

在刚新婚不久，你还没有从恋爱的角色转变为一个妻子、媳妇的角色的时候，她早就给你定好了位置，既然为人妻，所以就应该承担妻子的义务和责任，当你为人母的时候，也同样如此。由此，她衡量你的言行举止也就比你想象中要高出很多。也许你认为她不讲理，而她认为你不懂事，就这样激发了各种矛盾。

母亲都是善良的，她们十月怀胎养大自己的孩子，种种艰辛与苦痛无从说起，但她们从未伸手找你要过什么，她们只是在爱你，无论你站得远还是站得高。所以，当你与你的婆婆之间有矛盾的时候，不妨反过来想想，或者更能懂得她的心思，从而也能将自己从围困中解救出来。

3. 婆媳关系失调的原因

观察和研究指出，婆媳关系容易失调的主要原因有如下几个方面。

（1）关系的特殊性。

家庭的基本关系有两种：一是夫妻关系，一是亲子关系，两者构成了家庭结构的基础。其他关系，如兄弟姐妹关系、姑嫂关系以及婆媳关系、祖孙关系都是在此基础上派生出来的。婆媳关系在家庭人际关系中有其特殊性。它既不是婚姻关系，也无血缘联系，而是以上两种关系为中介结成的特殊关系。因此，这种人际关系一无亲子关系所具有的稳定性，二无婚姻关系所具有的密切性，它是由亲子关系和夫妻关系的延伸而形成的。如果处理得好，婆婆和媳妇各自"爱屋及乌"——婆婆因爱儿子而爱媳妇，媳妇因爱丈夫而爱婆婆，各得其所，关系就会融洽。但是如果处理不好则婆媳之间会出现裂痕，难以弥补。

（2）利益分歧。

婆媳同在一个家庭中生活。有共同的归属，自然也就有着共同的经济利益，双方也自然都希望家庭兴旺发达。这是婆媳利益一致的一面。但同时也常常在家庭事务管理权、支配权等方面发生分歧，出现矛盾，甚至明争暗斗。我国家庭中有"男主外、女主内"的传统，婆婆做了几十年的内当家，现在把权力交给媳妇，媳妇在家庭事务中唱起了主角。对这种角色的转换，做婆婆的往往不易适应。"有的婆婆虽已年过花甲，却仍希望继续保持在家庭中的经济支配权，或者难以接受完全由媳妇掌握家庭经济大权的事实；而做媳妇的也往往不甘让步，这就难免发生矛盾。即便是婆婆和媳妇共同持家，由于各自的地位不同，考虑问题的角度不同、需要不同，也容易产生分歧。

（3）相互接纳不良。

婆媳原来各自生活在不同的家庭之中，各有自己的生活背景、生活习性，而现在婆媳在一家生活，这就有一个逐步了解、相互适应的过程。如果适应不良，彼此不能接纳，便会关系紧张，矛盾丛生。

（4）中介失衡。

在婆媳关系中，儿子起着十分重要的中介作用。儿子的这种中介作用如果发挥得好，则可以加强婆媳之间的情感联系，反之，则容易成为矛盾的焦点，出现"两面受敌"的困境。尽管母子情深，也难以避免结婚以后这种关系变得复杂的事实。因为夫妻之间毕竟在活动、打算、开支以及交往等方面有着更多的共同点。在这些问题上，夫妻观点的一致性往往要超过母子观点的一致性。这是因为儿子和母亲相隔一代，在心理上存在着差异，这样就容易造成儿子中介作用的失衡。如果母亲不理解，就会产生"娶了媳妇忘了娘"的心态，误认为儿子对自己的感情被儿媳夺去了，而迁怒于儿媳。

4. 婆媳关系协调方法

前面我们分析了婆媳之间容易产生矛盾的原因，那究竟怎样科学地处理婆媳之间的关系。这里，我们提出几点建议，希望能对大家有所帮助。

（1）相互尊重与谅解。

婆媳双方要妥善处理彼此之间的关系，首先得对这种人际关系有正确的认识。婆媳双方都要承认对方有独立的人格和经济地位，双方之间的关系是一种平等的人际关系，而不是一种一方必须依从于另一方的支配与被支配的关系。认识到这一点很重要，如果双方或一方对这种关系缺乏正确的认识，认为对方必须或应该听从、服从自己，从而把这种平等的人际关系视为支配与服从的关系，则必然会在行动上、态度上表现出来。由此导致双方关系的失调。婆媳之间的相互尊重要求双方有事全家协商处理，如经济开支、涉及全家的事务等要共同商量，养成民主家风；而属于个人的"私事"，则应互不干涉，个人享有"自主权"。作为媳妇儿，要多尊敬婆婆，因为婆婆年岁大，管家经验丰富；做婆婆的也不要总是在媳妇面前摆架子，要看到儿媳的长处，多尊重儿媳的意见。也就是说双方要相互配合，彼此尊重。婆媳长年生活在一起，难免会发生一些不协调的事情，这时就更需要双方相互谅解。所谓"谅解"，就是站在对方的立场去考虑问题。我们的先辈在处理人际关系中所提倡的"设身处地""以己度人""己所不欲，勿施于人"等原则，都包含着谅解的思想，是处理人际关系的"金玉良言"，也完全适合于处理婆媳关系。

要发展良好的婆媳关系，双方都需要学会谅解对方、体贴对方。例如星期天去游园，做媳妇的不要只和丈夫、孩子去，把公婆留在家里，应该一同前往，这样婆婆也就不会产生寂寞孤单的感受。反之，媳妇对丈夫照顾较多，对婆婆相对照顾不周，做婆婆的也应多予体谅。如果婆媳双方在相处中都能设身处地地为对方着想，相互谅解，婆媳非但不会出现大的矛盾，而且还会发展得如同亲子关系那样密切。

（2）避免争吵。

婆媳之间出现了分歧、产生矛盾时，双方一定要保持冷静的头脑。即使一方发脾气，另一方也应克制自己的情绪反应，等对方情绪平静之后再商讨处理所存在的问题。心理学告诉我们，消极而强烈的情绪容易使人失去理性，导致冲突升级；争吵还具有"惯性"，即一旦因一点小事"开战"，日后往往有事便吵，久而久之，成见会越来越大。因此，当一方情绪反应激烈时，另一方应保持冷静与沉默，或者寻机走脱、回避，等事态平息后再交换意见，处理问题。

此外，婆媳双方平日有了意见，切忌向邻居、同事或朋友乱讲。我国民间有这样一句俗语："捎东西越捎越少，捎话越捎越多"。说的就是"传话"在人际关系中的不良作用。婆媳失和，向亲朋邻里诉说，传来传去，面目全非，只会加剧矛盾。作为婆媳，应引以为训。

（3）物质上的孝敬与情感上的交流相结合。

作为儿媳要和婆婆搞好关系，除了物质上孝敬之外，还应注意和婆婆搞好感情交流，消除心理上的隔阂。只有彼此及时沟通，双方的心理距离才会缩短。因此，做媳妇的平日里要经常向婆婆嘘寒问暖，每逢老人身体不适，更需悉心照料，使老人在精神上得到安慰。

（4）发挥儿子的中介作用。

如前所说，婆媳关系本来就是亲子关系与夫妻关系各自的延伸而形成的一种新的家庭人际关系，儿子在婆媳关系中扮演着"中介"角色，儿子作为婆媳关系的中介点，对婆媳双方的性格特点最为了解。因此，儿子在处理婆媳关系中起着十分重要的中介作用。这种作用主要是：

儿子可以帮助婆媳进行心理沟通。所谓"沟通"就是人与人之间的心理和情感上的回流。通过儿子的沟通，婆娘之间可以更轻易地消除心理上的屏障，增进感情。例如平日家中有什么关于婆婆的好事，儿子可以多叫妻子出面，母亲过生日，买了东西叫妻子出面送给老人等。这些策略都有助于婆媳之间的情感交流。

婆媳之间发生矛盾时，儿子可以起疏导作用。由于婆媳之间既缺少母子间的亲切。又没有夫妇间的密切，因而出现了隔阂往往不容易消除，通过儿子从中周旋，可以消除心理屏障，使婆媳和好如初。

5. 媳妇应该懂得的九大原则

（1）孝敬婆婆是应该的，不要有抵触情绪。

（2）不要在婆婆面前和老公过分亲热。

虽然你觉得你们习惯了这种沟通方式，但是这就像在外人面前一样，过分亲热是对别人的一种不尊重。

（3）涉及婆家时，要照顾老公的情绪。

尤其是钱的问题，有些钱千万不能省，比如公公生病了，既然是无法逃掉的责任，还不如拿钱时干脆点，由你来交给婆婆，这样既讨得婆婆欢喜，老公又满意，日后也能多为你考虑。

（4）不要在婆婆面前使唤老公。

如果你的公婆来家里住，你不停地使唤你老公做这做那，他们会以为儿子在家里太辛苦。离开公婆的视线后，你爱怎么使唤都行。

（5）即便是表面功夫，也得做足了。

给自己妈妈买东西的时候想着给婆婆也买一个。多细心观察她的日常生活，抽空满足一下她的愿望，一点点的关心都会让婆婆记在心里的。

（6）留点时间听她唠叨吧。

住在同一屋檐下，敬而远之是不行的，那就干脆横下心吧，没事哄哄她，有时间的话就听她说两句。她爱唠叨，就让她唠叨吧，一边听一边随声附和两句。要明白，做到做不到是次要的，说到则是必需的。

（7）丑话说在前头没有什么错。

在你婆婆来你家之前，你最好先和老公达成共识。有些原则性的事情，如你没有办法早起，你没有办法天天做家务，你和老公生活中没有男尊女卑的观念，等等，让你老公他事先和婆婆讲一下。

（8）过去的事就让它过去。

婆媳总是会有摩擦，过去了就过去吧。摆冷脸绝不是好办法。关于婆媳矛盾当然不都是媳妇的错，只是你不满也好，委屈也好，作为婆婆的年龄让其改变实在太难。生活总得过下去，与其抱着难受的心情生活，不如从自身做起改善关系，关系是一种互动，当其中一方的态度与行为改变时，双方的互动模式也会随之改变。

（9）学会换位思考。

作为儿媳要学会换一个立场来看问题，当岁月流逝，自己也成为婆婆了，肯定会希望有一个很善良、很贤惠、很大度、很孝敬的儿媳。因此，作为儿媳要学会站在公婆角度看待问题，赶快行动起来，成为称职让公婆满意的儿媳吧。相信你这样做的话，老公会更加地爱你，儿子长大了也会更加地孝顺你，你不单是一个成功的儿媳和妻子，更是一个成功的母亲。

6. 把握好八大关键时间点

（1）第一次见面很重要。

第一印象在人际交往中具有重要位置，第一印象好，以后的关系就很好处，所以第一次见准婆婆的时候，一定要注意三勤：嘴勤，眼勤，手勤，说白了就是有礼貌，有眼力见儿，还得显得很勤快，这样的女孩子没有哪个婆婆不喜欢，最忌讳第一次见面耍大小姐范儿，其实把婆婆放在眼里放在心里就可以了。

（2）加深沟通，多提温和观点。

沟通是必需的，婆媳之间的沟通很重要，需要为此多加强交流。同时，要懂得如何提出自己的观点。这种观点必须是有你的立场，但又不能显示出太强硬的态度，要温和地提出，无声无息中将思想渗透于婆婆脑海中。

（3）记住婆婆的生日。

大部分婆婆是很善良的，只是我们有的时候不会处理问题，导致情况复杂化，记住婆婆的生日，主动为她庆祝，可以让婆婆对你这个儿媳妇更多理解，事半功倍呢！重要的是，记住婆婆的生日并主动为她庆祝，婆婆心理会美滋滋，谁不想生日的时候有人惦念着？

（4）结婚前的谈判。

结婚前，一般双方家长都会吃个饭，碰碰结婚的事，结婚仪式这事提前最好和老公商量好，让老公和他父母沟通之后，吃饭的时候，你这个准儿媳就表现出很大度，一句话："听婆婆的意见，您说怎样就怎么办！"这样的表态往往可以让你们之后的事情简单化，有的时候不用太较真，换来的就是生活的快乐。

（5）顺其意，从其事。

婆婆毕竟是婆婆，如果你一开始就与她反抗，你会吃不到好果子的。刚开始，你一定服从她的意愿，对她多多忍受，多多为她着想。尽管你不怎么愿意。潜移默化中，她就会感受到你的心意。

（6）以退为进，反向对付。

太明显的进攻肯定会遭受婆婆的强烈"回击"。所以，要学会以退为进，不要赤裸裸地去和婆婆争论。要退一步，比顺从更退一步，让她感到高兴，这样她就会放松对你的顾忌，你就有机可乘了。

（7）怀孕之后。

大部分婆婆都是很期待儿媳妇怀孕的，这是血缘的传递，怀孕之后，聪明的儿媳妇应该让儿子给婆婆打个电话，然后儿媳妇就要亲自给妈妈打个电话，告诉她："妈，有了孩子你又要辛苦了，我们尽量让您少操心哈！"这样的语言会让婆婆很受用。

（8）坐月子期间。

建议坐月子最好妈妈来伺候，这样会最大限度地减少矛盾，如果妈妈条件不允许，只有婆婆来的话，儿媳妇就要注意，不要认为人家来是应该的，一定要记住婆婆来是帮忙的，你要尽量理解老人的辛苦，多鼓励老人家，有很多婆媳矛盾都是产生在这一个月，所以一定要注意哈。

聪明的媳妇知道在社会上如何相处，就更应该知道怎么与自己的婆婆相处，这都是有一定的技巧的，我们要维护好与婆婆的关系才能保证家庭的和谐和生活的安静。处理好了，你就有可能和婆婆一辈子平和相处。

7. 媳妇应如何做好预防

婆媳关系其实在婚前媳妇见家长的时候就已经开始了，虽然现在社会传统的婆婆还是不少，但是一开始就对媳妇意见很大的婆婆还比较少，因此要处理好婆媳关系最重要的是在恶化之前做好预防。

（1）不管婆婆多么无理，也不要跟婆婆吵架。

婆婆即使再有错，如果你一旦跟她开战，就是你的不对了。这不是要你当鸵鸟，虽然你是新时代女性，可以藐视一切陈规陋习，但请别忘了这是在中国，这个社会还是不能容忍忤逆之人，虽然跟婆婆吵架不一定算忤逆，但在旁人看来，作为晚辈的媳妇唾沫横飞的跟婆婆对着干，就是忤逆！他们会认为你没家教！说你没家教，所针对的对象就不是你一个人了，而是捎带上了你的父母，你希望听到自己的父母因为自己的原因被人议论吗？

（2）不要在老公面前说婆婆的坏话。

我们不喜欢婆婆在老公面前说自己的坏话，同样的，作为婆婆，也不会喜欢媳妇在儿子耳边嚼舌根。尤其现在的男人，很多是愚孝的，即使他明知道是婆婆错了，他也会说你就忍忍吧，那是他妈！在这种情况下，你说婆婆坏话，既达不到自己的目的，更有可能让老公对你产生厌恶感。毕竟嘛，将心比心，如果你很爱你父母，你老公也在你面前说他们的坏话，你能保证自己不会跳起来八丈高吗？

（3）不要在外人面前说婆婆的坏话。

可能有人会骂我，有没有搞错啊？受婆婆气了，跟老公不能说，跟外人还不能说，还有天理吗？是啊，这一点好像很难做到，看看论坛里姐妹们的血泪控诉，就知道天下做媳妇的有多少辛酸泪啊！而且平时自己的朋友聚会时，谈论得最多的好像也是家里那个恶婆婆！中国的媳妇苦哇！可是这里指的外人是有特指的，就是既认识自己又认识婆婆的人，在论坛里发发牢骚可以，但如果在这些人面前说婆婆坏话，你就不怕有一天你的话被添油加醋后传到婆婆耳朵里吗？家丑固然不可外扬，但更重要的是不要被人当作"祥林嫂"一样，轻看了你。即使你知道婆婆在外人面前说你的坏话，也不要以牙还牙，以眼还眼，要是这样做，你跟你那长舌头的婆婆有何区别？聪明的媳妇会这样做：婆婆在人前说我的坏，我就高调的在人前说婆婆的好！不用担心这样会坐实婆婆指控你的罪名，请一定要相信"公道自在人心"这句话，婆婆对你百般刁难，你却是以德报怨，孰对孰错，还不一目了然吗？等那些人将你的话传回你婆婆耳朵里时，看她还不羞愧死！

（4）如果和婆婆同住，不要因为生气动不动就跑回娘家。

其实，很羡慕有娘家可回的姐妹们，因为我的娘家在外地，所以基本算是无娘家可回，不过这也省了父母的担忧。虽然有时受了委屈跑回娘家，老公低声下气地来接你回家的感觉是挺解气的，也许你的父母不会骂他，也许最多会用眼神谴责他，可你想过老公的感受没有？如果这样的次数多了，每个男人都会烦，决定以后不再惯你这毛病，这个招就不会管用了。尤其是和婆婆同住的媳妇，千万不要动不动就使这招，如果婆婆甩给你一句：出了这个门就不要再回来！或者你的老公想要在婆婆面前显示他的权威跟你说出这句话，你是准备义无反顾、头也不回地走出这个家呢，还是准备乖乖放下行李回房痛哭？即使你能跨出门而且最终还会回来，但你就不怕出门后婆婆对老公说的第一句话是"跟她离婚"吗？

（5）像爱老妈一样尊重婆婆，但不要以回报为基础。

很多时候，我们做媳妇的总是以为自己对婆婆多好，婆婆就得对自己多好，甚至更好。但是事实上，我认为尊重婆婆更多的是发自内心地对婆婆的尊敬，毕竟婆婆是长辈，是她含辛茹苦地养大了你的老公，就凭这一点儿，就该尊重婆婆，爱护婆婆，就像爱自己的老妈一样。但是不能像要求自己老妈一样的要求婆婆，更不能要求婆婆的回报，因为她给了你她一生中最呵护的儿子来照顾你，就是给你最大的回报了。如果这样想，那么很多婆媳关系都是可以处得不错的。尤其是现代年轻女性，受过高等教育，更应该深刻地明白这个道理。只有发自内心的心无芥蒂的爱与尊重，才能换来良好的婆媳关系。

（6）不在婆婆面前与老公亲热。

有些媳妇喜欢老公在饭桌上给自己夹菜，看电视的时候习惯坐在老公的腿上。在婆婆面前一定要收敛点,第一,老人家可能接受不了这些过分亲密的举动。第二,她会因此而吃醋。因此这些行为举止都会让婆婆对你产生误会。

(7)在婆婆面前不说老公坏话。

任何母亲都是认为自己孩子是最好的,若你在她面前数落她儿子,那么她心里肯定在想:你算哪根葱,敢这样说我的儿子。就算是老公真的不好,也不要跟她抱怨,因为儿子是她亲生的,而你跟她一点血缘关系都没有。

(8)认真跟婆婆学习。

俗话说:姜还是老的辣。这不无道理,若是婆婆做得什么菜好吃,那你就在夸赞她的同时,还要说希望跟婆婆学做菜。在夸赞婆婆的同时,还提高了婆婆在家中的地位。这肯定让老人家很乐意,但接下来可要有行动哦,那就是真的跟婆婆一起学做菜。

(9)倾听婆婆的唠叨。

每个老人家都盼望身边有人愿意听自己说话,特别是没有老伴的婆婆。老人家都比较唠叨,若你能静下心来,和她喝杯茶,听她说说话,她对你的偏见一定会少很多。而且要真诚地倾听,必要时还要附上:"妈你真是不容易啊,一定得好好孝敬您。"之类的话语。

(10)舍得给婆婆买礼物。

母亲节、婆婆生日,一定要给婆婆买礼物,表现对婆婆的爱不仅会让老公对你多了一层感激之情,还能赢得婆婆的爱。那何乐而不为呢。在给婆婆买礼物的时候,不强求有多贵重,但也不要有随意性,看婆婆需要什么或者说缺什么,老人家都比较讲求实际。

8. 男人如何处理婆媳关系

让男人头疼的婆媳关系一直都是家庭关系里的重点，两个本来没有任何关系的女人建立了婆媳关系，每天在同一屋檐下肯定会产生矛盾，男人在中间左右为难。

（1）好人媳妇做，坏人自己当。

女人没有几个不贪小便宜的，婆婆也不例外，当想买东西孝顺老妈或逗老妈开心的时候，不妨让老婆出面给婆婆，减少婆婆对媳妇的敌意。当老妈和老婆有摩擦时，要处于中立角度看待问题，是哪方的错误就善意地提醒哪方，并安抚另一方的情绪。

（2）多说媳妇好话，不说媳妇坏话。

婆媳关系不协调时，切忌在老妈数落媳妇时跟着附和，看似父母会消气开心，实则会以为儿子对媳妇也有不满，久而久之会传到媳妇耳根子里。真想理顺婆媳关系，应在老妈面前多说媳妇好话，适当表达对媳妇的爱意，让父母理解结婚后的你们很幸福，不会肆意破坏你俩的关系。

（3）家务活一起干，别老指使媳妇干活。

儿子是老妈的心头肉，从小娇生惯养当宝贝，如果儿子被媳妇指使去干活，老妈肯定很生气。聪明的男人绝对不是懒惰的男人，至少让父母看到，你们俩共同干家务维持小家。即使男人从小没怎么干过活，想让媳妇多干点，也绝对不要在老妈面前指使媳妇，要尊重媳妇。

（4）爱父母，也爱岳父母。

有了老妈老爸才有了老公，有了岳父岳母才有了媳妇。你娶了媳妇，相当于老公一家子娶了媳妇一家子。所以，别忘了孝敬父母，别忘了孝敬岳父母。有了双方老人的支持，你们的小家才会过得更幸福，更温馨，减少家庭矛盾的发生。

（5）善意的谎言。

男人要擅长调和老婆和老妈的关系。如果老婆和老妈不小心发生了矛盾，而俩人又都放不下面子去道歉，男人就需要从中调和一下了。女人大都比较感性，既需要语言上安慰，也需要一点小小的物质诱惑。比方来说，买一点老妈喜欢的礼物，给老妈送去，告诉老妈，这是儿媳妇特意给她买来孝敬她的，然后说上几句安慰的话，再不痛不痒地批评老婆几句；然后再买点老婆喜欢的礼物，去送给老婆，告诉她是老妈买给她的，告诉她老妈年纪大了，放下脸给你一个台阶就接了吧，老妈包了饺子等她回家吃饭呢。这样老妈和老婆的矛盾基本就可以搞定了。

（6）做个"出气筒"。

男人要勇于把老妈和老婆的矛盾转移到自己身上，让她们转移目标，主动拉仇恨当"出气筒"。举个例子来说，如果你家里是老婆在做饭，喜欢做的口味比较轻，而你喜欢吃的口味比较重，这时候老妈因为心疼儿子是一定会冲着儿媳妇发火的，这种时候男人可不能袖手旁观，主动说上一句，老妈您不知道，我最近上火不敢吃太咸，是我让她做得口味轻一点，妈要不我再去给您炒个菜去，这种时候我想老妈一定会一笑了事，老婆也会非常感激你，下次再做饭的时候她也一定会记住你的口味轻重了，反过来也是一样，如果是老婆挑老妈的理，也不要不分青红皂白上去冲着老婆就是一顿训，弄得老婆跟个外人似的，有一种想跑出去的冲动，也应该说一句咱妈是按着我的口味做的，你要吃不惯我再给你炒个菜去。不同情况需要不同的处理方式，关键是把老妈和老婆想要发的火都巧妙的引到自己的身上，别让她们发给对方就可以了。

（7）拒绝厚此薄彼。

男人在对待老婆和老妈时不要厚此薄彼，别给老妈留下娶了媳妇忘了娘的印象，也别给老婆留下只要亲情，不要爱情的口舌。具体地说，"三八"节给老婆买礼物，别忘了给老妈也买一份；母亲节给老妈买礼物，别忘了给老婆也买一份，因为老妈是你的母亲，老婆则是你孩子的母亲；既要记得给老婆过生日，也不要忘了给老妈过生日；出差回来，给老婆带礼物，也要给老妈带礼物，不然你就谁都别带；即使说甜言蜜语，如果当着俩人的面，也要有技巧地都夸才行。

如何处理婆媳关系是很重要的，好妻子为幸福家庭传递正能量。上面的处理婆媳的关系老公起到了很重要的作用，这样老公才是最完美的，有一个和睦的家庭，每个人都要为这个家庭付出自己的爱，这样整个家庭才会婚姻健康、温馨。

9. 婆媳之间相处禁忌

（1）得寸进尺。

不懂得让步就大声嚷嚷，期求引起重视或不晓得礼节对长辈得寸进尺，会让婆婆为你感到寒心！如果不想将婆媳争吵的家丑外扬，不妨直接告诉婆婆："亲爱的婆婆大人，其实我并不想和你吵！"

（2）横加指责。

不少婆婆都反映，她们最不喜欢那些平日里叽叽喳喳，吵起嘴像活蹦乱跳的虾兵蟹将，总爱挑三拣四的媳妇了。婆婆又不是你的学生，不得不接受你的批评，你怎么可以天马行空、无所顾忌地指责她的缺点？

（3）动口又动手。

百分之两百的婆婆都表示，她们最讨厌那些自以为是的媳妇们在争执间不小心就开始失控动手打人。如果在媳妇的眼里那真是情非得已的"互耍太极"，那么不妨事后及时和婆婆说声"对不起"。

（4）闷闷不乐，容易引起误会。

就算你再怎么贤良淑德，再怎么知书达理，如果你一天到晚都黑着一张"苦瓜脸"面对婆婆，估计不出一个小时婆媳纷争又开始漫天飞舞了。婆媳不经意发生了冲突后，不耿耿于怀，不阴云密布，甚至根本不论彼此言论的输赢对错，不仅不会让婆婆结冤报复，还能及时化解一场更激烈的战争，何乐而不为呢？

（5）离家出走，最无法收场。

"你再护着她我就回娘家去！""你不会只是为了她而不顾我和孩子吧？"这样的蠢话，请压根就别用在那个为两个女人左右为难的可怜男人身上，轻则让他做出错误选择，让你走便可将争端一了百了，严重者可能会因婆婆的关系让你俩的感情受到伤害。要知道，没有哪个男人不爱自己的母亲。

（6）恶言伤人。

婆媳冲突时，在婆婆面前屈居下风还是必要的，否则你原形毕露的个人形象只会让她更气急败坏，这对爱护老人的健康，维护媳妇孝心可是多多不利啊！

（7）婆婆对外数落媳妇不是。

邻里有个老太太，每逢遇到比较熟悉的朋友谈及家事，就会诉苦媳妇如何不好，脾气不好，好吃懒做，什么都让自己家的男人来干，等等诸多鸡毛蒜皮，让外人觉得这媳妇是个大逆不道、不通情理之人，后来接触那媳妇才知道，那媳妇看起来知书达理，对老人不说无微不至，也算是说得过去。家里有事都会主动过来帮忙，老人生病也会过来照顾生活。不知怎么就知道婆婆在外数落自己不是，便恼怒异常，感觉婆婆真是不识抬举，自此不再上门照顾。

（8）相互之间不要要求过高。

婆婆媳妇本不是生活在同一个年代，自然很多事情的做法想法都差别很大。婆婆不能因为媳妇思想新潮，做法新派就诸多看不惯，包括很多家务事情，现代的媳妇做得好的很少，不能从生活方面挑毛病，这样更加难容。媳妇也不能嫌婆婆迂腐、老套。这事情需要包容。总不能让快七十的婆婆玩转微博，也不能让二十几岁的媳妇缝缝补补。这样的要求大多不合理，还是包容为好。

（9）婆媳不要在男人面前互贬。

其实有时候男人挺可怜，为啥一般翁婿就没有那么多的问题，到了婆婆媳妇就那么多的麻烦？所以作为男人来讲，一边是妈妈一边是老婆还真有点头大。如果婆婆媳妇不停地在那人面前抨击对方，如果男人会和稀泥还好，如果没有和稀泥的高超技术，那么婆媳关系无疑会雪上加霜，火上浇油，此后会更难相处。

与父母沟通之道

1. 什么是沟通

沟通是人与人之间、人与群体之间思想与感情的传递和反馈的过程，以求思想达成一致和感情的通畅。其实沟通就是人与人之间思想或者情感的一种传递、反馈的过程。汉语是非常有艺术的语言，我们看到"沟通"这两个字，所谓沟通就是水沟如果堵塞了，水就流不过去，所以水流就不畅通了。沟通就是水要流过去，当水畅通无阻时，才能达到沟通的目的。交流跟沟通意思差不多，就是彼此之间信息的交换。水沟要通了，水流才能够顺利地通过去，然后才能彼此交换信息。所以汉语的字词真的很美、很有艺术性，看到这个字词就知道沟通一定要通，水流才能够流过去，然后才能够彼此交换信息。

提到关于言语还有沟通的经文，在箴言15章23节说："口善应对，自觉喜乐，话合其时，何等美好。"如果我们口里面说出的话是对人有造就，让人听了觉得很舒服，我们自己就觉得很高兴。所以我们常常说好话，不只是让别人觉得受用，其实也会觉得让自己心里觉得很舒服。箴言25章11节记载另外一段名言就是："一句话说得合宜，就如金苹果在银网子里。"

决定一个人幸福的三个要素是健康、关系和财富，人生是由各种关系组成的，如父母和子女的关系，夫妻关系，兄弟姐妹之间的关系，同学和同事等关系等。如何使这些关系和谐、融洽，就需要我们学习良好而有效的沟通。今天我们探讨的主要是子女与父母沟通的模式和方法。

2. 沟通的三个要素

沟通三个要素：自我、他人、情境

（1）自我："我自己"，内在和谐、做自己的主人；

（2）他人："我"与"另一个人"，关系和睦；

（3）情境："我"所处的人际系统（家庭或组织），社会和谐、家庭或组织成员之间和谐、协作、有凝聚力等。

良好的沟通能力是心理健康的重要标准之一。人与人之间的沟通，一般需要三个要素，即"自己""他人"和"情境"，如果我们能同时顾及这三个要素，即能够带来有效的沟通。而如果对这三个要素顾此失彼、有所取舍，甚至完全忽略，则会给沟通带来问题。

3. 沟通的五种模式

如果你经常忽略"别人"，以自我为中心，那么可能是"指责型"；如果你常常过分忽略"自己"，委曲求全，那么你的沟通模式可能是"讨好型"；而当你同时忽略"自己"和"他人"，不顾及双方的感受，只是"摆事实讲道理"，那么可能是"超理智型"；而如果将三者全都忽略，则是"打岔型"。当然，如果你能够同时顾及这三个要素，做到表里如一，那么便是"一致型"。

（1）指责型。

指责型的人只关注自己，其姿态更像一个高高在上的独裁者、老板或者权威的父母，与人沟通时声音尽可能地高，忽视对方的表达，不加区别地反对别人来掩盖自己的脆弱。他试图表明不是自己的过错，让自己远离压力的威胁，将自己的压力和负担施加给他人，让对方服从自己，而不是为了寻求回答。与此同时，他不会觉得自己有任何价值，因此，如果能让一些人顺从，便会觉得自己有些价值；当别人顺从时，才感觉自己充满力量。

言语：一般都表示否定，指责性语言居多，例如："你永远做不好任何事情。""你到底怎么搞的？""都是你的错。"

情感：建立权威感，"在这里我是权威""我是对的"。

行为：攻击对方、独裁专断、批评否定、吹毛求疵。

身体姿势：很有权力的样子，僵直。左手叉腰，右手指向对方。

内心感受：真正的内心感受可能是"我很孤单和失败"，但这些内心感受都是隔绝的。

心理反应：报复、捉弄、欺侮。

躯体反应：肌肉紧张、背部酸痛。循环系统障碍、高血压、关节炎、便秘、气喘等。

（2）讨好型。

讨好型的人只关注对方，使用讨好、逢迎的语气说话，努力取悦对方，表示抱歉或者从不反对；不能为自己做任何事，总是要得到别人的认可；把注意力放在对方身上，忽视自己的内心真实感受和想法，对任何事都说"是"；相信自己做得足够好，要求就会被满足。通过努力迎合别人来隐藏自己的脆弱。

言语：恳求的表情与声音，表示赞同、同意、服从，"这都是我的错。""我想要让你高兴。""只要你开心我就开心了。"

情感：委曲求全、弱小无力感、祈求，"我很渺小""我很无助"。

行为：过分的和善、道歉，请求宽恕、谅解，哀求与乞怜、让步。

内心感受：内心的感受是无价值感，例如"我一无是处""我觉得自己毫无价值"，但忽视和逃避内心感受，不能如实面对和表达真实感受。

心理反应：神经质、抑郁、自杀倾向。

躯体反应：消化道不适、胃疾、恶心呕吐、糖尿病、偏头痛、便秘等。

（3）超理智型。

超理智型的人只关注事情，将一切事件理性化，只关心事情合不合规定，是否正确。他会不停地跟你讲道理，就像电脑一样是非准确、理智，但却没有情感表达。这样的人看起来非常冷静和镇定，但无法真正与人沟通交流情感。他将自己的自尊心很好地隐藏在大话和充满智慧的辞藻下面，忽视内在的自我，回避因压力所产生的困扰和痛苦。并确保对任何感觉保持麻木，而真实的内心感受是脆弱的。

语言：极端客观，语言表达准确、抽象，使用抽象字眼及冗长的解释，"我只关心事情合不合乎规定或正不正确""人一定要有理智"。

情绪：顽固、疏离，甚至冷漠，"不论代价，人一定要保持冷静、沉着、决不慌乱。"

行为：权威十足。顽固、不愿变更、举止合理化、操作固执刻板。

身体姿势：僵硬，双手交叉，让人不易接近，表情很优越（若有表情的话）。

内心感受："我感到空虚与隔绝。"内心感受是压抑的，当事人感觉不到任何内心感受。"我不能露出任何感觉。"

心理反应：强迫心理，社会性病态、社交退缩、故步自封。

躯体反应：内分泌疾病，癌症、血液病、心脏病、胸背痛。

（4）打岔型。

打岔型的人忽视自己、他人和情境，其所说的和所做的都与他人所做所说的毫不相关，表现得好像威胁并不存在一样。让别人在与自己的交流沟通时分散注意力，也减轻自己对压力的关注，想让压力因素与自己保持距离。他会说一些无关的话题，声音没有原因地忽高忽低，就因为没有中心内容。

言语：以打断别人的谈话来获得大家的注意，或漫无主题。毫无道理，抓不到重点，东拉西扯，不直接回答问题或根本文不对题。

情绪：波动混乱，满不在乎，"我心不在焉"。

行为：转移注意力。不恰当的举动、多动、忙碌、插嘴、打扰。

内心感受：内心焦虑、哀伤，"没有人当真在意。""这里根本没有我说话的地方。"

身体姿势：身体姿势不停地在动。失去平衡。

心理反应：不适当、不合情理、心态混乱。没有归属感，不被人关照，还常被人误解。

躯体反应：神经系统症状、胃疾、眩晕、恶心、糖尿病、偏头痛、便秘。

（5）一致型。

一致型模式建立在高自我价值的基础之上，达到自我、他人和情境三者的和谐互动。这种模式的人言语表现出一种内在的觉察，表情流露和言语一致，内心和谐平衡，自我价值感比较高。他们认可压力的存在，正视自己处于压力之中，承担起自己在压力中的责任，为有效地应对压力而做出努力。能够如实地接受并表达自己的情绪和感受，同时能够关注对方，感受并接纳对方的情感，从而真正达到真实的情感交流和沟通。

言语：尊重现实、尊重自己、尊重别人。

情绪：稳定、乐观、开朗、自信。沟通过程中，内心坦然和安稳。

行为：接纳压力和困难、应对投入、顾全大局、乐于助人。

内心感受：虽有时惶恐，但仍充满勇气和信心，有坚强的毅力，敢于如实地面对各种消极内心感受。

心理反应：合情合理、心平气和、泰然处之。

躯体反应：全身放松、精神抖擞、健康、充满活力。

一致性沟通的三个层次：

①接纳感受。我们首先觉察到自己的身体反应和情绪的变化，并且承担起对自己情绪的责任，而不归咎于别人，比如自己的父母，我们为自己的情绪、为发生在自己身上的一切事情负责；然后接纳自己会紧张、会生气、会恐惧，并且看看可以做些什么让自己的身体舒服些、情绪平缓些，最终欣赏自己的所做的这一切。完成了这个过程，就算做到第一层的一致性了。此时，也许才能不带抱怨的、真诚一致的表达自己的感受。

我个人的体会是只要用到觉察和接纳，就已经很有效果了。比如：当遇到父母在旁边唠叨时或者溺爱孩子时，你可能会很愤怒，惯常的做法或许是火冒三丈地大吼：爸妈你们怎么回事，说了多少遍了，你们为什么就是不听呢？现在，在吼出这些如"小李飞刀"一般的话之前，意识到自己的愤怒，并且在心里对自己说"我现在很愤怒，我接纳我的愤怒"，试试看，接下来你的做法会有什么不同？

②深入觉察。简单来说，就是了解自己内心真正的渴望和期待，活出这份渴望。有的时候，我们不知道，也不去探索自己真正想要的是什么，并放纵自己沉溺于无聊、不满、抱怨中。还有些时候，我们的所言所行，跟我们的渴望背道而驰。明明渴望温暖、亲密，却用指责、索求把亲人吓跑。因而，此处，我们要做的就是找到自己的渴望，然后为这份的渴望负完全的责任。

③身心合一。这一层是"与普遍存在的生命力保持和谐一致"。"存在于宇宙当中的我们，已经触及到一种能量，它来自地球中心，带给我们一种根基感；它来自天堂，带给我们自身的直觉。它们在任何时刻都会静候在那里，等待我们去加以利用。"这些话听起来有些玄妙，其实也就是"天人合一、顺应自然"的意思。这第三层有一些很简单的做法，每天坚持早晚静坐十分钟，几个月后就可能会体验到"能量"了。

前面四种沟通模式，不论表现形式如何，内在的自我价值是都偏低的。只有一致型的沟通模式，才是真正高自我价值，是欣赏他人，悦纳自己的表现。就像呼吸之于生命，沟通是维系个人健康、建立满意的人际关系和促进生产力的关键。但是只有一致性沟通才能引导出互相滋养和支持的关系，才是有意义有价值的。每个人都具备无数的内在资源，可以更有创意地使用这些资源，让沟通变得一致。

4. 与父母沟通技巧

现在的有些家庭中，几乎每天都会听见子女和父母的争吵声，这是因为我们与父母的人生经历不同，生活经验、社会地位不同，对社会的熟悉程度也不同，在生活态度、价值观念、兴趣爱好、行为等方面难免会产生较大的差异。

在家中，父母与我们之间容易产生矛盾和冲突，对此不能否认、不能漠视，但也不能夸大，要从现实中架起沟通的桥梁，要走进父母，亲近父母，努力化解矛盾。当发生矛盾是，我们首先要冷静下来，心平气和地与家长商量沟通。弄清分歧所在，找到双方都能接受的办法，就能得到父母的理解。

我们与父母进行沟通，其实是辨明是非，寻求最佳结果的过程。要达到有效沟通需要掌握基本要领。其中，彼此了解是前提，尊重理解是关键。理解父母的有效方法就是换位思考，沟通的结果要求同存异。父母是爱我们的，只要我们同样以爱的形式对待父母，沟通的障碍就会大大减少。

（1）要有子女应有的态度，尊重父母。

我们跟父母沟通时，首先必须要让我们感觉到我们对他们的尊重和孝顺，这样话题才好展开。即使谈话时他们的意见有错也不要公开顶撞，而要用温和、委婉的方式表明自己的看法，使他们在得到尊重和心理满足的同时，平心静气地分析并最终愉快地接受自己的意见。

（2）做子女要学会与父母平等沟通。

不要让父母把你当成一个小孩，需要与父母建立一个平起平坐的地位。谁都不愿意跟一个小自己二三十岁的后辈交流。除非你在某方面让父母折服，让父母明白你是一个大人，有自己正确和独立的思考。这需要在平时多下功夫，多与父母聊天，和他们聊他们关心的话题，并且多阐释自己的观点；并且在任何可能的机会展示自己靠自己能力取得的成绩，让他们对你感到信任和自豪。

（3）赞赏父母，赞赏中增进亲情。

父母对我们恩深似海，值得我们赞扬。赞美父母对我们的爱，他们会感到甜；赞美父母当年之勇，他们更开心。要学会真诚，得体的赞美父母，这是增进亲情的有效方法。

（4）认真聆听，聆听中获得教益。

说话是学问，听话也有艺术。与父母交谈，要先倾听，再倾诉。尤其在接受批评时，觉察自己，接纳自己的感受，有错就承认，有理委婉地说。在倾听中我们能体会出父母的心情，期望和用意。

（5）帮助父母，用行动感动亲人。

努力帮助父母做事，为父母担忧，父母就会更疼爱我们。在家庭交往中，与父母不必太计较，毕竟家不是讲理的地方。我们认了错，也不会丢面子，反而让我们丢掉包袱，得到更多的爱和快乐。

（6）换位思考，理解万岁。

其实，我们和父母之间不是"孝"的问题，而是"理解"的问题，我们已经长大了，有了自己想法和做事方法是件好事，但是我们的父母却用他们的思想在"束缚"我们。我们经历的事是他们没有经历过的，所以，他们有的时候无法理解我们所遇到的困难和不如意，当然有的时候也体会不到我们心中的快乐。

（7）找到自我，温柔而坚定地坚守自我。

我们面临的不是古时候的"忠孝两全"的问题，而是坚持自我的发展和适应父母的要求的问题。解决这个问题关键是我们的立场以及时间。如果相信自己选择的事物，就要坚持自己的理想不要放弃，但是对待父母暂时不理解、不支持的态度时是温柔而坚定的；如果在选择的能力上还觉得不够成熟，找一个我们觉得"成功"的前辈帮助，其间也要照顾到父母的感受；如果你觉得自己没有自己真正的立场，那么，我们现在要做的不是事事顺着父母，而是找到自我。找到你自己的生活方式，因为在这个世界上没有人可以代替你思考，代替你生活工作。

（8）看见逆反心理背后的诉求，用真实的感受表达。

其实，父母对子女的心都是好的。他们是希望父母向好的方向发展，但是，他们在做事上也希望你顺着他们。但是，我们毕竟是我们，在选择自己的路的时候，考虑到没有对不起父母，多年以后可以用成绩证明自己。他们那时，自然也就理解了。感情的事需要智慧，也需要时间，如果有时候处理不好时，也会让子女们产生逆反心理：要我这样，我偏要那样；你说这个好，我非说那个好；让我相信这个，我就偏要相信那个。在多数情况下，逆反心理导致的对父母的反抗，其结果都是惩罚了自己——不是拿自己的错误惩罚自己，就是拿父母的错误惩罚自己。这种结果也是对父母的一种伤害——不是拿自己的错误伤害父母，就是拿父母的错误伤害父母。所以，为了不伤害自己和自己最亲近的人，就要努力克服消极的逆反心理，在情绪冲动时，要努力克制自己。

当我们要发火时，不妨用手摸一下肚脐。它曾是我们与母亲相连的地方，也是母亲用营养维持我们生命的地方。我们曾经是父母的一部分，现在能站在父母的立场上替他们想想吗？同时觉察自己逆反心理背后的情绪：愤怒、恐惧、委屈、痛苦、嫉妒，等等。看见自己情绪背后的诉求，真实地向父母表达自己内心的感受与想法，而不是用指责的语言攻击父母，或者用讨好的方式压抑自己，或者用超理智的方式隔离自己的情感。

在家庭生活中，我们享受亲情、关爱和欢乐，家园就是个乐园；化解不了与家人的矛盾和冲突，家就成了牢笼。我们应该走进父母，奉献爱心，孝敬父母，善于沟通，化解矛盾，我们就能为和睦的家庭增添温暖。

5. 成年子女如何与父母沟通

成年儿女与父母相处时需要学习的功课：要长大，要生命成熟。有些儿女生理年龄上虽然已经成年，但是在心理上、生命上还十分依赖父母，心理年龄与生理年龄不匹配。成年儿女要与父母和平相处，首先要成长自己。

（1）学习为自己负责任。

这是什么意思呢？也就是你做的事情，要自己去收尾。你闯的祸，你要自己想办法去解决，而不再是期待父母出面来为你解决。如果你要父母亲把你当作一个成年人来对待，你就不能老是期待父母来伺候你，还伸手向父母亲要钱。若是需要，请你自己去打工，赚零用钱。如果你这个时候，还伸手向父母要零用钱，那你就不能抱怨父母还把你当小孩子来看。因为那是青少年的举动，而你现在已经成年了。

一个长大成熟的人，是不再责怪他人，要别人为你今天的情况来负责。你已经长大，没有理由可以说：我今天不够有自信心，那是因为我从小成长的环境里面，我妈妈不够看重我。当然，我们可以了解，我们的过去的确会对我们的今天造成影响。然而，当一个人长大成熟以后，面对这样的情况，应当是问自己，我明白自己有这样的问题，我可以做什么去改变这个现状呢？而不再是把我们的问题，丢给我们的过去，丢给我们的父母。我发现有许多四十岁的人，继续地在说，唉，我很难信任别人，那是因为从小我父母亲怎么对我……弟兄姊妹，讲这种话的人，他还没有长大成熟。他还没有为自己负完全的责任。

（2）了解父母亲不是完美的人。

我们需要脱离儿童时期的那种期待。脱离要求我们的父母是完美的心态。那是非常不切实际的。今天，连我自己做了母亲，我都非常需要我的孩子给我一点恩慈，容许我有的时候不完美。所以当我们长大成熟的时候，我们需要了解，我们的父母绝不是完美的，他们也来之他们不完美的原生家庭，也有自己的局限性。

无可避免地，他们都说错过话，也做错过事。身为儿女的，我们必须尝试去了解并且接纳。当我们了解我们的父母是不完美的时候，我们对他们就能有更多的爱、饶恕与宽容，而不会在心里面累积一些愤怒和怨恨。弟兄姊妹，如果现在我们还继续要求父母，在每一件事上要达到我们的期待，这说明我们也还没有长大成熟。

（3）不再期待和要求父母来满足你的需要。

第一，不要期待和要求父母来满足你情感、情绪上的需要。这就是说不再期待我们的父母总是要来给予自己肯定，或是要求他们完全地支持我们、鼓励我们。当然，我们若是从做一个父母的角度来看，这些仍然是我们要做的。但是，站在子女的立场来说，我们已经不能再期待或要求父母一定要做到这些我们才能快乐地过日子。弟兄姊妹，我们已经长大了。在情感上，要成为一个自给自足的人，不能再期待父母老是在后面做你的啦啦队，给予你情感上的支持。如果父母支持你，那是额外的恩典。但是，如果他们没有如你所期待的支持你、挺你。你也不能要求他们一定要这样做。

第二，不要期待和要求父母来满足你经济上的需要。我们一定要开始在经济上逐渐独立，为自己在经济上的需要负责。往往只有当你在经济上能够独立时，你的父母才会放心，相信你已经可以自主了。

第三，不要期待和要求父母来满足你生活上的需要。生活中的大小事，像是洗衣服啦，分担家事，甚至是下厨做饭等等，你都应当可以自己打理。

作为子女，唯有自己真正人格独立，才能让父母真正放心和信任。双方在沟通中才会有更多尊重和理解。

6. 成年子女与父母沟通注意事项

（1）彼此经济独立，但不代表完全没有经济往来。

成年之后的子女，会有自己的事业与家庭，此时与父母的财务理应分开。你打你的算盘，我算我的账，平时的各类开支我们互不干扰。当然，如果子女需要父母帮忙照看孙辈，是需要支付一定费用的。

逢年过节，子女给父母红包，父母给孙辈红包，礼尚往来，图个喜庆与吉利。一方有难了，作为血肉亲情，理应倾囊相助。我希望你一帆风顺，你祝愿我健康长寿。如果碰上了难关，我们就相互扶持，因为你好，我才能安心。

（2）与父母精神独立，但不要当面指出父母与自己观念的冲突。

现在越来越多的年轻人提到"原生家庭"这样一个概念，说明人们越来越能够清醒地认识自己，从而改造自己。父母的思维习惯，性格特点深深地影响着我们，就连我们的说话方式都与父母如出一辙。小时候我们觉得父母都是对的，直到成年了潜意识里还不受控制地受父母观念的影响。

我们每个人都应重新审视自己的父母，没有一对父母是完美的，这么多年来我们理应有了一套自己的生存哲学。与父母精神思维的独立这没有错，但不要忘记"精神孝顺"这一回事。即使与父母观念有冲突，也请记得尊重。不要因为自己多看了几本书，多见了一点世面就回去抨击自己的父母。父母有权利保有自己的观念，而我们一定不要试图去改变它。

成为一个独立的人，同时让父母高兴，这便是最大的精神孝顺。

（3）在一个大家庭里，大小各类事务，父母理应退居二线，由儿女主导。

单位有一个同事，与公婆住一起。公婆是个特别喜欢包办一切，喧宾夺主的角色。儿子感冒了，同事看了很多育儿常识，觉得在家护理就好，公婆却执意带到医院，接受静脉注射等治疗。老公的单位人事调整，有机会重新选择岗位，同事和老公都觉得换一个具有挑战性的销售岗位更适合老公的性格，公婆却死活不让老公离开现有的养老的岗位，认为离开这个舒服的岗位便一辈子都没有机会再回来了，怎么地也要把这个位置占着。同事很痛苦，她觉得公婆始终都占着一家之主的位子，她和老公不过和他们的孙子一样，是这个家庭正在养育的孩子，完全没有自主的权利。

父母对子女干涉至此，只会让家庭朝着病态的方向发展。父母合理的处理方式是，凡事以儿子媳妇儿为主，他们才是家庭的主心骨。老一辈宜颐养天年，每天健身养生，含饴弄孙，家庭的重大决策还是让子女来做的好。如果子女有什么困惑，我愿以我几十年的功力来提一些合理可行的建议，至于采不采纳，就又不是我所能操心的了。

最后，愿所有的父母与子女都能找到适宜自己的相处方式。作为子女，我们爱父母，但不依附父母；作为父母，我们爱子女，但不干涉子女。我们相互独立，却又血脉相连，你的幸福快乐我始终挂在心上，但我决不用我的思维去主宰你。我可以不认同你的观点，但我会尊重你保有自己想法的权利。

■ 健康生活

> 健康生活是指有益于健康的习惯化的行为方式，具体表现为生活有规律，没有不良嗜好，讲究个人、环境和饮食卫生。讲科学、不迷信，平时注意保健，生病及时就医，积极参加有益的健康文体活动和社会活动等。

1. 合理膳食

饮食与健康的关系饮食（又称"膳食"）是指我们通常所吃的食物和饮料。所有的食物都来自植物和动物。人们通过饮食获得所需要的各种营养素和能量，维护自身健康。合理的饮食充足的营养，能提高一代人的健康水平，预防多种疾病的发生发展，延长寿命，提高民族素质。

不合理的饮食，营养过度或不足，都会给健康带来不同程度的危害。饮食过度会因为营养过剩导致肥胖症、糖尿病、胆石症、高脂血症、高血压等多种疾病，甚至诱发肿瘤，如乳腺癌、结肠癌症等。不仅严重影响健康，而且会缩短寿命。饮食中长期养素不足，可导致营养不良，贫血，多种元素、维生素缺乏，影响儿童智力生长发育，人体抗病能力及劳动、工作、学习能力下降。

（1）在于搭配。

健康是人人渴望与追求的，如何从膳食中吃出健康更是现代人特别关注的。为了"吃出健康"，人们不断扩大饮食范围，巧妙变化饮食方法。但这还远远不够，甚至有些是不科学的。真正健康的膳食不可忽视饮食的合理搭配。

①主食与副食搭配。主食，即每日三餐的米、面、馒头等。副食，泛指米、面以外的，具有增强营养、刺激食欲、调节机体功能作用的饮食，包括菜肴、奶类、水果及一些休闲食品等。主食与副食，各有所含的营养素，如副食中含维生素、矿物质、纤维素等，远比主食中的含量高，且副食的烹调方式多种多样，色香味形花样百出，更能刺激人的感官，增进食欲。所以，为保证人们得到所需的全部营养，又便于其消化、吸收，增强体质，抗衰延年，最好将主食与副食搭配食用。

②粗粮与细粮搭配。粗粮，泛指玉米、高粱、红薯、小米、荞麦、黄豆等杂粮。细粮，即指精米白面。一般而言，细粮的营养价值和消化吸收率优于粗粮，但粗粮的某些营养成分又比细粮要多一些。例如，小米、玉米面中的钙含量相当于精米的 2 倍，铁含量为 3—4 倍，说明粮食加工越精细，营养素损失得就越多。而将粗粮与细粮搭配食用，就能做到营养互补，还有助于提高食物的营养价值，如 2/3 的大米加进 1/3 的玉米做成食品，可使大米的蛋白质利用率从 58% 提高到 70%. 因此，为了满足人们，尤其是老年人对营养的需要，应间或吃些粗粮，调剂一下胃口，以增进食欲和提高对食物营养的吸收。

③荤菜与素菜搭配。荤菜，即畜禽肉、奶类、蛋类、鱼类等动物性食物。素菜，指蔬菜、瓜果等植物性菜肴。荤菜与素菜的营养成分各有千秋，如动物蛋白质多为优质蛋白质，营养价值高；荤菜中含磷脂和钙较多，有的还含素食中缺少的维生素 A、维生素 D。素菜可以为人体提供大量 B 族维生素和维生素 C；植物油中还含较多的维生素 E、维生素 K 以及不饱和脂肪酸；素菜中丰富的纤维素还能使大便保持通畅。因此，荤素搭配不仅有助于营养互补，使人体需要的营养更加全面合理，并能防止单一

饮食（只食荤或纯素食）给健康带来的危害。

（2）在于平衡。

①热量平衡。产生热量的营养素主要有蛋白质、脂肪与碳水化合物。脂肪产生的热量为其他两种营养素的两倍之多。若摄取的热量超过人体的需要，就会造成体内脂肪堆积，人会变得肥胖，易患高血压、心脏病、糖尿病、脂肪肝等疾病；如果摄取的热量不足，又会出现营养不良，同样可诱发多种疾病，如贫血、结核、癌症等。所以，若要达到热量平衡，蛋白质、脂肪与碳水化合物三种营养成分，需按合理的比例1∶1∶4.5摄取。每日早、午、晚餐的热量分配为占总热量30%、40%、30%。

②味道平衡。食物的酸、甜、苦、辣、咸味对身体的影响各不同。酸味可增进食欲，增强肝功能，并促进钙、铁等矿物质与微量元素的吸收；甜味来自食物中的糖分，可解除肌肉紧张，增强肝功能，阻止癌细胞附着于正常细胞，增强人体抵抗力，增强记忆力；苦味食物富含氨基酸与维生素B12；辣味食物能刺激胃肠蠕动，提高淀粉酶的活性，并可促进血液循环和机体代谢；咸味食物可向人体供应钠、氯两种电解质，调节细胞与血液之间的渗透压及正常代谢。但是，酸食吃得过多易伤脾，也会加重胃溃疡的病情；甜食吃得多易升高血糖，诱发动脉硬化；苦食吃得多会伤肺或引起消化不良；辣味过重对心脏有损害；咸味过重会加重肾脏负担或诱发高血压。因此，对各种味道的食物均应不偏不废，保持平衡，才有利于身体健康。

③颜色平衡。各种颜色的食物所含营养成分的侧重点不同。白色食物以大米、面粉等为代表，富含淀粉、维生素及纤维素，但缺乏赖氨酸等人体必需的氨基酸；黄色食物以黄豆、花生等为代表，特点是蛋白质含量相当高而脂肪较少，适宜中老年人、已患高血脂及动脉硬化症病人食用；红

色食物以鱼、畜禽肉为代表，富含优质蛋白、维生素 A、钙、锌、铁等元素，但维生素相对不足，脂肪较高，多食易致心脏病与癌症；绿色食物以蔬菜、水果为代表，是人体获取维生素的主要来源，可减少心脏病与癌症的发生。黑色食物以黑米、紫菜、黑豆、黑芝麻为代表，富含铁、硒、氨基酸，但蛋白质含量较少。所以，巧妙搭配各色食物，取长补短，营养成分种类齐全，才能达到营养均衡。

④酸碱平衡。食物酸碱之分指食物在体内最终代谢产物的性质。凡最终代谢产物为带阳离子的碱根者为碱性食物，如蔬菜、水果、奶类、茶叶等，特别是海带等海洋蔬菜是碱性食品之冠；最终代谢产物为带阴离子的酸根者为酸性食物，如肉、大米、面粉等。酸性食物含蛋白质多，碱性食物富含维生素与矿物质。过食酸性食物会使体液偏酸，引起轻微酸中毒，易导致风湿性关节炎、低血压、腹泻、偏头痛、牙龈发炎等疾患。同样，过食碱性食物会使体液偏碱，易导致高血压、便秘、糖尿病、动脉硬化乃至白血病等。机体体液，最好是达到酸碱平衡、略偏碱性的状态。因此，对酸碱食物的比例掌握不可忽视。

（3）在于合理。

一般来说，一日吃三餐是绝大多数人的饮食习惯，怎样安排好一日三餐却是大有学问。有的家庭安排得很合理，食物花样多，营养丰富全面；而有的家庭的饮食品种极为单调，营养缺失。三餐安排得是否科学合理，与人体健康息息相关。一日三餐不仅要定时定量，更重要的是要能保证营养的供应，做到膳食平衡。

①早餐吃好。早餐吃好，是指早餐应吃一些营养价值高、少而精的食品。因为，人经过一夜的睡眠，头一天晚上进食的营养已基本消耗完，早上只有及时地补充，才能满足上午工作、劳动、学习的精力需要。若长期

不吃早餐，不但影响身体健康，还易患胆结石。很多人早餐习惯吃大饼、油条、蛋糕、馒头等，也有人爱吃蛋、肉类、牛奶，虽说这些食物也都富含碳水化合物及蛋白质、脂肪，但它们均属于酸性食物，无法提供人体所需的碱性食品。如果再吃点蔬菜调剂一下，就能达到酸碱平衡了。

②午餐吃饱。午餐要吃饱，是指午餐要保证充足的质与量。因为午餐具有承上启下的作用，既要补偿早餐吃得少、上午活动量大、能量消耗大的空缺，又要为下午的耗能储备能量。因而，饮食的品质要高，量也相对要足。也就是说，午餐主食的量要大些，最好掺些杂粮，副食的花样要多些：肉类、鱼类、豆类、多种蔬菜……若能再来一碗有荤有素的菜汤，做到"饭前一勺汤"，膳食则更加科学。

③晚餐少而淡。晚餐吃得过饱，血中的糖、氨基酸、脂肪酸浓度就会增高，多余的热量会转化为脂肪，使人发胖。同时，不能被消化吸收的蛋白质在肠道细菌的作用下，会产生一种有害物质，这些物质在肠道的停留时间过长，易诱发大肠癌。中老年人如果长期晚餐过饱，会刺激胰岛素分泌，易导致糖尿病。晚餐过饱还易使人失眠、多梦，引起神经衰弱等疾病。晚餐暴饮暴食，容易诱发急性胰腺炎，使人在睡眠中休克，若抢救不及时，往往会危及生命；如果胆道有蛔虫梗阻、慢性感染等，更容易诱发急性胰腺炎而猝死。晚餐吃得太油腻，过多的胆固醇堆积在血管壁上，久之就会诱发动脉硬化、高血脂、高血压和冠心病，或加重病情。晚餐饱食高脂肪食物，会使全身的血液相对集中在肠胃，易造成大脑局部供血不足。此外，晚餐也不宜吃得太晚，在下午6时左右为宜。

2. 适量运动

适量运动是指运动者根据个人的身体状况、场地、器材和气候条件，选择适合的运动项目，使运动负荷不超过人体的承受能力，在运动后感觉舒服，不疲劳，不会造成过度疲劳或者气喘。适量运动是保持脑力和体力协调，预防、消除疲劳，防止亚健康、延年益寿的一个重要因素。

国际医学界推荐的可以对健康产生积极影响的体力活动量为：每周活动 3 次以上，每次持续 30 分钟以上，强度为中等。

不同的人可根据自己的身体状况选择适宜的运动量。运动量是否适宜，可根据下述表现制定：锻炼后有微汗、轻松舒畅感，脉搏 10 分钟内恢复，饮食、睡眠良好，次日体力充沛，说明运动量适当；如果锻炼后大汗淋漓、头昏眼花、胸闷胸痛、心悸气短、饮食、睡眠不佳，脉搏 15 分钟内不恢复甚至比前一天快，次日感到周身乏力、缺乏运动欲望，则表明运动量过大；如果运动后身体无发热感，脉搏无明显变化，并在 3 分钟内恢复，说明运动量不足。

工作繁忙的你，只要意识到体力活动的益处，做个有心人，在日常生活中做到适量运动并不难。在家可以进行的体力活动：进行扫地、擦窗等家务活动；晚餐后外出散步半个小时；下班回家提前 2 站下车，步行回家；回家不乘电梯，走楼梯；跟着电视运动节目做 10 分钟的体力活动。在工作时可以进行的体力活动：在电脑前工作时，不时转动肩或者脖子；不坐电梯，走楼梯；每工作 1 小时，站起来运动 10 分钟；同事之间把开展某些体力活动作为工作之余的一项共同爱好。中国居民平衡膳食宝塔建议成年人每天进行相当于步行 6000 步以上的身体活动，如果身体条件允许，最好进行 30 分钟中等强度的运动。

3. 戒烟限酒

（1）戒烟。

①首先要意识到戒烟的益处。仅仅戒烟一天，戒烟给心脏、血压和血液系统带来的益处便会显现出来；戒烟1年，冠心病的超额危险性比继续吸烟者下降一半；戒烟5～15年后，中风的危险性降到从不吸烟者水平；戒烟10年，患肺癌的危险性比继续吸烟者降低一半，患口腔癌、喉癌、食管癌、膀胱癌、肾癌、胰腺癌的危险性降低，患胃溃疡的危险降低；戒烟15年，患冠心病的危险与从不吸烟者相似，死亡的总体危险度恢复到从不吸烟者水平。因此，任何时间戒烟都不算迟，而且最好在出现严重健康损害之前戒烟。

②如何戒烟。

戒烟从现在开始，完全戒烟或逐渐减少吸烟次数的方法，通常3—4个月就可以成功。

丢掉所有的香烟、打火机、火柴和烟灰缸；

避免参与往常习惯吸烟的场所或活动；

餐后喝水、吃水果或散步，摆脱饭后一支烟的想法；

烟瘾来时，要立即做深呼吸活动，或咀嚼无糖分的口香糖，避免用零食代替香烟，否则会引起血糖升高，身体过胖；

坚决拒绝香烟的引诱，经常提醒自己，再吸一支烟足以令戒烟的计划前功尽弃。

③如何度过戒烟最难熬的前5天？

两餐之间喝6～8杯水，促使尼古丁排出体外；

每天洗温水浴，忍不住烟瘾时可立即淋浴；

在戒烟的5日当中要充分休息，生活要有规律；

饭后到户外散步，做深呼吸15～30分钟；

不可喝刺激性饮料，改喝牛奶、新鲜果汁和谷类饮料；

要尽量避免吃家禽类食物、油炸食物、糖果和甜点；

可吃多种维生素B，能安定神经除掉尼古丁。

④过了最初五天可按照下列方法保持戒烟"战果"

饭后刷牙或漱口，穿干净没烟味的衣服；

用钢笔或铅笔取代手持香烟的习惯动作；

将大部分时间花在图书馆或其他不准抽烟的地方；

避免到酒吧和参加宴会，避免与烟瘾很重的人在一起；

将不抽烟省下的钱给自己买一份礼物；

准备在2～3周戒除想抽烟的习惯。

吸烟者戒烟要经历几个阶段：考虑前，考虑戒烟，准备戒烟，采取戒烟行动，维持戒烟状态或复吸。许多人在彻底戒烟之前可能会反复重复以上过程，但也有一些人反映他们发现戒烟比想象的要容易。不同的阶段需要不同的建议和处理。

目前有一些帮助戒烟的方法。由医师提供的社会支持；技能培训；使用尼古丁贴片和尼古丁口香糖的尼古丁替代疗法，以及药物治疗等都是有效的戒烟治疗方法，把这些方法联合使用，效果会更为明显。

多数吸烟者产生烟草依赖，当他们尝试戒烟时，会遭受强烈的烟瘾和易怒，注意力不能集中，烦躁不安等戒断症状的困扰。尼古丁替代疗法是一种经济有效的治疗方法，它通过减轻烟瘾，可以使戒烟率提高一倍多。其效果已经通过简短干预和作为非处方药销售以及戒烟专科门诊得到证实。尼古丁替代疗法是作为一种有效的帮助戒烟的公共卫生措施，应该引起足够重视，以达到促使多数烟民戒烟的目的。

（2）限酒。

酒是把双刃剑，少量是健康之友，多量是罪魁祸首。近年来欧美以及中国有不少科学研究指出，适量饮酒对身体有好处。香港的科研人员经研究发现，适量饮酒可以增加生活情趣。20世纪90年代初，法国的一份研究报告说，法国人爱吃肥腻食物，但患心血管病的机会比美国人低，原因是法国人爱饮葡萄酒。少量饮酒可延缓动脉硬化，预防部分心脏病。酒里面的主要成分是乙醇，营养物质极少，但乙醇经肝脏代谢会转化成热量，大量饮酒会使人发胖，升高甘油三酯，并消耗人体维生素B，影响人体钙的吸收。大量饮酒还会伤肝，导致心血管病大量增加。尤其是每年节假日期间，医院急诊室都有一种"每逢佳节倍思亲，常使欢乐无踪影"的气氛。

对于那些平时有"好几口"习惯的人，如果合理地喝、科学地喝，对身体是无害的。怎么做到科学地喝呢？一是要喝低度酒，如啤酒、葡萄酒；二是量要控制，每餐饮酒酒精含量不超过15克（相当于50—100毫升葡萄酒，或一罐啤酒）；三是勿空腹，勿与碳酸饮料共饮。另外，孕妇、服药期间的人，以及患肝病、消化性溃疡、心脏病的人都不宜饮酒。

4. 心理健康

（1）心理健康标准。

心理健康是指一种持续且积极发展的心理状态，在这种状态下，主体能做出良好的适应，并且充分发挥其身心潜能。

①心理健康的标准

心理学家将心理健康的标准描述为以下几点：

有适度的安全感有自尊心，对自我的成就有价值感；

适度地自我批评，不过分夸耀自己也不过分苛责自己；

在日常生活中，具有适度的主动性，不为环境所左右；

理智，现实，客观，与现实有良好的接触，能容忍生活中挫折的打击，无过度的幻想；

适度地接受个人的需要，并具有满足此种需要的能力；

有自知之明，了解自己的动机和目的，能对自己的能力作客观的估计；

能保持人格的完整与和谐，个人的价值观能适应社会的标准，对自己的工作能集中注意力；

有切合实际的生活目标；

具有从经验中学习的能力，能适应环境的需要改变自己；

有良好的人际关系，有爱人的能力和被爱的能力。在不违背社会标准的前提下，能保持自己的个性，既不过分阿谀，也不过分寻求社会赞许，有个人独立的意见，有判断是非的标准。

②老人标准。

良好的心理素质有益于增强体质，提高抗病能力。老年人怎样的心理状态才算是健康呢？有关学者制定了10条心理健康的标准：

充分的安全感；

充分地了解自己；

生活目标切合实际；

与外界环境保持接触；

保持个性的完整与和谐；

具有一定的学习能力；

保持良好的人际关系；

能适度地表达与控制自己的情绪；

有限度地发挥自己的才能与兴趣爱好；

在不违背社会道德规范的情况下，个人的基本需要应得到一定程度的满足。

③中年人标准。

感觉、知觉良好，判定事物不发生错觉；

记忆良好，能够轻松地记住一读而过的七位数字电话号码；

逻辑思维健全，考虑问题和回答问题时，条理清楚明确；

想象力丰富，善于联想和类比，但不是胡思乱想；

情感反应适度，碰到突发事件时处理恰当，情绪稳定；

意志坚强，办事有始有终，不轻举妄动，不压抑伤悲，并能经得起悲痛和欢乐；

态度和蔼，情绪乐观，能自得其乐，能自我消除怒气，注重自我修养；

人际关系良好，乐意助人，也受他人欢迎；

学习爱好和能力基本保持不衰，关心各方面的信息，善于学习新知识、新技能；

保持某种业余爱好，保持有所追求、有所向往的生活方式；

与大多数人的心理基本一致，遵守公德和伦理观念；

保持正常的行为，生活自理能力强，能有效地适应社会环境的变化。

④青少年标准。

智能发育正常；

有情绪的稳定性与协调性；

有较好的社会适应性；

有和谐的人际关系；

反应能力适度与行为协调；

心理年龄符合实际年龄；

有心理自控能力；

有健全的个性特征；

有自信心；

有心理耐受力。

（2）身心灵合一。

身心灵合一疗法主要由三个模块组成。

①认知层面：

更加了解现代人身心焦虑甚至身心疲惫的原因；

理解压力的形成与舒解机制，以及与情绪、能量、身体的关系；

了解童年生活与家庭如何影响一个人的人生信念与人生剧本。

②行为层面：

练习觉察能力，认识自我模式与情绪压力的关系；

学会情绪和压力管理与日常舒缓压力的重要方法；

掌握一致性沟通与表达情绪的方法；

内在和谐创造外在的丰盛和喜悦。

③身体层面：

与身体对话；

掌握芮克式呼吸方法；

冥想静心；

了解和应用生物能。

从五个方面提升疗愈的品质：

健康（Well-Being）：通过肢体工作、芮克式呼吸等，掌握迅速提升身心能量的工具；

情感（Feeling）：当我们觉察到身体所有的功能，你将会大吃一惊。我们不曾深入它，不曾费心去了解它，然而我们却奢求去爱人，这是不可能的，因为别人也是以身体的形式出现在你面前。

情绪（Emotion）：应用肢体工作的专业技术，帮助人们打通身体和情绪的阻塞。这种疗法将超越思辨式的分析和对话，从各个层面支持学员的身心整合。

觉察（Awareness）：支持学员发现和理清其内在核心模式，包括我们的情感、信仰、记忆和行为等方面的模式。我们在意识层面常常对很多生命事件以及其背后的模式没有清晰的觉察，但是所有事件却在我们身体里留下了痕迹，刻下了深刻的烙印。

灵性（Spirituality）：身体是有形的灵魂，灵魂是无形的身体。通过深刻地体验我们的身体，学员能更强烈地体会在"活在当下"的感觉。

（3）心理平衡处方。

所有健康长寿处方中，心理平衡是第一重要的。心理平衡的作用超过一切保健措施和一切保健品的总和。有了心理平衡，才能有生理平衡；有了生理平衡，人体的神经系统、内分泌系统、免疫功能、各器官代偿功能才能处于最佳的协调状态，一切疾病都能减少。因此，谁掌握了心理平衡，谁就掌握了健康的金钥匙，谁就掌握了生命的主动权。心理平衡并非心如古井，更不是麻木不仁。心理平衡是一种理性的平衡，是人格升华和心灵净化后的崇高境界，是宽宏、远见和睿智的结晶。

①三个"三"。

三个正确：一是正确对待自己，人贵有自知之明，"知人者智，自知者明"，"明"比"智"更难；二是正确对待他人，心中常有爱心；三是正确对待社会，常怀感激之情。这样在社会交往和事业追求中才能给自己准确定好位：不要自卑不到位，也不要自傲常越位。只要自我定位客观准确，基本上处事就能够比较得心应手，心理压力就小。

三个"既要"：一是既要全心全意奉献社会，又要尽情享受健康人生；二是既要怀殷殷报国志，在事业上力争一流，又要有颗淡淡平常心，在生活上甘于平淡；三是既要精益求精于专业知识，又要有多姿多彩的休闲爱好。这样人的心境和情绪，认知和感觉才能有深度和广度，才能"不以物喜，不以己悲"，常"坦荡荡"而不"常戚戚"。忙里有余暇，登高临水觞咏；身外无长物，蔬食布衣琴书。

三个快乐：一是顺境时要助人为乐。助人是人生快乐之本。"爱人者人恒爱之，敬人者人恒敬之。"在助人的过程中，自己的人格也得到了升华，心灵也得到了净化；二是要知足常乐。俗话说：比上不足，比下有余。自己有工作、有房子住、儿女也很好，没必要和别人攀比，比是无止境的。因为幸福本无固定的标准，幸福是一种见仁见智的感受。一位哲学家说过："生活像镜子，你笑它也笑，你哭它也哭"；三是逆境中要自得其乐，不能气馁，有点阿Q精神。因为世上万物，福祸相依，风水轮流。月有阴晴圆缺，人有悲欢离合，都是正常的轮回规律。逆境时意味着光明就在前面，正如巴尔扎克所说："苦难是生活最好的老师。"心理学家告诉我们：自觉保持永远快乐的心境即是一门健康的科学，又是一门生活的艺术，就看你是用"春风桃李花开日"的积极、乐观利导思维看世界，还是用"秋雨梧桐叶落时"的消极、悲观的弊端思维看世界了，同样的事物结果可以完全不同，既可以"人闲桂花落""鸟鸣山更幽"，也可以"感时花溅泪，恨别鸟惊心"；既可以"春风得意马蹄疾"，也可以"无可奈何花落去"。心境在很大程度上是取决于主体的。

②几点建议。

不对自己过分苛求。古语云："人生不如意事常八九。"失意会是每个人无法免却的人生体验，所谓世事论沧桑。如果万事要求十全十美，那么稍有瑕疵，必然要陷入自寻烦恼的泥坑。

对他人期望不要太高。每个人都有自己的缺点和优点，不能人人和你一样，否则必须大失所望，心情压抑、烦恼无穷。

疏导自己愤怒情绪。对一些挫折能潇洒诙谐地一笑。这是保持心理平衡和良好心境的最佳途径。

偶然也要屈服。在无损原则的前提下，对一些小事不要过分坚持，并做出让步。

暂时回避。

找人倾诉烦恼。

为别人做些好事。助人为快乐之本。这不仅可以忘却一些烦恼而且能获得新的友谊。

不要处处与人竞争。人之相处和为贵，不要树敌太多。

对人表示善意。

娱乐，这是消除心理压力的最佳方法。

第三章
家庭问题测一测

了解你自己

1. 测测你产生自卑感的原因

奥地利心理学家阿德勒认为,自卑感是一种激励因素,个体感到自卑,就会发愤图强,力争上游,取得成功。人们成功后会产生优越感,但在他人的成就面前,会再次产生自卑感,继而推动他去争取更大的成就,永无止境,但沉重的自卑感也会使人垮掉。下面这个测试将帮助你找出产生自卑感的原因。

本测试适用于女性。

问卷

(1)你的身高与周围的人相比如何?

  A. 相当矮。

  B. 差不多。

  C. 高。

(2)早晨,你照镜子后的第一个念头是什么?

  A. 再漂亮点就好了。

  B. 想精心打扮一下。

  C. 毫不介意,满不在乎。

（3）看到你最近的照片有何想法？

　　A. 不称心。

　　B. 拍得很好。

　　C. 还算可以。

（4）假如能够再生，下列三种选择中你选哪一种？

　　A. 做女人可够受的，做男人好。

　　B. 还想做个女人。

　　C. 什么都行，男女都一样。

（5）你是否想过五年、十年以后会有什么使自己极为不安的事？

　　A. 常想。

　　B. 没想。

　　C. 偶尔想。

（6）你受周围的人欢迎和爱戴吗？

　　A. 受欢迎和喜爱。

　　B. 不受欢迎和喜爱。

　　C. 不太清楚。

（7）你被女友或小伙子起过绰号或挖苦过吗？

　　A. 常有。

　　B. 没有。

　　C. 偶尔有。

（8）老师批过的考卷发下来了，朋友要看你的卷子，你怎么办？

　　A. 把打分的地方折起来，让他们看不到分数。

　　B. 让他们拿去看。

　　C. 将考卷藏起来。

(9) 参加体育活动,你有"自己反正不行"的想法吗?

A. 常有。

B. 没有。

C. 偶尔有。

(10) 你有过在某件事上绝不亚于他人的自信吗?

A. 有一两次。

B. 没有。

C. 一直都非常自信。

(11) 寂寞时或碰到讨厌之事你怎么办?

A. 陷入深深的烦恼之中。

B. 以吃喝玩乐来消除烦恼。

C. 向朋友和父母诉说。

(12) 如果有一位比你漂亮的姑娘,正迷恋和追求你所爱的小伙子,你怎么办?

A. 灰心丧气。

B. 向那位姑娘挑战。

C. 毫不在乎,一如往常。

(13) 当你被小伙子说成是"不知趣的人"或者"蠢东西"时,你怎么办?

A. 回敬他:"笨蛋!没教养的!"

B. 心中感到不好受而流泪。

C. 不在乎。

(14) 如果碰巧听到朋友正在说你所爱慕的小伙子的坏话,你怎么办?

A. 断然反驳说:"根本没有那种事!"

B. 担心会不会是真的。

C.不管闲事，认为别人是别人，我是我。

（15）对某门功课，不管自己怎样努力，学习成绩都不如竞争对手，你怎么办？

A.尽管如此还是继续挑战，今后更加努力。

B.感到不行，只好认输。

C.努力在其他功课的学习成绩上超过对方。

记分

请参照得分表，查出各题得分，并统计总分。

题号	A	B	C
1	5	3	1
2	5	3	1
3	5	1	3
4	5	1	3
5	5	1	3
6	1	5	3
7	5	1	3
8	3	1	5
9	5	1	3
10	3	5	1
11	5	1	3
12	5	3	1
13	3	5	1
14	1	5	3
15	3	5	1
得分			
合计			

【结果分析】

15~29分：自卑感是环境变化造成的。你平时极少有自卑感，不管事情发展趋势如何，你都是个"乐天派"，并且很自信。偶尔有自卑感，是环境起了变化的缘故。譬如，同出类拔萃的人物在一起，相形见绌，因而产生自卑情绪。

30~44分：自卑感是理想过高造成的。你渴望出人头地，导致你去追求不切实际的目标。你过于与周围的人计较长短胜负，对自己要求过高，一旦受挫，便陷入自卑而不能自拔。

45~60分：自卑感是过于低估自己造成的。自认为不如别人，做事之前就断定自己不行，自然就心灰意冷了。

61~75分：自卑感是性格懦弱造成的。你由于对自身的体魄、外貌或其他方面缺乏自信，因此显得消极、悲观。只有改变这种懦弱的性格，才能消除自卑感。

2. 测测你对新事物的态度

对新事物的态度，从一个侧面反映了一个人的人生态度。你对新事物是勇于尝试、乐于接受，还是思想抵触、排斥拒绝呢？

问卷

（1）公司办公室里安装了一台新的电脑，你会：

　　A. 尽量不使用它。

　　B. 很愿意使用它。

C. 向别人请教它是怎样工作的。

（2）在迪斯科舞会上，别人在跳一种你不会跳的舞，你会：

A. 马上学着跳。

B. 看着别人跳。

C. 请一位朋友私下里教你这种新舞步。

（3）和朋友去一家西餐厅吃饭，你想用刀叉吃，可又不会，于是你：

A. 在看明白别人怎样用刀叉后才拿起刀叉。

B. 仍旧使用筷子或勺子。

C. 在别人不知道的情况下请教服务员。

（4）你身处异地，对当地方言只知只言片语，于是你：

A. 只使用有把握的方言词句。

B. 讲普通话。

C. 尽可能多使用一些方言。

（5）你打算做一个书架，可又从未用过钻子，你会：

A. 雇他人做。

B. 求助于朋友或技术手册。

C. 买回材料自己试着做。

（6）让你参加一个和你的业务不甚对口的研讨会，你会：

A. 会上提出许多问题。

B. 假装能领会别人讲的意思。

C. 不懂的地方，会后查一下资料。

（7）你走进一家妇女时装店，结果却发现店里只有几件衣服，而且衣服上都没有价目标签，于是你：

A. 转身就出来。

B. 举止自然地问售货员是否有你需要的衣服。

C. 为避免尴尬,看一下陈列的衣服,然后离开。

(8) 你的新老板让你去做一件你从未做过的事,你会:

A. 说:"可以,不过我需要帮助。"

B. 有礼貌地拒绝。

C. 埋头到这项工作里,尽量把它干好。

(9) 街上流行一种很时髦的服装,你会:

A. 仍旧穿以前的衣服,觉得穿新衣服很不自在。

B. 立即买一套穿上。

C. 观望一段时间,如果周围的同事都买了,才去买一套。

(10) 如果你做的某一项工作需要根据某一公式重复计算20次,并且有一台计算机可供你使用,而你从未使用过计算机,这时你会:

A. 请教某人或查阅计算机使用手册,使用计算机计算。

B. 情愿多花点时间,用手工重复计算。

C. 请别人上机替你计算。

记分

依照下表提供的记分标准记分,并统计总分。

题号	A	B	C
1	0	10	5
2	10	0	5
3	5	0	10
4	5	0	10
5	0	5	10

续表

题号	A	B	C
6	10	0	5
7	0	10	5
8	5	0	10
9	0	10	5
10	10	0	5
得分			
合计			

【结果分析】

70~100分：对人生充满渴望，对于你，"新"和"挑战"同义。你愿意尝试任何事，这说明你有自信心，但这种凡事都亲自尝试的做法，未免有些过分。有时，承认自己对某些事不了解，办不到而寻求帮助是必要的。

40~69分：对人生的追求有些谨慎。你可能会和陌生的人交上朋友，但这通常需要较长时间。谨慎虽然是件好事，但过于谨慎，会妨碍你发现自己真正的能力。所以，不妨抓住机会勇敢地尝试一下，或许会得到你意想不到的结果。

40分以下：在新事物面前畏缩不前。你会轻易地被从未尝试过的事物所吓倒。这可能是你认为别人总希望你的表现能像专业人员那样令人满意，或者是你对自己期望过高的缘故。不管怎样，当你再次面对新事物时，不要急着返回你所熟悉的领域，而应该激励自己去尝试。

3. 测测你对别人的信任度

同志之间、朋友之间，应建立一种相互信任的关系。如果你常无端猜疑他人，不但会影响人际关系，还会影响自己的心理健康。这份问卷是用来测试一个人对别人的信任度的，你如果感兴趣，不妨一试。请用"是"或"否"回答下列问题。

问卷

（1）你是否认为别人对你的赞美都不是出于真心？

（2）你是否认为别人对你好都是有目的的？

（3）你是否觉得别人都不喜欢你？

（4）你是否认为如果没有监督，大部分人都会在工作中偷懒？

（5）当别人要你的电话号码时，你总是犹豫不决吗？

（6）如果你发现自己的什么东西丢了，一定认为是某个人拿的？

（7）你是否老觉得别人在背后说你的坏话？

（8）你是否总担心自己的日记被别人看到？

（9）你是否认为大部分人循规蹈矩是由于怕犯了错误被人发现？

（10）你是否认为如果有机会又可以不被发现，大部分的夫妻都会有对伴侣不忠的行为？

（11）你有困难时会多方求助吗？

（12）当你发现自己的孩子从幼儿园回来时脸上有擦伤，你的第一反应是否怀疑他被别的孩子欺负了？

（13）当你发现别人使用的物品与你的一模一样，而你的东西又恰巧找不到时，你会认定是他偷了你的吗？

（14）你看见别人正在谈论什么，就一定认为他们是在说你吗？

记分

回答"是"的得 1 分，回答"否"的得 0 分。

【结果分析】

10～14 分：你的疑心太重，不容易信任别人。

5～9 分：你对别人的信任度一般。

4 分以下：你对别人充满信任。

4. 测测你的时间管理水平

时间，给浪费它的人留下空虚和懊悔，给充分利用它的人带来知识和财富。在竞争激烈和快节奏的当今社会，只有善于管理时间的人，才有希望取得成功。

你若想知道自己在时间管理方面是否做得好，请回答下列 15 个问题。

问卷

（1）你是否经常在开会或约会时迟到？

　　A. 否。

　　B. 偶尔。

　　C. 是。

（2）你是否常常无法准时下班，或是下班还要带工作回家做？

　　A. 否。

　　B. 偶尔。

C. 是。

（3）你是否常常无法在上级规定的时间内完成任务？

A. 否。

B. 偶尔。

C. 是。

（4）你是否觉得别人无法做好你所交给的工作，因此最好自己做？

A. 否。

B. 偶尔。

C. 是。

（5）你是否总是优先处理紧急但不是很重要的事情？

A. 否。

B. 偶尔。

C. 是。

（6）你是否认为目前做事的方法已经是最好的？

A. 否。

B. 偶尔。

C. 是。

（7）你是否比较随性，临时起意决定做什么事？

A. 否。

B. 偶尔。

C. 是。

（8）你是否每次用电话和人交谈的时间过长？

A. 否。

B. 偶尔。

C. 是。

（9）你是否觉得事情太多，无法一一记住？

　　A. 否。

　　B. 偶尔。

　　C. 是。

（10）你是否不太喜欢使用记事簿，记录未来的计划？

　　A. 否。

　　B. 偶尔。

　　C. 是。

（11）你是否觉得没有时间做自己想做的事？

　　A. 否。

　　B. 偶尔。

　　C. 是。

（12）你的部属是否经常向你请示应该如何处理他（她）分内的事？

　　A. 否。

　　B. 偶尔。

　　C. 是。

（13）你是否常常找不到你需要的文件或资料？

　　A. 否。

　　B. 偶尔。

　　C. 是。

（14）你是否觉得工作中开会花的时间太多？

　　A. 否。

　　B. 偶尔。

C. 是。

（15）你是否觉得自己承担太多的工作而无法面面俱到？

　　A. 否。

　　B. 偶尔。

　　C. 是。

记分

回答 A 得 0 分，回答 B 得 1 分，回答 C 得 2 分。

【结果分析】

得分越多，表示你管理时间的能力越差。

26～30 分：很差。

21～25 分：差。

16～20 分：尚可。

6～15 分：好。

0～5 分：很好。

情感生活测试

1. 测测你的婚姻是否美满

步入婚姻的殿堂,谁不想获得幸福美满的生活?来吧,测测你的婚姻状况,以便扬长补短,建立更和谐的夫妻关系和更幸福的家庭生活。

问卷

(1)在你看来,世上最为理想的夫妻关系应该是:

　　A. 双方事事如意。

　　B. 如意与不如意交替出现。

　　C. 在多数情况下如意。

(2)你们夫妻在家庭事务,诸如生活安排、较大的支出、孩子教育等的处理上是:

　　A. 偶尔商量。

　　B. 经常商量。

　　C. 一人决定。

(3)你和你丈夫(妻子)的生活属于:

　　A. 常年不在一起,难得一见。

　　B. 终年在一起,从不分离。

　　C. 时有短暂的分离。

（4）你认为夫妻之间经常因某些分歧而拌嘴怄气、彼此不理睬等是：

A. 很大的不幸。

B. 最好别发生。

C 这不是重要的，重要的是尽早和好。

（5）闲暇时间，你们总喜欢这样度过：

A. 夫妻一起度过。

B. 和亲友一起度过。

C. 介于A、B之间。

（6）你们对待繁重或琐碎的家务劳动总是：

A. 争着做。

B. 推给一方。

C. 合理分担。

（7）你们夫妻对性生活的要求是：

A. 在可能情况下质、量兼顾。

B. 只注重量。

C. 只注重质。

（8）你们夫妻对性生活的共同感觉是：

A. 不仅能享受感情融洽的快乐，也能激起对下次性生活的向往。

B. 不愉快的过程。

C. 仅是较融洽的感情交流。

（9）引起你们夫妻之间争吵、怄气的原因多是：

A. 对经济上的支出有分歧。

B. 对家庭内外一些事情的认识及处理方法有分歧。

C. 猜疑对方不忠诚。

（10）你们夫妻怄气以后，言归于好的方法是：

　　A. 一方让步。

　　B. 互相让步。

　　C. 互不让步，求助于他人调解。

（11）在教育孩子的问题上，你们夫妻的认识：

　　A. 一致。

　　B. 分歧严重。

　　C. 少数情况下不一致。

（12）经过婚后共同生活的考验，你感到当初选择她（他）做配偶是：

　　A. 一个失误。

　　B. 一个最聪明的选择。

　　C. 介于 A、B 之间。

记分

依据下表提供的记分标准记分，并统计总分。

题号	A	B	C
1	5	3	1
2	3	1	5
3	5	3	1
4	5	3	1
5	1	5	3
6	1	5	3
7	1	5	3
8	1	5	3
9	3	1	5

续表

题号	A	B	C
10	3	1	5
11	1	5	3
12	5	1	3
得分			
合计			

【结果分析】

12～28分：夫妻关系很理想。

对你们来说，婚姻不是爱情的终结，而是爱情的延伸与升华当然，有时候你们也可能闹点小别扭，但这不过是平静生活中的小插曲。你们相信，乌云过后，爱的天空更蔚蓝。

29～44分：夫妻关系较理想。

一般而言，你们的夫妻关系还算理想，但存在若干不理想因素。要看到，即使当初双方起点相同也不等于有相同的终点，更不等于在生活旅途中永远美满和谐，因而有不理想的成分应视为常见现象。关键是你们要培养共同的价值取向，避免因价值观念相互背离而给夫妻关系蒙上阴影。

45～60分：夫妻关系不理想。

你们的婚姻缺乏爱情基础，即使相安无事，也只不过在委曲求全。对此，夫妻双方应努力加以改变。只要你们各自认真反省，在感情上多投入，夫妻关系或许会好起来。

2. 测测你是不是好男人

你是否是一个妻子欣赏的丈夫？做一做下面的测试便可知道。

问卷

（1）维系和巩固夫妻关系，你靠的是：

　　A. 爱情。

　　B. 权威。

　　C. 两者兼有。

（2）你是个吸烟者，妻子把报刊上登载的有关抽烟有害健康的宣传文章拿给你看，你读后会：

　　A. 当下就戒烟，但过几天又偷偷抽起来。

　　B. 用一套歪理加以反驳。

　　C. 向你妻子保证，永远不再吸烟。

（3）你闲暇时大多是：

　　A. 和孩子在一起。

　　B. 和朋友在一起。

　　C. 和妻子、孩子在一起。

（4）你参加社交活动，例如赴宴、访友、去舞厅，经常是：

　　A. 带妻子去。

　　B. 有时和妻子一起去。

　　C. 自己一个人去。

（5）你在工作上遇到挫折或不顺心时，回到家里总是：

　　A. 一声不吭生闷气。

　　B. 拿妻子和孩子做出气筒。

C. 向妻子倾诉，希望妻子能理解。

（6）你对妻子精心做的饭菜总是：

　　A. 不言不语，拿来就吃。

　　B. 抱怨不合口味。

　　C. 赞扬几句。

（7）每逢妻子生日，你总是：

　　A. 没记住，一声不吭。

　　B. 买点小礼物送给妻子。

　　C. 提醒妻子，向她祝贺。

（8）你对妻子回娘家的态度是：

　　A. 限制。

　　B. 和妻子一起去。

　　C. 随便。

（9）妻子有喜，你对生男生女的态度是：

　　A. 盼生男孩。

　　B. 男女都一样。

　　C. 盼生女孩。

（10）你晚上外出，回家的时间总是：

　　A. 很早。

　　B. 适时。

　　C. 很晚。

（11）当你要求过性生活却得知妻子心情不佳或身体不适时，你会：

　　A. 表示体谅，放弃要求。

　　B. 放弃要求，但心中不快。

C. 坚持要求。

（12）你对子女的教育方式通常是：

A. 循循善诱。

B. 简单粗暴。

C. 撒手不管。

（13）你在社会上所结交的朋友是：

A. 正派善良的人。

B. 良莠不齐。

C. 不三不四的人。

（14）你对繁重家务劳动的态度是：

A. 这是自己分内的事，抢着做。

B. 这是自己分外的事，但应帮妻子干。

C. 这是与自己没关系的事，所以懒得做。

（15）你对你妻子与其他男性交往的一般态度是：

A. 限制、猜疑。

B. 支持。

C. 介于 A.B 之间。

记分

依据下表提供的记分标准记分，并统计总分。

题号	A	B	C
1	1	5	3
2	3	5	1
3	3	5	1
4	1	3	5

续表

题号	A	B	C
5	3	5	1
6	3	5	1
7	5	1	3
8	5	1	3
9	5	1	3
10	1	3	5
11	1	3	5
12	1	3	5
13	1	3	5
14	1	3	5
15	5	1	3
得分			
合计			

【结果分析】

A型（15～30分）：妻子十分欣赏的丈夫。

你对她的爱真诚、深厚。纯真的爱情，美好的生活，使她笑口常开，成为一个令人羡慕的女人。当旁人说你是"妻管严"时，你别难为情，而应理直气壮。

B型（31～45分）：妻子比较满意的丈夫。

你理解、体谅、关心妻子，对她的爱也是纯真的，不足的是，你有时自觉或不自觉地把自己置于夫妻关系的"主导"地位，使她有些不乐意。只要克服这一缺点，你将成为一位模范丈夫。

C型（46～60分）：妻子不十分满意的丈夫。

你为人本分、厚道，你对夫妻关系的理解是夫唱妇随，对妻子的要求是生儿育女，居家过日子，至于是否情投意合则考虑较少。你要懂得，妻子更需要丈夫的温柔体贴。

D 型（61～75 分）：妻子不满意的丈夫。

你存在严重的大男子主义，习惯于做爱情的独裁者，可你不要妄想你妻子会逆来顺受或委曲求全。你应明白，妻子拥有自己的权利和人格尊严，只有互相尊重，才能建立起和谐的夫妻关系。

3. 测测你的嫉妒心理

有时候，女性感到无法克制住自己的嫉妒心理，这使她们大为烦恼。你如果也有同样的情况，应该先了解自己的嫉妒心理属于什么类型，这样也许能够找到克服它的方法。

本测试仅适合于女性。

问卷

（1）你的朋友穿了件过时的漂亮衣服，并显出洋洋得意的样子。如果她主动问你："这件衣服漂亮不？"那么，你如何回答？

　　A. 不吭声，只微微发笑。

　　B. "不错，很漂亮，我也想有这么一件。"

　　C. "不错！若在早些时候穿更好。"

　　D. "不大合适，过时了。"

（2）朋友戴了件极为漂亮的头饰，你也想有一件，怎么办？

A. 问她是在何处买到的。

　　B. 自己找件相似的头饰戴上。

　　C. 私下打听是哪家商店出售的。

　　D. 放弃也要有一件的打算。

（3）和两位比你漂亮的女友去散步，途中突然遇到你的男朋友，你是否把他介绍给她们？

　　A. 立即介绍。

　　B. 女友提出要求时再介绍。

　　C. 一声不吭。

（4）当有一个你对他有好感的小伙子意想不到地向你来求爱时，你如何回答呢？

　　A. 啊！我真高兴，我正等着你！

　　B. 冷冰冰地答道：请让我考虑一下。

　　C. 你是真心吗？请不要开玩笑，我可不是你想象中的那种女人。

（5）下列三种求爱语言是小说中常见的，你喜欢哪一种？

　　A. 没有你，我的一生暗淡无光，你是世界上最美丽的姑娘！

　　B. 请相信我吧，只有我会给你带来幸福！

　　C. 让我们两个一起去思考人生之路，培育新的理想！

（6）姑娘和小伙子并肩而坐，两人之间有一束玫瑰，你猜究竟是谁赠送给谁？

　　A. 姑娘送给小伙子。

　　B. 小伙子送给姑娘。

　　C. 其他人送给他们两位的。

（7）班会上，成绩比你差的同学提出比你高明的意见，你虽然认为其意见好，但心中感到不快。这时，老师问："你认为如何？"你怎样回答？

　　A. 赞成这条意见。

　　B. 不赞成，并提出其他的意见。

　　C. 回答："我没有看法。"

　　D. 一声不吭，背后发牢骚。

记分

依据下表提供的记分标准记分，并统计总分。

题号	A	B	C	D
1	1	1	3	5
2	1	5	3	1
3	1	3	5	
4	1	5	3	
5	5	3	1	
6	3	5	5	
7	1	5	5	3
得分				
合计				

【结果分析】

30～35分：猜疑过度的异常嫉妒型。你比一般人更容易产生嫉妒心理。你稍稍感到自己被人歧视或不如别人，就会极其嫉妒。你即使处于热恋之中，也会担心你的对象被别的姑娘勾引。对周围的人和事，你总是疑神疑鬼，妄加猜测。

24～29分：姑娘特有的一般性嫉妒型。你具有一般姑娘都有的某种程度的嫉妒心,不过,平时不易让人感受到,一般不影响相互交往。

16～23分:情绪不外露的自制型。你处世乖巧,碰到事情也会产生嫉妒心理,但情绪绝不外露,能够克制忍耐,或用其他事情冲散抵消,并能采纳别人的意见。

8～15分:对周围环境无动于衷的迟钝型。你很少有嫉妒心理,遇事达观,不自寻烦恼,不斤斤计较。因此,人际关系比较融洽。

4. 测测你的婚姻关系怎么样

(1)能说出配偶至交好友的名字
(2)能明白配偶目前正面临何种压力
(3)能知晓近来一直惹怒配偶的一些人的名字
(4)能道出配偶的某些人生梦想
(5)能了解配偶基本的人生哲学
(6)能列出配偶最不欣赏的那些亲戚的名单
(7)能感到配偶对你了如指掌
(8)分居两地时,你会经常思念配偶
(9)你时常会动情地抚摸或亲吻配偶
(10)配偶由衷地尊重你
(11)婚姻中充满了热烈和激情
(12)浪漫仍绝对是婚姻生活的一项内容
(13)配偶欣赏你所做的事情

（14）配偶基本上喜欢你的个性

（15）大多数情况下性生活令双方满意

（16）每天下班时配偶乐于见到你

（17）配偶是你最要好的朋友之一

（18）热衷彼此倾心交谈

（19）讨论问题时双方均会做出许多取舍（俩人均有影响力）

（20）即使彼此意见相左，配偶也能尊敬地倾听你的观点

（21）配偶通常是一位解决问题的高手

（22）彼此的基本价值观和目标大致契合

【结果分析】

相符的12条及其以上：若你的情况与其中的12条及其以上相符，那表明你的婚姻极其牢固，不用担心会有破裂的危险。

相符的少于12条：这表明你的婚姻有待改善。你不妨从加强交流和沟通等基本方面入手，逐步提高你的婚姻质量。

5. 你最容易获得什么样的幸福

闲来无聊，你用一整天的时间来看完一部十六集的电视剧，你希望是，

A. 小清新日剧。

B. 国产仙侠剧。

C. 韩国言情剧。

D. 某美剧第一季。

E. 迷你四季英剧。

【结果分析】

A. 做背后女人的幸福。你是一个负责任的人，能支撑家庭。这样的你，很适合做成功男人背后的女人，也容易拥有这样的幸福。可能你有的时候会觉得操持家务实在无聊，人生也觉得烦躁不堪，可是等有朝一日，身边的爱人渐渐地成功了，孩子渐渐地长大了。你也许会在操劳之后，欣慰地一笑，觉得自己是幸福的呢。

B. 能嫁有钱人，求仁得仁。你并不是喜欢钱，只是喜欢钱带来的幸福感。毕竟你也知道，这个世界，一定要有钱才能谈其他的。爱情在贫穷面前，只会成为一场悲剧。而你注定会与名人或富裕者婚嫁的，你的婚恋将会是万人称美的好姻缘，而丈夫的成就也势必非凡。虽然你可能无法拥有相当的知名度，但是也可以享尽荣华富贵。

C. 拥有幸福婚恋。你的婚恋生活，大致也全能维持在平均的水准之上，你是可以拥有幸福婚恋的人。你早早就可以获得安稳、幸福的家庭生活，即使嫁得晚些，对象的工作也会越来越顺畅，家庭经济也会渐渐好转，甚至和家人之间的小纠葛也会比较少。所以你的婚恋生活因情感的稳固和经济状况的稳定，会变得很幸福。

D. 自由的幸福。你是一个喜好开玩笑、性格开朗的人。你善于观察他人的心情，社交手腕非常高明。由于你是一个不折不扣的乐天派，凡事会往好的地方想。你对于高远的理想不感兴趣，想要获得的幸福，完全来自不被他人逼迫做什么事情，不被这个世道的规则所束缚。而未来的你，正是会拥有这样的幸福。你身边的人，都会支持你。

E. 工作很不错。你注定是一个工作上会有收获，事业上会有所成的人。有时候握在自己手里的钱、感情可能都会失去，可是这种工作能力却是别人夺不去的。这未尝不是一种幸福。

6. 你为什么活得那么累

总是在夜深人静时才能稍微喘口气吗？你还在为工作、家事、人际、理想、爱情而终日劳碌吗？你最近为何而累？请构想以下的画面：

A. 一匹在原野上奔跑的骏马。
B. 一栋乡村式的小房子。
C. 一个在照相的摄影师。
D. 一座维纳斯的雕像。

现在从这四样东西选出三样。你没有选择的那项就是你目前痛苦难受的根源，也是你目前急于摆脱的处境。

【结果分析】

A. 骏马代表工作。
B. 房子代表家事。
C. 摄影师是人际关系。
D. 维纳斯雕像是和爱情有关的。

身心健康测试

1. 测测你的生物节奏类型

生物节奏类型分为三种,即早睡早起的"百灵鸟型"、晚睡晚起的"猫头鹰型"和介于两者之间的混合型。了解自己的生物节奏类型,可以使你在最合适的时间里工作或学习,从而达到最高的效率。

请你如实回答下面每一个问题,选择其中最符合你情况的答案,然后参照结论,便可知你属于哪种类型。

问卷

(1)如果白天的时间任你支配,你觉得何时起床才能使你进入最佳的工作或思考状态?

  A. 早晨 5:00 ~ 6:00。

  B. 早晨 6:00 ~ 7:30。

  C. 上午 7:30 ~ 9:30。

  D. 上午 9:30 ~ 10:30。

  E. 上午 10:30 ~ 12:00。

(2)如果夜晚的时间任你支配,你觉得何时睡觉才能使你在第二天保持最佳的工作或思考状态?

A. 晚上 8：00 ~ 9：00。

B. 晚上 9：00 ~ 10：30。

C. 晚上 10：30 ~ 12：15。

D. 午夜 12：15 ~ 1：15。

E. 凌晨 1：15 ~ 3：00。

（3）早晨醒后半小时内，你清醒的程度如何？

A. 非常清醒。

B. 比较清醒。

C. 有点清醒。

D. 很不清醒。

（4）晚上八点的时候，你感觉如何？

A. 非常累。

B. 比较累。

C. 有点累。

D. 不累。

（5）你要去进行一次关系个人前途的面试，并希望能够顺利通过。下列面试时间，你会选择哪一个？

A. 上午 9：00 ~ 10：00。

B. 中午 11：00 ~ 12：00。

C. 下午 5：00 ~ 6：00。

D. 晚上 7：00 ~ 8：00。

（6）你准备每周进行两次体育锻炼，每次一个小时。有人建议你在上午 7：00 ~ 8：00 进行。你认为在这段时间里锻炼，身体将会处于什么状态？

A. 最佳状态。

B. 一般状态。

C. 活动不开。

D. 根本不适应。

（7）你希望在你大脑生物节奏处于最佳状态时参加某次考试，以下考试时间哪一个最适合你？

A. 上午 8：00 ～ 10：00。

B. 中午 11：00 ～ 1：00。

C. 下午 3：00 ～ 5：00。

D. 晚上 7：00 ～ 9：00。

（8）假设你每天工作 8 小时，而且对工作很感兴趣，下面这些连续的工作时间（包括休息），哪一个是你最喜欢的？

A. 午夜 12：00 ～ 早晨 8：00。

B. 早晨 5：00 ～ 下午 1：00。

C. 上午 7：00 ～ 下午 3：00。

D. 中午 12：00 ～ 晚上 8：00。

E. 下午 2：00 ～ 晚上 1：00。

F. 晚上 7：00 ～ 凌晨 3：00。

【结果分析】

如果在上述的时间安排中，你大多数选择了清晨或上午，那么你的生物节奏属于早晨或上午精力充沛思维敏捷、工作和学习效率较高的"百灵鸟型"；反之，你的生物节奏则属于"猫头鹰型"。

2. 测测你的心理年龄

人有一个标志生命历程的实际年龄，还有一个标志心理状态的心理年龄。一个人的心理年龄不一定与他的实际年龄相符。有的人岁数不小，言谈举止宛如孩童；有的人身处花季，却已少年老成。心理年龄是衡量一个人成熟度的重要指标，实际年龄有时候并不能说明问题。

下面这份问卷用来测试你的心理年龄，每题都有几个备选答案，请根据你的实际情况，选择一个最适合你的答案。

问卷

（1）你喜欢哪一类人？

　　A. 比自己强的人。

　　B. 喜欢和尊重自己的人。

　　C. 需要自己的人。

　　D. 没有特别喜欢的。

（2）当你的朋友不赞成也不理解你的建议时，你会：

　　A. 继续解释。

　　B. 生气，不再说话。

　　C. 避开这个问题。

　　D. 听听他的意见。

（3）在你情绪低落却不得不和朋友聚会时，你会：

　　A. 强作欢颜，不让人察觉你的不快情绪。

　　B. 不掩饰情绪，但坚持坐到最后。

　　C. 如实告诉朋友并离开。

D. 找借口离开。

（4）工作上遇到麻烦，下班后你会：

A. 一个人出去散心，以消除烦恼。

B. 希望回到家，能从亲人那里得到安慰。

C. 找朋友倾吐不快。

D. 闷在心里，愤愤不平。

（5）对某件事该怎么做，你很清楚，但别人仍一个劲儿教导你，你会：

A. 告诉他你早就知道了，不必指教。

B. 不说什么，但也不予理睬。

C. 一边听他讲，一边做你的事。

D. 等他讲完，再让他明白其实你早知道怎样做这件事。

（6）你认为自己：

A. 没遇上好机会，不然会有更好的生活。

B. 目前的生活与自己付出的相符。

C. 总是花大量时间做自己不愿做的事。

D. 说不定明天就碰上好运。

（7）马上要过节了，你会：

A. 激动不已，等待盼望。

B. 花许多时间想象要做的事。

C. 没什么特别的感觉。

D. 觉得过节没意思。

（8）你和爱人准备出门，你爱人穿着不合适，你会：

A. 建议他（她）换一下装束。

B. 坚持要他（她）换装。

C. 除非他（她）换装，不然不会与其一同出门。

D. 无所谓。

（9）得知即将有重要的事情发生，你会：

A. 坐卧不安，非常焦躁。

B. 不愿与人谈及此事。

C. 与朋友谈论。

D. 与亲友谈论。

（10）当有人惹恼你时，你会：

A. 向其他人唠叨，抱怨。

B. 偶尔回敬几句。

C. 不留情面地回击他（她）。

D. 不记恨在心。

（11）当你看到很要好的朋友发脾气时，你会：

A. 连续问他（她）怎么了。

B. 焦虑，担心是不是自己的过错。

C. 不多过问，让其自己慢慢冷静。

D. 劝其别生气，有话好好讲。

（12）在与人发生争执而生气后，你会：

A. 很快冷静下来，并向对方表示歉意。

B. 仍然坚持自己的意见，并试图证明自己是正确的。

C. 很快又与别人凑到一起，像什么也没发生。

D. 连着几天不理对方。

（13）遇到难题时，你会：

A. 不假思索就去请教别人。

B. 经常请教亲朋好友。

C. 很少麻烦他人。

D. 在找别人商量之前，自己先想解决的办法。

（14）为了讨别人喜欢，你会吹嘘自己吗？

A. 采用各种方法、利用各种场合自我吹嘘。

B. 不刻意去做，但有机会就利用。

C. 不自我吹嘘，但会证明自己的优点。

D. 绝不会，让别人自己去了解与判断。

（15）受到别人的批评或责难时，你会：

A. 尽量从自身找原因。如果自己没错，就只当别人误会了。

B. 沉默以对或把它忘了，只当什么事也没发生。

C. 反驳别人，也从别人身上找毛病。

D. 发火，针锋相对或发泄不满。

（16）同朋友讨论问题时，你会：

A. 常使讨论变成激烈的争论。

B. 别人发言时喜欢插嘴。

C. 多听少说。

D. 心平气和地发表自己的见解。

（17）你在游戏或比赛时喜欢找什么样的对手：

A. 无所谓，只把这看作是娱乐或锻炼的机会。

B. 比自己强一些的人，想尽力战胜强者。

C. 同自己水平差不多的人，这样就比不出高低来了。

D. 比自己水平差的人，这样就不会输给对方。

（18）对自己的失败经历，你的态度是：

A. 只要别人有兴趣，随时可以告诉他。

B. 在合适的谈话场合，也可能顺便提到。

C. 因为不想博得别人的同情，很少谈起。

D. 绝不说，怕别人知道了对自己不利。

（19）对所谓的超自然能力，你的想法或态度是：

A. 这应该是真的。

B. 不知是真是假。

C. 这是没有科学根据的。

D. 明知缺乏科学依据，但还是半信半疑。

（20）你对看相、算命的态度是：

A. 既然那么多人都信，自己也信。

B. 只是想知道算命先生用的是什么技巧。

C. 认为是假的，没有必要做这种事。

D. 为了得到一时的安慰，想讨个吉利。

记分

依据下表提供的记分标准记分，并统计总分。

题号	1	2	3	4	5	6	7	8	9	10	
A	1	2	3	3	0	2	0	2	0	1	合计
B	0	0	0	2	1	3	1	1	3	2	
C	2	1	2	1	2	1	2	0	1	0	
D	3	3	1	0	3	0	3	3	2	3	
得分											

题号	11	12	13	14	15	16	17	18	19	20	合计
A	0	3	0	0	3	0	3	0	0	0	
B	1	2	1	1	2	1	2	1	1	2	
C	2	1	2	2	1	2	1	3	3	3	
D	3	0	3	3	0	3	0	2	2	1	
得分											

【结果分析】

1～20分：少年儿童时期——不论你现在的实际年龄是多少，你的心理年龄仍在少年儿童时期。你喜欢被人表扬，总想取悦别人，只有得到他人的肯定你才敢肯定自己。你渴望从他人那里获得情感上的安慰和支持，情绪起伏大，但对事物有强烈的好奇心。你有不切实际的梦想，这使你精神上得到快乐，也让你在生活中时常受挫。

21～40分：青年时期——内心矛盾冲突是这一时期最明显的特征。你渴望独立自主、自由洒脱，觉得有第三只眼随时注视着你。儿童时期，你的一举一动是为了讨亲近的人喜欢；现在，你的所作所为是为让周围的人满意。本能冲动与社会约束、现实与理想、自我与他人，种种矛盾的相互作用，推动你的人格不断发展，逐步走向成熟。

41～60分：中老年时期——若将心理发育过程比喻为作物的生长过程，此时你的心理年龄已迈入成熟期。你稳健、老练、实际，能够合情合理地处理现实生活中的种种矛盾，平和地看待完美与缺陷，获得与丧失。你能辩证地认识自己，能清楚地分辨可能与不可能，可为与不可为。但你要防止自己过于保守而停滞不前。

3. 你如何管理自己的情绪

爱上一个人之后，好像认识得越久，就会有越多的恶习出笼，和最初相恋时的完美形象大相径庭。到底什么样的爱情酷刑让你觉得最受折磨：

A. 爱人常和酒肉朋友鬼混。

B. 动不动就冷战，避而不见。

C. 抽烟、喝酒赌博等恶习。

D. 喜欢管这管那。

【结果分析】

A. 你不会管理情绪，常为不必要的事浪费时间。你很在意自己所处的地位是否巩固，所以如果你知道自己还是处于胜利者的地位，仍然高高在上，就不会太介意平时发生的小事了。人生难免会有起伏，说你完全不会受影响那是不可能的，但是你会评估此事的重要性。将时间和力气花在不必要的争执上，对你而言，实在是太浪费时间了。

B. 你过于敏感，常将事情严重化。你的感觉很细腻，别人的一两句无心之语，你听到后，就如同千万根针在扎着你的胸膛，让你痛不欲生。很多时候，是你自己把事情严重化了，明明对方没有那么多想法，可是经过你的诠释，好像就演变到非开战不可的地步。大部分了解你个性的朋友，都会尽量小心说话，免得成为罪人。

C. 你是个情绪管理的高手。你能够将自己的感觉隐藏起来，让别人不知道你在想什么。可是，你会在适当的时刻释放出你的心理压力。对于别人和自己而言，这些小火花不具有任何杀伤力，你在无形中就将伤害降至最低。在别人眼中，你像是一个没有脾气的人，其实是因为你熟知该如何处理自己的情绪垃圾，才能控制得如此得体。

D. 你的情绪来去匆匆。你有点容易烦躁，不喜欢被别人盯得很紧。如果有人太过关心你生活和一举一动，虽然只是提出一个小建议，恐怕都会引起你很大的反应，因为你喜欢照自己的想法做事，不愿受人干涉。被人管束会使你有窒息的感觉，你简直一秒都不能忍受。你的情绪来得急、去得也快，不过要留心别在盛怒时对别人造成心理伤害。

4. 你是直觉型还是理智型

你到了家居广场，里面分了好几个家具区。你会从哪个区开始转呢：

A. 特价区。

B. 高级家具区。

C. 设计师区。

D. 梦想小屋区。

【结果分析】

A. 关键时刻变为理智型。你能够灵活地运用直觉和理智。对那些不急于下结论的事情，你会凭借理智来采取行动。相对于那些凡事依靠理智来判断的人来说，你的直觉又很灵敏，可以根据感觉做出判断。你是能够灵活使用左脑和右脑的人。虽然你的直觉很敏锐，但你其实很善于精打细算，特别在关系到自己的重大利益的问题上，你会比较慎重地采取行动。

而对无关紧要的事情，你就会单凭直觉不管三七二十一地采取行动了。

B. 以分析见长的理智型。你不管遇到什么情况都会在冷静分析之后才采取行动。即使被逼入绝境，也会适当地处理问题，使结果不会更加恶化。你在团体中很容易成为周围人所依赖的对象，一旦遇上困难，大家会唯你的"马首"是瞻。因为你只有在认真分析之后才会采取行动，所以开始行动的时间容易落后于他人。在必须立即做出决定的情况下，你就很难应付，这是你的缺点。此外，如果别人对你的分析能力期待过高，你也可能会因为压力过大而变得迟钝，思考能力降低。

C. 典型的直觉型。你在任何情况下都会先重视直觉，依照灵感来开展行动。在大多数情况下，你是不是都会较快地采取行动，过后再寻找理由呢？虽然重视直觉是件好事情，但是就你而言，似乎有点过于依赖直觉了。比如对于刚认识的人，你会根据第一印象来决定是否与其交往，因此而受到损害的情况也不在少数。对你来说，多花一点时间，通过理智的分析来得出结论是很有必要的。

D. 顺其自然要有限度。你似乎既不属于直觉型，也不属于理智型。你既不会凭一时的灵感突然做出决定，也不会在仔细考虑之后再采取行动。你的性子很慢，一直用"顺其自然"的态度来应付各种情况。受到照顾比较多也是你形成这种性格的原因吧？你属于不太喜欢思考的类型，一旦发生什么问题，你既不会根据当时的状况来采取紧急措施，也不会从理论上来分析为什么会出现这样的状况。你应该努力学习独立思考，培养自己独立解决问题的能力。

5. 测测你的生活方式是否健康

生活方式健康、文明，有助于提高生活质量和工作效率。下面一份问卷可测试出你的生活方式是否符合标准。每组问题有 3 种情况，你可根据自己的实际情况，从中选择一个。当然，这里介绍的测试方法和结果，并不是绝对的，仅为你了解自己的生活方式是否健康提供参考。

问卷

（1）不管工作多忙、事情多烦、责任多重，你和你的同事们总是有说有笑。这种情况：

　　A. 每天都有。

　　B. 有时存在。

　　C. 很少出现。

（2）早上醒来后，你习惯：

　　A. 立即起床，随后便开始工作。

　　B. 不慌不忙地起床，继而做适量运动，如体操、散步，然后开始工作。

　　C. 发现时间还早，继续躺在被窝里磨时间。

（3）通常情况下，你的早餐是：

　　A. 稀饭、干粮。

　　B. 牛奶、面包。

　　C. 不吃早餐。

（4）每天上班，你的习惯是：

　　A. 准时赶到工作地点。

　　B. 或稍早或稍晚。

C. 灵活掌握。

（5）午饭时间你总是：

　　A. 急匆匆，在食堂应付几口就完事。

　　B. 慢吞吞，有时还少量喝点酒。

　　C. 从从容容坐下来吃饭，饭后还小憩片刻。

（6）如果早上必须早点起床，你会：

　　A. 事先调好闹钟。

　　B. 请别人叫醒。

　　C. 顺其自然。

（7）如果在工作中发生争论或矛盾，你会：

　　A. 争论不休。

　　B. 反应冷漠。

　　C. 明确表态。

（8）每天下班后，你会：

　　A. 不超过20分钟就回到家。

　　B. 1小时以内回到家。

　　C. 在外面泡1个小时以上。

（9）业余时间，你通常是：

　　A. 约见朋友或参加其他社交活动。

　　B. 参加体育活动或看电影。

　　C. 从事家务劳动。

（10）对待探亲访友和接待来客，你的看法和态度是：

　　A. 可以增长见识、排除杂念、积极休息。

　　B. 浪费时间又赔钱。

C. 讨厌。

（11）你晚上开始睡觉的时间总是：

　　A. 固定不变。

　　B. 随心所欲。

　　C. 在当天的事情都做完以后。

（12）如果有假期，你打算：

　　A. 集中一次休完。

　　B. 一半安排在夏季，一半安排在冬季。

　　C. 家里有事时，就使用几天。

（13）你在体育运动方面的表现：

　　A. 只是喜爱看别人运动。

　　B. 常在空气新鲜的地方做操、打拳。

　　C. 不喜欢体育，自己也从不运动。

（14）最近两个星期内，你曾：

　　A. 外出游玩。

　　B. 参加过体力劳动或运动。

　　C. 散步4公里以上。

记分

依据下表提供的记分标准记分，并统计总分。

题号	1	2	3	4	5	6	7	8	9	10	11	12	13	14	合计
A	3	1	2	0	0	3	0	3	1	3	3	2	0	3	
B	2	3	3	3	1	2	0	1	2	0	0	3	3	3	
C	0	0	0	2	3	0	3	0	3	0	0	1	1	3	
得分															

【结果分析】

34～42分：你的生活方式很健康，应继续保持。

22～33分：你的生活方式比较健康。

10～21分：你的生活方式健康程度一般。

9分以下：你的生活方式不健康，应大力改善。

6. 测测你的睡眠质量

睡眠质量的好坏，关系到一个人能否保持良好的精神状态和工作状态。本测试能帮你了解自己的睡眠质量。

问卷

（1）入睡时间：

　　1分：很快能入睡（15分钟内）。

　　2分：稍长时间才能入睡（15～30分钟）。

　　3分：相当长时间才能入睡（30～60分钟）。

　　4分：很难入睡（60分钟以上）。

（2）夜里觉醒情况：

　　1分：从来不醒。

　　2分：醒后能很快睡。

　　3分：醒后过很长时间才能入睡。

　　4分：醒后再难以入睡。

（3）今天早晨醒来的时间：

　　　　1分：与平时一样。

　　　　2分：比平时醒得稍早。

　　　　3分：远比平时醒得早。

　　　　4分：夜里几乎没有很好睡。

（4）夜里的睡眠状况：

　　　　1分：夜里睡得很好。

　　　　2分：夜里睡得比较好。

　　　　3分：说不上好坏。

　　　　4分：睡得比较差。

　　　　5分：几乎没入睡。

（5）夜里做梦的情况：

　　　　1分：一宿没有梦。

　　　　2分：好像做过梦。

　　　　3分：做了很长时间的梦。

　　　　4分：整夜都在做梦。

（6）今天早晨醒来时的身体状态：

　　　　1分：比平时好。

　　　　2分：跟平时相似。

　　　　3分：稍感疲劳。

　　　　4分：很疲劳。

（7）今天早晨醒来时的精神状态：

　　　　1分：神清气爽。

　　　　2分：跟平时相似。

3分：精神稍差。

4分：精神很坏。

（8）影响睡眠的因素：

1分：完全没有。

2分：仅有环境因素。

3分：思虑过度。

4分：兴奋、不安、焦虑。

（9）今天白天的身体状态：

1分：比平时要好。

2分：与平时相似。

3分：稍感疲劳不适。

4分：疲乏、全身无力。

（10）今天白天的精神状态：

1分：神清气爽。

2分：与平时无大区别。

3分：情绪稍差。

4分：情绪很坏。

（11）服用安眠药的情况：

1分：从不服用安眠药。

2分：偶尔服用安眠药。

3分：经常服用安眠药。

4分：不吃安眠药便睡不着觉。

记分

按以上各题给出的各选项记分标准记分，并统计总分。

【结果分析】

21 分以下：睡眠状况良好。

22～30 分：轻度失眠。

31～38 分：中度失眠。

39～41 分：重度失眠。

7. 抑郁自评量表（SDS）

注意事项：

下面有 20 条题目，请仔细阅读每一条，把意思弄明白，每一条文字后有四个选项，分别表示：

A 没有或很少时间（过去一周内，出现这类情况的日子不超过一天）；B 小部分时间（过去一周内，有 1～2 天有过这类情况）；C 相当多时间（过去一周内，3～4 天有过这类情况）；D 绝大部分或全部时间（过去一周内，有 5～7 天有过这类情况）

施测时间建议：5～10 分钟。

	A	B	C	D
（1）我觉得闷闷不乐，情绪低沉	A	B	C	D
（2）我觉得一天之中早晨最好	A	B	C	D
（3）我一阵阵哭出来或觉得想哭	A	B	C	D
（4）我晚上睡眠不好	A	B	C	D
（5）我吃的跟平常一样多	A	B	C	D
（6）我与异性亲密接触时和以往一样感觉愉快	A	B	C	D

（7）我发觉我的体重在下降	A	B	C	D
（8）我有便秘的苦恼	A	B	C	D
（9）我心跳比平时快	A	B	C	D
（10）我无缘无故地感到疲乏	A	B	C	D
（11）我的头脑跟平常一样清楚	A	B	C	D
（12）我觉得经常做的事情并没有困难	A	B	C	D
（13）我觉得不安而平静不下来	A	B	C	D
（14）我对将来抱有希望	A	B	C	D
（15）我比平常容易生气激动	A	B	C	D
（16）我觉得做出决定是容易的	A	B	C	D
（17）我觉得自己是个有用的人，有人需要我	A	B	C	D
（18）我的生活过得很有意思	A	B	C	D
（19）我认为如果我死了别人会生活得好些	A	B	C	D
（20）平常感兴趣的事我仍然照样感兴趣	A	B	C	D

记分：

正向记分题A、B、C、D按1、2、3、4记分；反向记分题按4、3、2、1记分。

反向记分题号：2、5、6、11、12、14、16、17、18、20。

【结果分析】

将20个项目的各个得分相加，即得总粗分。总粗分的正常上限参考值为41分，标准分等于总粗分乘以1.25后的整数部分。分值越小越好。

标准分正常上限参考值为53分。标准总分53～62为轻度抑郁，63～72为中度抑郁，72分以上为重度抑郁。

8. 焦虑自评量表（SAS）

请注意：（1）请根据您一周来的实际感觉在适当的数字上划上"√"表示，请不要漏评任何一个项目，也不要在相同的一个项目上重复地评定；（2）量表中有部分反向（即从焦虑反向状态）评分的题，请注意保障在填分、算分评分时的理解；（3）本表可用于反映测试者焦虑的主观感受，对心理咨询门诊及精神科门诊或住院精神病人均可使用，但由于焦虑是神经症的共同症状，故SAS在各类神经症鉴别中作用不大；（4）关于焦虑症状的临床分级，除参考量表分值外，主要还应根据临床症状，特别是要害症状（要害症状包括与处境不相称的痛苦情绪体验、精神运动性不安、植物神经功能障碍）的程度来划分，量表总分值仅能作为一项参考指标而非绝对标准。

序号	题目	没有或很少时间有（1分）	有时有（2分）	大部分时间有（3分）	绝大部分或全部时间都有（4分）	评分
1	我觉得比平常容易紧张和着急（焦虑）					
2	我无缘无故地感到害怕（害怕）					
3	我容易心里烦乱或觉得惊恐（惊恐）					
4	我觉得我可能将要发疯（发疯感）					
5	我觉得一切都很好，也不会发生什么不幸（不幸预感）					
6	我手脚发抖打战（手足颤抖）					
7	我因为头痛，颈痛和背痛而苦恼（躯体疼痛）					
8	我感觉容易衰弱和疲乏（乏力）					

续表

序号	题目	没有或很少时间有（1分）	有时有（2分）	大部分时间有（3分）	绝大部分或全部时间都有（4分）	评分
9	我觉得心平气和，并且容易安静坐着（静坐不能）					
10	我觉得心跳很快（心慌）					
11	我因为一阵阵头晕而苦恼（头昏）					
12	我有晕倒发作或觉得要晕倒似的（晕厥感）					
13	我呼气吸气都感到很容易（呼吸困难）					
14	我手脚麻木和刺痛（手足刺痛）					
15	我因为胃痛和消化不良而苦恼（胃痛或消化不良）					
16	我常常要小便（尿意频数）					
17	我的手常常是干燥温暖的（多汗）					
18	我脸红发热（面部潮红）					
19	我容易入睡并且一夜睡得很好（睡眠障碍）					
20	我做噩梦					

评分方法：

SAS 采用 4 级评分，主要评定症状出现的频度，其标准为："1"表示没有或很少时间有；"2"表示有时有；"3"表示大部分时间有；"4"表示绝大部分或全部时间都有。20 个条目中有 15 项是用负性词陈述的，按上述 1~4 顺序评分。其余 5 项（第 5，9，13，17，19），是用正性词陈述的，按 4~1 顺序反向记分。

SAS 的主要统计指标为总分。将 20 个项目的各个得分相加，即得粗分；用粗分乘以 1.25 以后取整数部分，就得到标准分。

按照中国常模结果，SAS 标准分的分界值为 50 分，其中 50 ~ 59 分为轻度焦虑，60 ~ 69 分为中度焦虑，70 分以上为重度焦虑。

注意事项

（1）由于焦虑是神经症的共同症状，故 SAS 在各类神经症鉴别中作用不大；

（2）关于焦虑症状的临床分级，除参考量表分值外，主要还应根据临床症状，特别是要害症状的程度来划分，量表总分值仅能作为一项参考指标而非绝对标准。

9. 生活事件量表（LES）

指导语：

下面是每个人都有可能遇到的一些日常生活事件，究竟是好事还是坏事，可根据个人情况自行判断。这些事件可能对个人有精神上的影响（体验为紧张、压力、兴奋或苦恼等），影响的轻重程度是各不相同的。影响持续的时间也不一样。请你根据自己的情况，实事求是地回答下列问题，填表不记姓名，完全保密，请在最适合的答案上打钩。

生活事件量表

生活事件名称	事件发生时间				性质		精神影响程度				影响持续时间				备注
	未发生	一年前	一年内	长期性	好事	坏事	无影响	轻度	中度	重度	极重	三月内	半年内	一年内	一年以上	
举例：房屋拆迁			√			√							√			
家庭有关问题 1. 恋爱或订婚																
2. 恋爱失败、破裂																
3. 结婚																
4. 自己（爱人）怀孕																
5. 自己（爱人）流产																
6. 家庭增添新成员																
7. 与爱人父母不和																
8. 夫妻感情不好																
9. 夫妻分居（因不和）																
10. 性生活不满意或独身																
11. 夫妻两地分居（工作需要）																
12. 配偶一方有外遇																
13. 夫妻重归于好																
14. 超指标生育																
15. 本人（爱人）做绝育手术																
16. 配偶死亡																
17. 离婚																
18. 子女升学（就业）失败																

续表

生活事件名称	事件发生时间				性质		精神影响程度				影响持续时间				备注
	未发生	一年前	一年内	长期性	好事	坏事	无影响	轻度	中度	重度	极重	三月内	半年内	一年内	一年以上	
19. 子女管教困难																
20. 子女长期离家																
21. 父母不和																
22. 家庭经济困难																
23. 欠债500元以上																
24. 经济情况显著改善																
25. 家庭成员重病或重伤																
26. 家庭成员死亡																
27. 本人重病或重伤																
28. 住房紧张																
工作学习中的问题 29. 待业、无业																
30. 开始就业																
31. 高考失败																
32. 扣发奖金或罚款																
33. 突出的个人成就																
34. 晋升、提级																
35. 对现职工作不满意																
36. 工作学习中压力大（如成绩不好）																
37. 与上级关系紧张																
38. 与同事邻居不和																
39. 第一次远走他乡																

续表

生活事件名称	事件发生时间				性质		精神影响程度				影响持续时间				备注
	未发生	一年前	一年内	长期性	好事	坏事	无影响	轻度	中度	重度	极重	三月内	半年内	一年内	一年以上	
40．生活规律重大变动（饮食睡眠规律改变）																
41．本人退休离休或未安排具体工作																
社交与其他问题 42．好友重病或重伤																
43．好友死亡																
44．被人误会、错怪、诬告、议论																
45．介入民事法律纠纷																
46．被拘留、受审																
47．失窃、财产损失																
48．意外惊吓、发生事故、自然灾害																
如果你还经历过其他的生活事件，请依次填写																
49																
50																
正性事件值： 负性事件值： 总值：																

家庭有关问题：

工作学习中的问题：

社交及其他问题：

LES 的使用方法和计算方法：

LES 是自评量表，含有 48 条我国较常见的生活事件，包括三个方面的问题。一是家庭生活方面（有 28 条），二是工作学习方面（有 13 条），三是社交及其他方面（7 条）。另设有 2 条空白项目，供填写当事者自己经历而表中并未列出的某些事件。

填写者须仔细阅读和领会指导语，然后将某一时间范围内（通常为一年内）的事件记录下来。有的事件虽然发生在该时间范围之前，如果影响深远并延续至今，可作为长期性事件记录。

对于表上已列出但未经历的事件应一一注明"未经历"，不留空白，以防遗漏。然后，由填写者根据自身的实际感受而不是按常理或伦理道德观念去判断那些经历过的事件对本人来说是好事或是坏事？影响程度如何？影响的持续时间有多久？

一次性的事件如流产、失窃要记录发生次数，长期性事件，如住房拥挤、夫妻分居等不到半年记为 1 次，超过半年记为 2 次。影响程度分为 5 级，从毫无影响到影响极重分别记 0、1、2、3、4 分；影响持续时间分之月内、半年内、一年内、一年以上共 4 个等级，分别记 1、2、3、4 分。

生活事件刺激量的计算方法：

（1）某事件刺激量＝该事件影响程度分 × 该事件持续时间分 × 该事件发生次数。

（2）正性事件刺激量＝全部好事刺激量之和。

（3）负性事件刺激量＝全部坏事刺激量之和。

（4）生活事件总刺激量＝正性事件刺激量＋负性事件刺激量。

另外，还可以根据研究或诊断治疗需要，按家庭问题、工作学习问题和社交等问题进行分类统计。

LES 结果解释及应用价值

LES 总分越高反映个体承受的精神压力越大。95%的正常人一年内的 LES 总分不超过 10 分，99%的不超过 32 分。负性事件的分值越高对心身健康的影响越大，正性事件分值的意义尚待进一步的研究。

10. 艾森克人格问卷（EPQ）

艾森克人格问卷（EPQ）（成人）

（1）你是否有许多不同的业余爱好？
（2）你是否在做任何事情以前都要停下来仔细思考？
（3）你的心境是否常有起伏？
（4）你曾有过明知是别人的功劳而你去接受奖励的事吗？
（5）你是否健谈？
（6）欠债会使你不安吗？
（7）你曾无缘无故觉得"真是难受"吗？
（8）你曾贪图过分外之物吗？
（9）你是否在晚上小心翼翼地关好门窗？
（10）你是否比较活跃？
（11）你在见到一小孩或一动物受折磨时是否会感到非常难过？
（12）你是否常常为自己不该做而做了的事，不该说而说了的话而紧张吗？
（13）你喜欢跳降落伞吗？
（14）通常你能在热闹联欢会中尽情地玩吗？

（15）你容易激动吗？

（16）你曾经将自己的过错推给别人吗？

（17）你喜欢会见陌生人吗？

（18）你是否相信保险制度是一种好办法？

（19）你是一个容易伤感情的人吗？

（20）你所有的习惯都是好的吗？

（21）在社交场合你是否总不愿崭露头角？

（22）你会服用奇异或危险作用的药物吗？

（23）你常有"厌倦"之感吗？

（24）你曾拿过别人的东西吗（哪怕一针一线）？

（25）你是否常爱外出？

（26）你是否从伤害你所宠爱的人而感到乐趣？

（27）你常为有罪恶之感所苦恼吗？

（28）你在谈论中是否有时不懂装懂？

（29）你是否宁愿去看书而不愿去多见人？

（30）你有要伤害你的仇人吗？

（31）你觉得自己是一个神经过敏的人吗？

（32）对人有所失礼时你是否经常要表示歉意？

（33）你有许多朋友吗？

（34）你是否喜爱讲些有时确能伤害人的笑话？

（35）你是一个多忧多虑的人吗？

（36）你在童年是否按照吩咐要做什么便做什么，毫无怨言？

（37）你认为你是一个乐天派吗？

（38）你很讲究礼貌和整洁吗？

（39）你是否总在担心会发生可怕的事情？

（40）你曾损坏或遗失过别人的东西吗？

（41）交新朋友时一般是你采取主动吗？

（42）当别人向你诉苦时，你是否容易理解他们的苦衷？

（43）你认为自己很紧张，如同"拉紧的弦"一样吗？

（44）在没有废纸篓时，你是否将废纸扔在地板上？

（45）当你与别人在一起时，你是否言语很少？

（46）你是否认为结婚制度是过时了，应该废止？

（47）你是否有时感到自己可怜？

（48）你是否有时有点自夸？

（49）你是否很容易将一个沉寂的集会搞得活跃起来？

（50）你是否讨厌那种小心翼翼地开车的人？

（51）你为你的健康担忧吗？

（52）你曾讲过什么人的坏话吗？

（53）你是否喜欢对朋友讲笑话和有趣的故事？

（54）你小时候曾对父母粗暴无礼吗？

（55）你是否喜欢与人混在一起？

（56）你若知道自己工作有错误，这会使你感到难过吗？

（57）你患失眠吗？

（58）你吃饭前必定洗手吗？

（59）你常无缘无故感到无精打采和倦怠吗？

（60）和别人玩游戏时，你有过欺骗行为吗？

（61）你是否喜欢从事一些动作迅速的工作？

（62）你的母亲是一位善良的妇人吗？

（63）你是否常常觉得人生非常无味？

（64）你曾利用过某人为自己取得好处吗？

（65）你是否常常参加许多活动，超过你的时间所允许？

（66）是否有几个人总在躲避你？

（67）你是否为你的容貌而非常烦恼？

（68）你是否觉得人们为了未来有保障而办理储蓄和保险所花的时间太多？

（69）你曾有过不如死了为好的愿望吗？

（70）如果有把握永远不会被别人发现，你会逃税吗？

（71）你能使一个集会顺利进行吗？

（72）你能克制自己不对人无礼吗？

（73）遇到一次难堪的经历后，你是否在一段很长的时间内还感到难受？

（74）你患有"神经过敏"吗？

（75）你曾经故意说些什么来伤害别人的感情吗？

（76）你与别人的友谊是否容易破裂，虽然不是你的过错？

（77）你常感到孤单吗？

（78）当人家寻你的差错，找你工作中的缺点时，你是否容易在精神上受挫伤？

（79）你赴约会或上班曾迟到过吗？

（80）你喜欢忙忙碌碌地过日子吗？

（81）你愿意别人怕你吗？

（82）你是否觉得有时浑身是劲，而有时又是懒洋洋的吗？

（83）你有时把今天应做的事拖到明天去做吗？

（84）别人认为你是生机勃勃吗？

（85）别人是否对你说了许多谎话？

（86）你是否容易对某些事物容易冒火？

（87）当你犯了错误时，你是否常常愿意承认它？

（88）你会为一动物落入圈套被捉拿而感到很难过吗？

按 P、E、N、L 可将 EPQ 中 88 个问题分为四类，并按顺序答题。

P 卷共有 23 题，包括 2、6、9、11、18、22、26、30、34、38、42、46、50、56、62、66、68、72、75、76、81、85、88。

E 卷共有 21 题：1、5、`0、13、14、17、21、25、29、33、37、4145、49、53、55、61、65、71、80、84。

N 卷 共 24 题：3、7、12、15、19、23、27、31、35、39、43、47、51、57、59、63、67、69、73、74、77、78、82、86。

L 卷 共 20 卷 题：4、8、16、20、24、28、32、36、40、44、48、52、54、58、60、64、70、79、83、87。

EPQ（成人）记分法

分别数出受试者在每张答卷的圆圈上批"√"的数目。这个"√"可以打在"是"上，也可以打在"否"上。总之以圆圈上有"√"者才算 1 分，无"√"者不记分。因此四张卷子（P、E、N、L）的满分分别为 23、21、24、20 分。很少有人得满分。也很少有人得 0 分，大多数位于零至满分之间。

得出的粗分，还要换算成标准分（T 分）。换算方法请参照成人 P、E、N、L 的 T 分表。

得出的粗分，还要换算成标准分（T 分）。换算方法请参照成人 P、E、N、L 的 T 分表。

标准分数换算

EPQ 标准分数换算采用标准 T 分数的换算方法：

$$T=50+\frac{10(X-M)}{SD}$$

公式中 X 表示某受试者的问卷粗分，M 和 SD 分别表示该人群样本的均数和标准差。然后将均数换成 50，标准差换算成 10，即以 50 为中值，以 10 为一个标准差。

根据标准差的面积分布，得知在 T/43.3 至 T/56.7 之间的人数约占 50%；在 T/38.5 至 T/61.5 的区域内，人数约占全体的 75%；在 T/38.5 至 T/43.3 和 T/56.7 至 T/61.5 这两个区域的人数各占全体的 12.5%，共记 25%。一般认为，T/38.6 以内的为内向，T/61.5 以外的为外向。其他量表类推。在实际生活中有上述各型的人，但各类型的人数是多少，尚缺乏精确研究。

除内向或外向外，可有情绪稳定或不稳定之分，因此将 X 轴为 E 维度，Y 轴为 N 维度，在 T/50 处垂直相交，可分四相：即内向－稳定；内向－不稳定；外向－稳定；外向－不稳定。在此剖析图找到 E 和 N 的交点，便得知某受试者的个性特点。

解释

（1）E 分特高（典型的外向）：受交际，喜欢参加联欢会，朋友多，需要有人同他说话，不爱一人阅读和做研究，渴望兴奋的事，喜冒险，向外发展，行动受一时冲动影响。喜欢实际的工作，回答问题迅速，漫不经心，随和，乐观，喜欢谈笑，宁愿动而不愿静，倾向进攻。总的说来是情绪失控的人，不是一个很踏实的人。

（2）E 分特低（典型的内向）：安静、离群、内省、喜爱读书而不喜欢接触人。保守，与人保持一定距离（除非挚友），倾向于事前有计划，做事瞻前顾后，不凭一时冲动。不喜欢兴奋的事，日常生活有规律，严谨。很少有进攻行为，多少有些悲观。踏实可靠。价值观念是以伦理做标准。

（3）N分特高（典型情绪不稳定）：焦虑、紧张、易怒、往往又有抑郁、睡眠不好，患有各种心身障碍。对各种刺激的反应都过于强来，情绪激动后又很难平复下来。由于强烈的情绪反应而影响了正常适应。不可理喻，有时走上危险的道路。在与外向结合时，这种人容易冒火，以致激动，进攻。概括地说，是一个紧张的人，好抱偏见，以致错误。

（4）N分很低（情绪稳定），倾向于情绪反应缓慢、弱，即使激起了情绪，也很快会平复下来。通常是平静的，即使生点气也是有节制的，并且不紧张。

（5）P分高的成人：独处、不关心人。常有麻烦，在哪里都不合适。可能是残忍的，不人道的，缺乏同情心，感觉迟钝，对人抱敌意，即便是对亲友也如此，进攻，即使是喜爱的人。喜欢一些古怪的不平常的事情，不惧安危。喜恶作剧，总要捣乱。

（6）P分高的儿童：古怪、孤僻、麻烦的儿童。对同伴和动物缺乏人类感情。进攻、仇视，即使是很接近的人和亲人。这样的儿童缺乏是非感，不考虑安危。对他们来说，从来没有社会化的概念，根本无所谓同情心和罪恶感。

（7）以上是各型的极端例子，实际上很少有如此典型的人，大多是处于两极端之间，不过是倾向于某一端而已。

11. 应对方式评定量表（CSQ）

指导语：本问卷的每个条目有两个答案"是""否"。请您根据自己的情况在每一条目后选择一个答案，如果选择"是"，则继续对"有效""比较有效""无效"做出评估。在每一行的方框打"√"。

项目	是	否	有效	比较有效	无效
1. 能理智地应付困境					
2. 善于从失败中吸取经验					
3. 制订一些克服困难的计划并按计划去做					
4. 常希望自己已经解决了面临的困难					
5. 对自己取得成功的能力充满信心					
6. 认为"人生经历就是磨难"					
7. 常感叹生活的艰难					
8. 专心于工作或学习以忘却不快					
9. 常认为"生死有命，富贵在天"					
10. 常常喜欢找人聊天以减轻烦恼					
11. 请求别人帮助自己克服困难					
12. 常只按自己想的做，且不考虑后果					
13. 不愿过多思考影响自己的情绪的问题					
14. 投身其他社会活动，寻找新寄托					
15. 常自暴自弃					
16. 常以无所谓的态度来掩饰内心的感受					
17. 常想"这不是真的就好了"					
18. 认为自己的失败多是外因所致					

续表

项目	是	否	有效	比较有效	无效
19. 对困难采取等待观望任其发展的态度					
20. 与人冲突，常是对方性格怪异引起					
21. 常向引起问题的人和事发脾气					
22. 常幻想自己有克服困难的超人本领					
23. 常自我责备					
24. 常用睡觉的方式逃避痛苦					
25. 常借娱乐活动来消除烦恼					
26. 常爱想些高兴的事自我安慰					
27. 避开困难以求心中宁静					
28. 为不能回避困难而懊恼					
29. 常用两种以上的办法解决困难					
30. 常认为没有必要那么费力去争成败					
31. 努力去改变现状，使情况向好的一面转化					
32. 借烟或酒消愁					
33. 常责怪他人					
34. 对困难常采用回避的态度					
35. 认为"退后一步自然宽"					
36. 把不愉快的事埋在心里					
37. 常自卑自怜					
38. 常认为这是生活对自己不公平的表现					
39. 常压抑内心的愤怒与不满					
40. 吸取自己或他人的经验去应付困难					
41. 常不相信那些对自己不利的事					
42. 为了自尊，常不愿让人知道自己的遭遇					

续表

项目	是	否	有效	比较有效	无效
43. 常与同事,朋友一起讨论解决问题的办法					
44. 常告诫自己"能忍者自安"					
45. 常祈祷神灵保佑					
46. 常用幽默或玩笑的方式缓解冲突或不快					
47. 自己能力有限,只有忍耐					
48. 常怪自己没出息					
49. 常爱幻想一些不现实的事来消除烦恼					
50. 常抱怨自己无能					
51. 常能看到坏事中有好的一面					
52. 自感挫折是对自己的考验					
53. 向有经验的亲友、师长求教解决问题的方法					
54. 平心静气,淡化烦恼					
55. 努力寻找解决问题的办法					
56. 选择职业不当,是自己常遇挫折的主要原因					
57. 总怪自己不好					
58. 经常是看破红尘,不在乎自己的不幸遭遇					
59. 常自感运气不好					
60. 向他人诉说心中的烦恼					
61. 常自感无所作为而任其自然					
62. 寻求别人的理解和同情					

共62个条目,分为6个因子:解决问题、自责、求助、幻想、退避、合理化。每个条目赋0分或1分。累计因子得分,分数高,表明被调查者

更多地采用该因子表达的应对方式。解决问题、求助为成熟的应对方式，自责、退避、幻想为不成熟的应对方式，合理化处于成熟与不成熟之间。

（1）量表分记分方法：

"应对方式问卷"有六个分量表，每个分量表由若干个条目组成，每个条目只有两个答案，"是"和"否"。记分分两种情况：

①除下面（2）中所列举的情况外，各个分量表的记分均为选择"是"，得"1"分，选择"否"，得"0"分。将每个项目得分相加，即得该分量表的量表分；

②在"解决问题"分量表中，条目19，在"求助"分量表中，条目36、39和42，选择"否"得"1"分，选择"是"得"0"分。

（2）计算各分量表的因子分。应对方式问卷的记分主要采用因子分，因子分的计算方法是：

分量表因子分 = 分量表单项条目之和 / 分量表条目数

12. PDP职业性格测试

请在选项前的小框中打钩选择选项

提醒你注意一点——回答问题时不是依据别人眼中的你来判断，而是你认为你本质上是不是这样的，看看问题：

（1）你做事是一个值得信赖的人吗？

　　□非常同意　□比较同意　□差不多　□一点同意　□不同意

（2）你个性温和吗?
　　□非常同意　□比较同意　□差不多　□一点同意　□不同意

（3）你有活力吗?
　　□非常同意　□比较同意　□差不多　□一点同意　□不同意

（4）你善解人意吗?
　　□非常同意　□比较同意　□差不多　□一点同意　□不同意

（5）你独立吗?
　　□非常同意　□比较同意　□差不多　□一点同意　□不同意

（6）你受人爱戴吗?
　　□非常同意　□比较同意　□差不多　□一点同意　□不同意

（7）做事认真且正直吗?
　　□非常同意　□比较同意　□差不多　□一点同意　□不同意

（8）你富有同情心吗?
　　□非常同意　□比较同意　□差不多　□一点同意　□不同意

（9）你有说服力吗?
　　□非常同意　□比较同意　□差不多　□一点同意　□不同意

（10）你大胆吗?
　　□非常同意　□比较同意　□差不多　□一点同意　□不同意

（11）你精确吗?
　　□非常同意　□比较同意　□差不多　□一点同意　□不同意

（12）你适应能力强吗?
　　□非常同意　□比较同意　□差不多　□一点同意　□不同意

（13）你组织能力好吗?
　　□非常同意　□比较同意　□差不多　□一点同意　□不同意

（14）你是否积极主动？

　　　　☐非常同意　☐比较同意　☐差不多　☐一点同意　☐不同意

（15）你害羞吗？

　　　　☐非常同意　☐比较同意　☐差不多　☐一点同意　☐不同意

（16）你强势吗？

　　　　☐非常同意　☐比较同意　☐差不多　☐一点同意　☐不同意

（17）你镇定吗？

　　　　☐非常同意　☐比较同意　☐差不多　☐一点同意　☐不同意

（18）你勇于学习吗？

　　　　☐非常同意　☐比较同意　☐差不多　☐一点同意　☐不同意

（19）你反应快吗？

　　　　☐非常同意　☐比较同意　☐差不多　☐一点同意　☐不同意

（20）你外向吗？

　　　　☐非常同意　☐比较同意　☐差不多　☐一点同意　☐不同意

（21）你注意细节吗？

　　　　☐非常同意　☐比较同意　☐差不多　☐一点同意　☐不同意

（22）你爱说话吗？

　　　　☐非常同意　☐比较同意　☐差不多　☐一点同意　☐不同意

（23）你的协调能力好吗？

　　　　☐非常同意　☐比较同意　☐差不多　☐一点同意　☐不同意

（24）你勤劳吗？

　　　　☐非常同意　☐比较同意　☐差不多　☐一点同意　☐不同意

（25）你慷慨吗？

　　　　☐非常同意　☐比较同意　☐差不多　☐一点同意　☐不同意

（26）你小心翼翼吗？

　　　□非常同意　□比较同意　□差不多　□一点同意　□不同意

（27）你令人愉快吗？

　　　□非常同意　□比较同意　□差不多　□一点同意　□不同意

（28）你传统吗？

　　　□非常同意　□比较同意　□差不多　□一点同意　□不同意

（29）你亲切吗？

　　　□非常同意　□比较同意　□差不多　□一点同意　□不同意

（30）你工作足够有效率吗？

　　　□非常同意　□比较同意　□差不多　□一点同意　□不同意

统计：

第1、7、11、16、21、26题中非常同意共__项，比较同意共__项，差不多共__项，一点同意共__项，不同意共__项。

第2、8、15、17、25、28题中非常同意共__项，比较同意共__项，差不多共__项，一点同意共__项，不同意共__项。

第3、6、13、20、22、29题中非常同意共__项，比较同意共__项，差不多共__项，一点同意共__项，不同意共__项。

第4、9、12、19、23、27题中非常同意共__项，比较同意共__项，差不多共__项，一点同意共__项，不同意共__项。

第5、10、14、18、24、30题中非常同意共__项，比较同意共__项，差不多共__项，一点同意共__项，不同意共__项。

现在把第5、10、14、18、24、30题的分加起来就是你的"老虎"分数；

把第3、6、13、20、22、29题的分加起来就是你的"孔雀"分数；

把第 2、8、15、17、25、28 题的分加起来就是你的"熊猫"分数；

把第 1、7、11、16、21、26 题的分加起来就是你的"猫头鹰"分数；

把第 4、9、12、19、23、27 题的分加起来就是你的"变色龙"分数。

假若你有某一项分远远高于其他四项，你就是典型的这种属性；

假若你有某两项分大大超过其他三项，你是这两种动物的综合；

假若你各项分数都比较接近，恭喜你，你是一个面面俱到近似完美性格的人；

假若你有某一项分数特别偏低的话，想提高自己就需要在那一种动物属性的加强上下功夫了。

分析：

我们就来逐一分析一下各种迥然不同的"动物"吧：

老虎型

个性特点：有自信，够权威，决断力高，竞争性强，胸怀大志，喜欢评估。

企图心强烈，喜欢冒险，个性积极，竞争力强，有对抗性。

优点：善于控制局面并能果断地做出决定的能力；用这一类型工作方式的人成就非凡。

缺点：当感到压力时，这类人就会太重视迅速地完成工作，就容易忽视细节，他们可能不顾自己和别人的情感。由于他们要求过高，加之好胜的天性，有时会成为工作狂。

老虎型工作风格的主要行为：

交谈时进行直接的目光接触；有目的性且能迅速行动；说话快速且具有说服力；运用直截了当的实际性语言；办公室挂有日历、计划要点。

老虎，具备高支配型特质，竞争力强、好胜心盛、积极自信，是个有决断力的组织者。他胸怀大志、勇于冒险、分析敏锐，主动积极且具极为强烈的企图心，只要认定目标就勇往直前，不畏反抗与攻讦，誓要取得目标的家伙。

老虎型领导人都倾向以权威作风来进行决策，当其部属者除要高度服从外，也要有冒险犯难的勇气，为其杀敌闯关。

孔雀型

个性特点：很热心，够乐观，口才流畅，好交朋友，风度翩翩，诚恳热心。热情洋溢、好交朋友、口才流畅、个性乐观、表现欲强。

优点：此类型的人生性活泼。能够使人兴奋，他们高效地工作，善于建立同盟或搞好关系来实现目标。他们很适合需要当众表现、引人注目、态度公开的工作。

缺点：因其跳跃性的思考模式，常无法顾及细节以及对事情的完成执着度。

孔雀型工作风格的主要行为：

运用快速的手势；面部表情特别丰富；运用有说服力的语言；工作空间里充满了各种能鼓舞人心的东西。

孔雀具有高度的表达能力，他的社交能力极强，有流畅无碍的口才和热情幽默的风度，在团体或社群中容易广结善缘、建立知名度。孔雀型领导人天生具备乐观与和善的性格，有真诚的同情心和感染他人的能力，在以团队合作为主的工作环境中，会有最好的表现。

孔雀型领导人在任何团体内，都是人缘最好的人和最受欢迎的人，是最能吹起领导号角的人物。当孔雀型领导人的部属者，除要能乐于在团队中工作外，还要对其领导谦逊得体，不露锋、不出头，把一切成功光华都让与领导。孔雀型领导人，不宜有个老虎型领导人当二把手或部属。

反之，若老虎型领导人有个孔雀型的人甘愿当其二把手，则会是最佳搭配。孔雀型的人天生具有鼓吹理想的特质，在推动新思维、执行某种新使命或推广某项宣传等任务的工作中，都会有极出色的表现。他们在开发市场或创建产业的工作环境中，最能发挥其所长。

有台湾企管大师之称的石滋宜博士，就是属于孔雀型的人。

熊猫型

个性特点：很稳定，够敦厚，温和规律，不好冲突。行事稳健、强调平实，有过人的耐力，温和善良。

优点：他们对其他人的感情很敏感，这使他们在集体环境中左右逢源。

缺点：很难坚持自己的观点和迅速做出决定。一般说来，他们不喜欢面对与同事意见不合的局面，他们不愿处理争执。

熊猫型工作风格的主要行为：

面部表情和蔼可亲；说话慢条斯理，声音轻柔；用赞同型、鼓励性的语言；办公室里摆有家人的照片。

熊猫具有高度的耐心。他敦厚随和，行事冷静；生活讲求律规但也随缘从容，面对困境，都能泰然自若。

熊猫型领导人，适宜当安定内部的管理工作，在需要专业精密技巧的领域，或在气氛和谐的职场环境中，他们最能发挥所长。当企业的产品稳居市场时，熊猫型的企业领导人是极佳的总舵手。但当企业还在开拓市场的时候，老虎型或孔雀型的人似乎较占优势。

猫头鹰型

个性特点：很传统，注重细节，条理分明，责任感强，重视纪律。保守、分析力强，精准度高，喜欢把细节条例化，个性拘谨含蓄。

优点：天生就有爱找出事情真相的习性，因为他们有耐心仔细考察所有的细节并想出合乎逻辑的解决办法。

缺点：把事实和精确度置于感情之前，这会被认为是感情冷漠。在压力下，有时为了避免做出结论，他们会分析过度。

猫头鹰型工作风格的主要行为：

很少有面部表情；动作缓慢；使用精确的语言、注意特殊细节；办公室里挂有图表、统计数字等。

猫头鹰型具有高度精确的能力，其行事风格，重规则轻情感，事事以规则为准绳，并以之为主导思想。他性格内敛、善于以数字或规条为表达工具而不太擅长以语言来沟通情感或向同事和部属等做指示。他行事讲究条理分明、守纪律、重承诺，是个完美主义者。

架构稳定和制度健全的组织最好聘用猫头鹰型的人来当各级领导人，因为猫头鹰型领导人喜欢在安全架构的环境中工作，且其表现也会最好。其行事讲究制度化，事事寻求依据和规律的习性，极为适合事务机构的行事方式。然而，当企业需要进行目标重整、结构重组、流程变革时，猫头鹰型领导人就会产生迷失，不知如何处事，也不知如何自处。对改革行动，上者会先保持观望的态度，再慢慢适应新的局面；中者也会先保持观望的态度；下者则会结集反对力量，公然表示反对或隐晦地从事反对等的行为。

又由于猫头鹰型人的行事决策风格，是以数据和规则为其主导思想，其直觉能力和应变能力都偏低，进而创造和创新能力也相对弱，因而不宜担任需要创建或创新能力的任务。组织完善和发展安定的企业，宜用猫头鹰型企管人当家。

他们尊重传统、重视架构、事事求据、喜爱工作安定的性格，是企业安定力量的来源。然而，由于他们行事讲究制度化，事事寻求依据和规律，故会将细节条例化，事事检查以求正确无误，甚至为了办事精确，不惜对人吹毛求疵或挑剔别人的错误，以显现自己一切照章办事的态度和求取完美的精神，不易维持团队内的团结精神和凝聚力。

变色龙型

工作风格的优点：善于在工作中调整自己的角色去适应环境，具有很好的沟通能力。

缺点：从别人眼中看变色龙族群，会觉得他们较无个性及原则。

主要行为：

综合老虎、孔雀、熊猫、猫头鹰的特质，看似没有突出个性，但擅长整合内外资源；

没有强烈的个人意识形态，是他们处事的价值观。

变色龙具有高度的应变能力。他性格善变，处事极具弹性，能为了适应环境的要求而调整其决定甚至信念。

变色龙型的领导人，是支配型、表达型、耐心型、精确型四种特质的综合体，没有突出的个性，擅长整合内外信息，兼容并蓄，不会与人为敌，以中庸之道处世。他们处事圆融，弹性极强，处事处处留有余地，行事绝对不会走偏锋极端，是一个办事让你放心的人物。然而，由于他们以善变为其专长，故做人不会有什么立场或原则，也不会对任何人有效忠的意向，是个冯道式的人物。部属会难以忍受其善变和不讲原则的行为；当他们上司者，则会日夜担心不知何时会遭其出卖。

变色龙型的领导人既没有突出的个性，对事也没有什么强烈的个人意识形态，事事求中立并倾向站在没有立场的位置，故在冲突的环境中，是个能游走折中的高手。由于他们能密切地融合于各种环境中，他们可以为企业进行对内对外的各种交涉，只要任务确实和目标清楚，他们都能恰如其分地完成其任务。

附1

石油行业职业病危害和健康风险

在石油石化生产职业活动中，员工可能接触有毒有害物质或在有害环境中工作，直接影响到员工的身体健康。

一、石油石化工业的劳动条件特点

（1）石油、天然气勘探开采行业多在野外流动作业，职业病危害因素比较复杂，对作业工人健康的影响是不良环境与职业病危害因素综合作用的结果。作业工人在生产活动中，可能遭受到寒冷、高温、大风、霜冻、雨雪等恶劣自然条件的影响，同时又接触不同类型的生产性粉尘、噪声、振动、射线、化学毒物等职业病危害因素。

（2）石油化工产品的种类繁多，生产过程中会涉及很多原料、中间体和副产品，还会使用催化剂、添加剂、溶剂和其他各种辅助材料，因此职业病危害因素分布面较广，接触机会较多。同时，由于石油化工生产的工艺复杂，不少生产化学反应在高温、高压下进行，介质具有易燃、易爆、有毒或腐蚀的特点。此外，石油化工生产中排放的有废水、废气和废渣，这些都会不同程度地影响着员工的健康。其中有些化学物质有致变、致畸和致癌作用。

（3）石油石化生产中，员工常受到多种职业病危害因素的联合作用、多种毒物的联合作用，毒物与不良气象条件的联合作用，以及毒物与噪声或震动的联合作用等。

（4）石油石化工业女工较多。有些毒物对女工生殖有较大影响，尤其在女员工的生理期。

（5）石油化工原料和产品有许多是易燃、易爆物质。火灾和爆炸可能造成化学复合伤而危及工人的健康和生命。

二、职业病危害因素

（一）化学性因素

生产性毒物：生产劳动过程中存在的对员工健康损害的化学物质称为生产性毒物。有的为原料，有的为中间产品，有的是产品。如氯、氨等刺激性气体，一氧化碳、硫化氢等窒息性气体，铅、汞等金属类毒物，苯、二硫化碳等有机溶剂等。

（二）物理性因素

（1）生产性粉尘：在生产过程中产生的，较长时间悬浮在空气中的固体微粒，称为生产性粉尘。如：矽尘、滑石尘、电焊烟尘、石棉尘、聚氯乙粉尘、玻璃纤维尘、腈纶纤维尘等。

（2）生产环境：

①高温，如热油泵房、催化剂生产的焙烧岗位、加催化剂反应器内操作、夏天进入油罐车或油槽车内作业等。

低温，如石蜡成型的冷库。

②噪声：如来自机械力（固体或液体表面的振动）、气体湍流、电动力及磁动力等。如催化"三机"室、加热炉、高压蒸汽放空、机泵、球磨机、粉碎机、机械传送带、电气设备等。

③振动：如循环压缩机转动；使用风动工具，如锻锤、风锤；研磨作业的砂轮机、铣床、镞床；交通运输工具，如汽车等。

④电离辐射：如工业探伤用的 X 射线，放射性同位素仪表；如料位计的 γ 射线等。

⑤非电离辐射：如高频热处理时的高频电磁场，电焊、氩弧焊、等离子焊时产生的紫外线，加热金属、玻璃时产生的红外线等。

（三）生物性因素

生物性有害因素指细菌、寄生虫或病毒所引起的与职业有关的某些疾病。

目前，海外项目面临的主要传染病有：疟疾、登革热等。

疟疾是经按蚊叮咬或输入带疟原虫者的血液而感染疟原虫所引起的虫媒传染病。恶性疟原虫在非洲大陆最为普遍，尼日尔项目已经出现过疟疾亡人事件。

登革热是登革病毒经蚊媒传播引起的急性虫媒传染病，目前主要在东南亚、西地中海、拉美、非洲和太平洋的热带、亚热带地区流行。

（四）劳动过程中的有害因素

（1）劳动组织不合理：如劳动时间过长，特别多见于检修期间，有的一天工作 10-12h，连续时间较长，如果组织不当则不利于员工的健康。

（2）劳动精神过度紧张：多见于新工人或新装置投产试运行或生产不正常时。如重油加氢，高压，硫化氢浓度大，易发生燃烧、爆炸和中毒，新工人紧张，老工人在试运期间也十分紧张。

（3）劳动强度过大，如超负荷的加班加点，还有检修时的工业探伤工作量往往过大。

（4）个别器官、系统过度疲劳：如光线不足使视力紧张，长时间处于不良体位或使用不合理的工具设备。

（五）卫生条件和技术措施不良的有关因素

（1）生产场所设计不合理：如车间布置不当，有毒与无毒岗位设在同工作间；厂房矮小、狭窄，设计时没考虑必要的卫生技术设施，如通风、换气或照明等。

（2）防护措施缺乏、不完善或效果不好：如一些包装厂房或操作岗位，往往缺乏防尘、防毒、防噪声等措施，特别是聚丙烯粉料、硅酸铝催化剂等包装时粉尘飞扬。

（3）缺乏安全防护设备和必要的个人防护用品：比如交叉作业时受其他作业的影响。

（六）心理健康

（1）工作环境艰苦，安全较差，配套设施匮乏。

石油员工很多在自然环境恶劣的野外工作，或者工作环境高温高压有毒有害，工作压力较大。尤其海外油气业务所在国家普遍工作、生活条件艰苦，多发自然灾害、政局不稳定、社会较动荡、医疗设施匮乏。员工时常处于精神高度紧张的压力之下，易于引起心理不适。

（2）外出活动受限。

由于受工作条件的限制，决定了员工外出活动受限，生活枯燥单调，可以宣泄疏解情绪的途径不多，员工往往会感到情绪低落、心理压力较大。

（3）个人差异，缺乏疏导。

个体因素是决定个体是否能够顺利应对心理问题、调节自身身心健康的根本因素，个体自身的适应与调节能力是影响个体情绪状态的首要因素。

附2

员工如何看懂体检报告

每年公司都会组织员工进行全方位的身体检查，但是为什么大部分员工还是对自己的身体知之甚少呢？主要原因就是对体检报告的结论看不懂！！！接下来就教大家几招看体检报告的小技巧。

生化指标看重点

一、血常规

（1）红细胞：升高可见于红细胞增多症、高原地区居民、肺源性心脏病、先天性心脏病等；降低见于贫血。

（2）血红蛋白：升高可见于红细胞增多症、高原地区居民、肺源性心脏病、先天性心脏病等；降低见于贫血。

（3）白细胞：升高见于感染，大幅度升高需重视；降低见于白细胞减少，造血功能障碍等。

（4）血小板：升高见于急慢性炎症，缺铁性贫血及手术外伤，降低见于原发血小板减少性紫癜，红斑狼疮等。

二、尿、便常规

尿、便常规出现阳性指标，需要重新复查或者进一步复查找原因。

三、血糖

（1）空腹血糖：升高 6.1—7.1 糖耐量受损，需要注意控制饮食运动习惯防止变成糖尿病，7.1 以上，应当注意糖化血红蛋白及复查，如都升高请就医；降低见于低血糖。

（2）糖化血红蛋白：升高见于血糖控制不理想，若糖化血红蛋白 >9% 说明患者持续存在高血糖，会发生糖尿病肾病、动脉硬化、白内障等并发症，同时也是心肌梗死、脑卒中死亡的一个高危因素。

四、血脂

（1）总胆固醇：升高见于高脂蛋白血症，甲功能减退；降低见于脂蛋白缺陷，营养不良等；

（2）甘油三酯：升高可引起冠心病，动脉硬化，胰腺炎，脑卒中等；

（3）低密度脂蛋白：升高可引起冠心病，动脉硬化，胰腺炎，脑卒中等；

（4）高密度脂蛋白：降低易患冠心病。

五、肝功能

（1）谷丙转氨酶：成倍升高见于各种急性病毒性肝炎、药物或酒精引起急性肝细胞损伤等。

（2）谷草转氨酶：成倍升高见于各种肝炎，肝硬化，心肌炎等。

（3）胆红素：长期饮酒或者运动均可引起其升高。

六、肾功能

（1）肌酐：升高主要见于急、慢性肾小球肾炎等肾脏疾病。在正常肾血流条件下，血肌酐 176～355μmol/L 时，提示有中度至严重肾损害。血肌酐和尿素如同时增高，提示肾功能损害很严重；降低见于进行性肌肉萎缩、白血病、贫血、肝功能障碍及妊娠。

（2）尿素：升高肾脏疾病慢性肾炎、严重的肾盂肾炎、泌尿系统疾病泌尿道结石、肿瘤、前列腺增生、前列腺疾病使尿路梗阻等引起尿量显著减少或尿闭等；降低见于中毒性肝炎、急性肝萎缩、类脂质肾病等。

（3）尿酸：增高会引起痛风，请减少高嘌呤食物的摄入。

七、甲功能

（1）促甲状腺激素：增高可见于原发性甲减，甲状腺激素抵抗综合征，异位 TSH 综合征，TSH 分泌肿瘤，应用多巴胺拮抗剂和含碘药物等时；降低可见于甲亢、亚临床甲亢、PRL 瘤、CUSHING 病，肢端肥大症，过量应用糖皮质醇和抗甲状腺药物时。

（2）游离甲状腺素：升高见于甲亢；降低见于甲减。

（3）游离三碘甲状原氨酸：升高见于甲亢；减低见于甲减。

八、肿瘤三项

（1）甲胎蛋白：升高多见于肝癌，胃癌，卵巢癌等。

（2）癌胚抗原：升高见于大肠癌，胰腺癌胃癌等。

（3）铁蛋白：升高可见消化道肿瘤。

提醒：如成倍升高或者多次检查升高者，应当高度重视。

九、心肌酶

（1）肌酸激酶：运动后可导致肌酸激酶明显，增高病理性增高：心肌梗死、病毒性心肌炎、皮肌炎、肌营养不良、心包炎、脑血管意外等；

（2）肌酸激酶同工酶：增高见于心肌梗死等；

（3）乳酸脱氢酶：增高主要见于心肌梗死、肝炎、恶性肿瘤、肺梗死、白血病、溶血性贫血、肾脏疾病、进行性肌萎缩等。

影像检查多对比

彩超、CT 和核磁，出现异常多注意，拿出前年做对比，如有变化请就医。

血压、心电图要复查。

血压和心电图异常，均需要再次复查，如仍然异常，需要到心内科就诊，明确诊断。